Uni-Taschenbücher 486



UTB
FÜR WISSEN
SCHAFT

Eine Arbeitsgemeinschaft der Verlage

Wilhelm Fink Verlag München
Gustav Fischer Verlag Jena und Stuttgart
Francke Verlag Tübingen und Basel
Paul Haupt Verlag Bern · Stuttgart · Wien
Hüthig Verlagsgemeinschaft
Decker & Müller GmbH Heidelberg
Leske Verlag + Budrich GmbH Opladen
J. C. B. Mohr (Paul Siebeck) Tübingen
Quelle & Meyer Heidelberg · Wiesbaden
Ernst Reinhardt Verlag München und Basel
Schäffer-Poeschel Verlag · Stuttgart
Ferdinand Schöningh Verlag Paderborn · München · Wien · Zürich
Eugen Ulmer Verlag Stuttgart
Vandenhoeck & Ruprecht in Göttingen und Zürich

Wendell L. French / Cecil H. Bell jr.

# Organisationsentwicklung

Sozialwissenschaftliche Strategien zur Organisationsveränderung

4. Auflage

Verlag Paul Haupt Bern · Stuttgart · Wien

*Wendell L. French*, geboren 1923.
Bachelor of Arts, University of Colorado
Master of Personnel Service, University of Colorado
Doctor of Education, Harvard University

*Cecil H. Bell jr.*, geboren 1935.
Bachelor of Arts in Biology
Master of Arts in Psychology, Boston University
Doctor of Philosophy in Psychology, Boston University

Titel der amerikanischen Ausgabe:
Organization Development
by Wendell L. French and Cecil H. Bell jr.

Original English Language edition published by
Prentice-Hall, Inc., Englewood Cliffs, New Jersey, USA


Übersetzung aus dem Amerikanischen : Christoph Markert.
Redaktion: Dr. Leo A. Baur.

1. Auflage: 1977
2. Auflage: 1982
3. Auflage: 1990

Die Deutsche Bibliothek – CIP-Einheitsaufnahme

*French, Wendell L.:*
Organisationsentwicklung : sozialwissenschaftliche Strategien
zur Organisationsveränderung / Wendell L. French ; Cecil H. Bell.
[Übers. aus dem Amerikan.: Christoph Markert]. –
4. Aufl. – Bern ; Stuttgart ; Wien : Haupt, 1994
(UTB für Wissenschaft : Uni-Taschenbücher ; 486)
Einheitssacht.: Organization development <dt.>
ISBN 3-8252-0486-3 (UTB)
ISBN 3-258-04984-X (Haupt)
NE: Bell, Cecil H.:; UTB für Wissenschaft / Uni Taschenbücher


Printed in Germany

ISBN 3-8252-0486-3 (UTB-Bestellnummer)

## Vorwort zur 4. Auflage

Das vorliegende Buch von French und Bell gehört in unseren Landen schon zu den Klassikern der Literatur über Organisationsentwicklung. Es stand an der Wiege der OE-Arbeit im deutschsprachigen Raum und hat deren Ausgestaltung entscheidend mitgeprägt, weil es sich von der – manchmal technokratisch anmutenden – amerikanischen «Planned Change»-Auffassung wegbewegte und auf ein systemisches Entwicklungsverständnis baute. Etwa gleichzeitig mit der Übersetzung dieses Werkes (1973) erschienen in deutscher Sprache die ersten Originaltexte zur OE, nämlich Organisationsentwicklung von Diether Gebert (1974) und Organisationsentwicklung von Friedrich Glasl und Leo de la Houssaye (1975), kurz danach Organisationsentwicklung als Problem von Burkard Sievers (1977). Erst die späten Siebzigerjahre brachten dann die Anerkennung der OE in Theorie und Praxis. Managementzeitschriften berichteten über die ersten gelungenen Praxisbeispiele in Deutschland und Österreich, immer mehr OE-Beraterinnen und -Berater mit betriebswirtschaftlicher oder gruppendynamischer Herkunft waren auf dem Markt erfolgreich tätig, und so wurde die OE schliesslich auch an den Universitäten hoffähig. Als ich ab 1977 zusammen mit belgischen, deutschen, englischen und skandinavischen Fachkollegen und -kolleginnen das Erste Europäische Forum für Organisationsentwicklung organisierte und 1978 in Aachen durchführte, war es erstaunlich, wie gross mit 508 Teilnehmer der Zustrom war. 371 kamen aus Deutschland, Österreich und der Schweiz (siehe K. Trebesch 1980). OE war unzweifelhaft etabliert!

Beim Erscheinen der Neuauflage dieses Werkes stellt sich nun die Frage, ob es mehr darstellt als ein historisches Dokument. Denn in der Zwischenzeit ist die Entwicklung nicht stillgestanden. Die Auseinandersetzungen zwischen den gruppendynamischen und den mehr betriebswirtschaftlich orientierten Richtungen war hier stärker als in West- und Nordeuropa; verschiedene therapeutische Schulen versuchten, die Entwicklung der OE mit zu beeinflussen: Gestalt, Transaktionsanalyse, TZI sind die namhaftesten Strömungen. Obschon dies zu wertvollen Anreicherungen führte, kann nicht davon gesprochen werden, dass daraus eine eigene «Gestalt»-OE und dergleichen hervorgegangen wäre. In den Achtzigerjahren

gewann die systemische Theorie – aus der Familientherapie kommend – für die OE immer grössere Bedeutung (siehe W. Häfele 1993). Dies führte an verschiedenen Stellen (siehe A. Exner in: R. Königswieser / Ch. Lutz 1990, S. 208 ff) auch zu Abgrenzungsversuchen gegenüber der sogenannten «herkömmlichen» OE, weil die systemisch-orientierte OE den Anspruch erhob, eine Organisation als lebendiges Ganzes unter Rücksichtnahme auf deren Eigendynamik zu behandeln und nicht einem Planbarkeits- und Lenkbarkeits-Aberglauben zu frönen.
Sind also French und Bell überholt? Keineswegs, denn gerade an diesen Neuentwicklungen zeigt sich die ungeschmälerte Aktualität des Werkes von French und Bell. Schon vor mehr als zwanzig Jahren vertrat es eine systemische Sichtweise und ging in den interdisziplinären Interventionsansätzen von dieser modernen Art der «Bescheidenheit» aus. Mit anderen Worten: Die sogenannte «herkömmliche OE» gab es gar nicht!
Deshalb wird dieses Buch mit gutem Gewissen auch für die kommenden Jahre als Grundlagen- und Orientierungswerk dienen.

Salzburg, im Februar 1994 PD Dr. Friedrich Glasl

**Zitierte Literatur:**

*Gebert, D.*,Die Organisationsentwicklung.
Stuttgart/Berlin etc. 1973.
*Glasl, F./L. de la Houssaye* (Hrsg.), Oganisationsentwicklung.
Das Modell des NPI und seine praktische Bewährung.
Bern/Stuttgart 1975.
*Häfele W.*, Systemische Organisationsentwicklung.
Eine evolutionäre Strategie für kleine und mittlere Organisationen.
Frankfurt/Main 1993.
*Königswieser, R./Ch. Lutz* (Hrsg.), Das systemisch evolutionäre Management . Wien 1990.
*Sievers, B.* (Hrsg.) Organisationsentwicklung als Problem.
Stuttgart 1977.
*Trebesch, K.* (Hrsg.) Organisationsentwicklung in Europa.
Bern/Stuttgart 1980.

# Vorwort

Dieses Buch behandelt sowohl eine aufregende und grundlegende Idee als auch das wachsende wissenschaftliche Material, das sich auf diese Idee bezieht, d. h. dass die Mitglieder einer Organisation zusammen die Kultur der Organisation auf solche Weise beeinflussen können, dass einerseits Ziele und Zwecke der Organisation erreicht und andererseits die menschlichen Werte der einzelnen Mitglieder gefördert werden.

Der Schlüssel zu dem Thema, auf das sich dieses Buch bezieht, Organisationsentwicklung, ist im folgenden Ausdruck enthalten: kollaboratives Management der Kultur der Organisation. Dabei bedeutet *kollaborativ* zusammenarbeiten und *Management* soviel wie Richtung geben, kontrollieren, beherrschen. Die *Kultur einer Organisation* ist das vorherrschende Muster von empfohlenen und vorgeschriebenen Verhaltensweisen, das System der Ansichten und Werte, die Technologie und Aufgabe der Organisation zusammen mit den akzeptierten Auffassungen darüber. Die Kultur einer Organisation hat einen starken Einfluss auf das Verhalten der einzelnen. Wenn die Kultur ein Verhalten unterstützt, das der Zielerreichung der Organisation förderlich ist, so wird das Ergebnis wahrscheinlich eine wirksame Organisation sein; wenn die Kultur dagegen ein Verhalten fördert, das dem Ziel entgegenwirkt, so wird die Organisation wahrscheinlich wenig leistungsfähig sein.

Ausserdem kann die Kultur einer Organisation die Entfaltung menschlicher Werte im positiven wie im negativen Sinne beeinflussen. Unter menschlichen Werten verstehen wir die Ziele und Bestrebungen der einzelnen in ihrer Rolle als Mitglieder der Organisation. Die folgenden menschlichen Werte sind heute von Bedeutung: das Bestreben, einen sinnvollen Beitrag an die Organisation zu leisten; menschliche Beziehungen zufriedenstellend zu gestalten; Verantwortung zu übernehmen; Anerkennung und Belohnung zu erfahren und die Möglichkeit persönlicher Weiterentwicklung.

Ein besonders wichtiger menschlicher Wert, der an Bedeutung gewinnt, ist der Glaube, dass jeder Mensch auf seine Art wertvoll ist und dementsprechend behandelt werden sollte. Allzuoft wird diesem Wert jedoch nicht die gebührende Beachtung geschenkt; entweder weil man nicht weiss, wie man ihn mit den Zielen der Organisation vereinbaren kann, oder weil man darin ein trügerisches Dilemma erblickt, oder aus beiden Gründen. In dieser Beziehung vermeiden wir den Trugschluss, dass entweder die Organisation oder der einzelne auf eigene Ziele im Dienste des andern verzichten muss. (Oft wird ein Dilemma gesehen, wo gar keines besteht: Muss beim Erreichen von Zielen die Organisation nachgeben oder der einzelne? Wenn der Sachverhalt so dargestellt wird, scheinen Alternativen ausgeschlossen zu sein; man bedenkt dabei nicht, dass auch beide Parteien ihre Ziele erreichen könnten, oder auch keine von beiden.)

Wir glauben, dass Organisationsentwicklung (OE) gegenwärtig für die beiden voneinander abhängigen Probleme die beste Lösung bietet: für die Verbesserung der Organisation und die Entfaltung persönlicher Werte. Obwohl sich Organisationsentwicklung auf die Organisation als Ganzes konzentriert, tut sie dies nicht auf Kosten des einzelnen. Wir werden später darauf zurückkommen.

Die meisten Menschen sind sich darüber klar, dass sich die Kultur einer Organisation aus formellen und informellen Bereichen zusammensetzt. Es gibt ein Netz formeller Elemente wie beispielsweise Regeln, Prinzipien, Verfahren, Einrichtungen, die Hierarchie der Macht. Ferner gibt es die informelle Ebene der Gefühle, Einstellungen und des Verhaltens, das weniger sichtbar, aber dennoch vorhanden ist, und einen grossen Einfluss auf den Erfolg der Organisation hat. Organisationsentwicklung ist eine offene Strategie zur Vergrösserung der Übereinstimmung dieser beiden Bereiche, die gleichzeitig auch viel Energie freimacht, die zur Kreativität und Zusammenarbeit genutzt werden kann. Das Wesen des OE-Prozesses besteht darin, dass es den Mitgliedern hilft, die Kultur ihrer Organisation zu beschreiben, für einen idealen Zustand zu planen und zur Verwirklichung dieses Planes beizutragen.

Organisationsentwicklung wird jene neue Richtung der angewandten Sozialwissenschaften genannt, die sich damit beschäftigt, Organisationen als soziale Systeme durch geplante, systematische und anhaltende Bemühungen zu verbessern, die sich auf die Kultur der Organisation mit ihren menschlichen und sozialen Prozessen konzentrieren. Die Ziele der OE sind es, die Organisation wirksamer und lebensfähiger zu machen und es ihr zu ermöglichen, die Ziele sowohl der ganzen Organisation als auch ihrer einzelnen Mitglieder zu erreichen. Im Gegensatz zum Management Development besteht das Organization Development aus Theorien, Technologien und Forschung, die sich auf eine Systemverbesserung erstrecken. Organisationsentwicklung ist eine sozialwissenschaftliche Methode, Organisationsstrukturen durch Interventionen zu verändern. Diese Interventionen können sich auf die Kultur, die Prozesse und Ereignisse auf verschiedenen Ebenen der Organisation beziehen, auf einzelne Mitglieder, Dyaden und Triaden, auf kleine Gruppen sowie auf Intergruppenbeziehungen oder auf die ganze Organisation. Wenngleich sich diese Interventionen in erster Linie auf zwischenmenschliche Gruppen- und Intergruppenphänomene erstrecken, so können dennoch Arbeitsplatzveränderungen und ein Wandel der Organisationsstruktur in OE-Massnahmen einbezogen werden oder daraus entstehen.

OE stellt, wegen des Schwerpunktes auf der Entwicklung der ganzen Organisation, eine neue Art der Managementpraxis dar. Ausserdem hat die schnell wachsende Technologie der OE einige sehr wirksame Instrumente zur Verbesserung ganzer Systeme zur Verfügung gestellt. OE-Programme kann man jetzt in vielen Ländern und in vielen Arten von Organisationen finden. Es ist anzunehmen, dass OE eine Zukunft hat und dass sie in zunehmendem Masse als Methode zur Veränderung und Verbesserung von Organisationen angewandt wird.

In diesem Buch erklären wir, was unserer Meinung nach der Wirkungsbereich der OE ist; wir zeigen ihre Ursprünge und umreissen Möglichkeiten ihrer Weiterentwicklung und stellen die Theorie und Praxis der OE dar. Wir haben versucht, alles zu berücksichtigen, was heute über das Gebiet bekannt ist: den heutigen Stand des Wissens. Auf diese Weise haben wir Material zusammengestellt, von dem wir hoffen, dass es sowohl Wissenschaftlern als auch Praktikern nützen wird, die sich mit Organisationsentwicklung befassen.

Wir haben versucht, OE so darzustellen, wie sie unserer Meinung nach für eine erfolgreiche Praxis durchgeführt werden sollte. Damit soll keineswegs gesagt werden, dass alle OE-Programme erfolgreich oder fehlerfrei sind. Wir analysieren Fehler und Probleme, die in der Praxis auftauchen können, und wir diskutieren verschiedene Beurteilungsprobleme, die diesem Gebiet eigen sind.

Wir möchten auch das Thema Kontinuität erwähnen. Obwohl sich dieses Buch mit Veränderungen beschäftigt – um eine Organisation zu entwickeln, muss man sie verändern –, möchten wir behaupten, dass auch Kontinuität und dynamisches Gleichgewicht in einer Organisation erforderlich sind. Obwohl gegenwärtig zunehmend Wandel und Veränderungen propagiert werden, so muss dennoch nach dem Zweck und der Richtung dieser Veränderungen sowie danach gefragt werden, was unverändert beibehalten werden sollte. Wir glauben, dass viele Dinge im Leben, in der Kultur und in der Dynamik von Organisationen verbessert werden können und folglich geändert werden sollten, dass jedoch viele Dinge nicht verändert werden müssen. OE bedeutet, Bewährtes beizubehalten, manches zu verändern und anderes schliesslich zu beseitigen. OE setzt sich nicht von bewährten Urteilen und Vorstellungen ab, sie unterzieht sie jedoch einer gründlichen Prüfung, um zu sehen, welche Verfahren und Normen wirksam sind und welche nicht. Viele Eigenheiten einer Organisation tragen zu ihrem Wachstum, ihrer Bedeutung und zu ihrer Anpassungs- und Reaktionsfähigkeit bei; diese sollten erkannt und beibehalten werden.

Auch der OE-Prozess selbst weist Kontinuität auf. Die wissenschaftliche Methode, die der OE-Praxis innewohnt, besteht aus einer geordneten Folge von Untersuchung, Datensammlung und der Überprüfung von Hypothesen. OE ist kein Sammelsurium zufälliger und willkürlicher Massnahmen, sondern eine systematische Strategie und Methode der Humanisierung.

Dieses Buch wurde von den Schriften und Arbeiten vieler Leute beeinflusst, von denen die meisten in den folgenden Kapiteln erwähnt werden. Besonders fühlen wir uns den Werken von Chris Argyris, Richard Beckhard, Kenneth Benne, Warren Bennis, Robert Blake, Leland Bradford, Robert Chin, Sheldon Davis, Rensis Likert, Ronald Lippitt, Floyd Mann, Douglas McGregor, Jane Mouton und Herbert Shepard verpflichtet. Ganz besonders danken wir Robert Blake, Ronald Lippitt und Herbert Shepard für ihre Unterstützung, die sie uns brieflich bei der Geschichte der OE gewährt haben; Anthony Raia war so freundlich, das Manuskript durchzuarbeiten; für seine weiterführenden Anregungen sind wir ihm dankbar. Ohne unsere Klienten und Kollegen, von denen wir viel gelernt haben, wäre diese Arbeit nie zustande gekommen.

Wendell French
Cecil Bell

## Inhaltsverzeichnis

# I. Einführung in die Organisationsentwicklung

# 1. Einige Beispiele zur Anwendung der Organisationsentwicklung

Dieses Buch befasst sich mit *Organisationsentwicklung* als einem geplanten, systematischen Prozess, in dem die Instrumente und Methoden der angewandten Sozialwissenschaften in eine bestehende Organisation mit dem Ziel eingeführt werden, die Organisation zu verbessern und sie effektiver zu gestalten. Dabei liegt der Schwerpunkt auf der Organisation und ihrer Verbesserung, mit andern Worten: Das System als Ganzes wird verbessert. Der Prozess ist aktionsorientiert, die gewünschten Resultate werden durch geplante Massnahmen erreicht. Dabei werden alltägliche Situationen in existierenden Organisationen behandelt.
Wir bemühen uns, in diesem Buch einen generellen Überblick der Organisationsentwicklung zu geben, indem wir die Geschichte der Organisationsentwicklung, ihre Grundannahmen, Strategien und Methoden, verschiedene Interventionsformen und deren Auswirkungen darstellen. Zunächst soll an einigen Beispielen demonstriert werden, wie sich die Durchführung von OE-Massnahmen auf eine Organisation auswirken kann. Wenngleich sich diese Beispiele auf Industrieunternehmen, eine Schule und einen Indianerstamm beziehen, so lassen sich die Grundzüge doch auf eine Vielzahl anderer Organisationen übertragen. Sowohl Gewerkschaften als auch Hilfsorganisationen, Produktionsbetriebe, öffentliche Verwaltungen, Dienstleistungsbetriebe, kleinere und multinationale Unternehmen sowie Forschungs- und Entwicklungslaboratorien – alle diese Systeme eignen sich für derartige OE-Massnahmen. OE ist eine Strategie, die sich generell für organisationsinterne Verbesserung eignet.

## Probleme in einer Unternehmung

Mangelnde Zusammenarbeit zwischen einzelnen Abteilungen, zunehmende Kundenbeschwerden, sinkende Moral und schnell ansteigende Kosten veranlassten den Direktor einer mittleren Unternehmung, zur Verbesserung der Situation einen sozialwissenschaftlichen Berater hinzuzuziehen. Die beiden unterhielten sich längere Zeit; es wurde dem Berater klar, dass der Manager trotz einiger Bedenken eine Untersuchung der Situation für wünschenswert hielt, die sich auch auf die innerbetrieblichen Entscheidungsprozesse und sein eigenes Verhalten erstreckte. Sie kamen zu der Überzeugung, dass sich die Durchführung bestimmter OE-Massnahmen lohnen würde. Sie entschieden sich zunächst für einen dreitägigen Workshop mit dem Direktor und den leitenden Mitarbeitern, der ausserhalb der Firma durchgeführt wurde. Als der Direktor die Möglichkeit eines solchen Workshops mit seinen Mitarbeitern besprach, war deren Reaktion zum Teil enthusiastisch, zum Teil eher besorgt. Es wurde beschlossen, dass der Berater den Führungsstab kennenlernen und ihm den typischen Verlauf und Inhalt eines solchen Programms darstellen sollte. Aufgrund dieses Treffens entschied sich die Gruppe für die geplante Vorgehensweise.

Einige Tage vor dem Workshop interviewte der Berater jedes Teammitglied etwa eine Stunde. Das Interview erstreckte sich auf Fragen: Was hindert diese Abteilung daran, so erfolgreich zu sein wie Sie es wünschen? Der Zweck dieses Interviews war es, Daten zu erhalten, aufgrund derer das Diskussionsprogramm gestaltet werden konnte.

Am Anfang des Workshops berichtete der Berater der Gruppe über die allgemeinen Themen, die in den Interviews aufgetaucht waren und die er in folgende Problembereiche eingeteilt hatte: *der Direktor, Arbeitssitzungen, Büroangelegenheiten, Kundenbeziehungen, Beziehungen zwischen einzelnen Abteilungen* und *langfristige Ziele.* Die Gruppe ordnete die Themen dann nach ihrer Wichtigkeit und Dringlichkeit und wählte die Problembereiche aus, die bearbeitet werden sollten. Während der Berater sich weitgehend aus der Diskussion heraushielt, untersuchte dann die Gruppe die spezifischen Hintergründe jedes Problembereiches und die verschiedenen Lösungsmöglichkeiten. Der Berater schlug lediglich vor, Untergruppen zu bilden, um einzelne Punkte ausführlicher zu beraten, brachte zusätzliche kurze Informationen wie z. B. über Entscheidung und Kooperation ein und unterbrach die Diskussion von Zeit zu Zeit, um der Gruppe ihre augenblickliche Zusammenarbeit zu verdeutlichen und die der Diskussion zugrunde liegenden Normen und Einstellungen bewusst zu machen.

Der letzte Vormittag wurde damit zugebracht, die nächsten Schritte zu bestimmen, die hinsichtlich der diskutierten Problembereiche unternommen werden sollten. Es wurde zum Beispiel entschieden, in drei Monaten eine halbtägige Konferenz mit dem Berater abzuhalten, um den Fortschritt der Problemlösung zu beurteilen.
Während einer anschliessenden Besprechung zwischem dem Direktor und dem Berater berichtete der Direktor, dass sich das Betriebsklima verbessert habe und dass Kundenbeschwerden und Kosten sich verringert hätten, aber dass „wir noch viel Arbeit vor uns haben, vor allem müssten die Sitzungen der Führungsgruppe viel wirksamer werden". Die beiden entschieden dann, dass der Berater noch vor Ablauf der drei Monate an zwei oder drei Sitzungen teilnehmen sollte.
Bei der nach drei Monaten abgehaltenen Auswertungssitzung stellte sich heraus, dass bei bestimmten Massnahmen deutliche Fortschritte gemacht worden waren, dass jedoch das Programm in anderer Beziehung steckengeblieben war, besonders da, wo der Direktor Aufgaben an seine Untergebenen delegieren sollte. Diese Angelegenheit wurde ausführlich von der Gruppe besprochen, und es wurde dem Direktor zunehmend klar, auf welche Weise er Verantwortung abgeben könnte, um so seine Kapazität für langfristiges Planen und für den Kontakt mit wichtigen Kunden zu erhöhen.
Während der folgenden Jahre wurde jedes Jahr ein dreitägiger Problemlösungs-Workshop gehalten, immer unter Mitwirkung des Beraters. Ausserdem nutzte jeder Abteilungsleiter die Dienste des Beraters, um ähnliche Diskussionsrunden mit seinen Untergebenen abzuhalten. Als Ergebnis einer der Konferenzen wurde ein Personalchef angestellt; dieser bildete in den darauffolgenden Jahren zusammen mit dem Berater ein Beratungsteam für die Firma, wobei der Personalchef allmählich die Rolle des internen Beraters übernahm. Ausser der Ausübung seiner traditionellen Personaltätigkeit wie z. B. Planung und Zuständigkeit der Personalbeschaffung und -entlöhnung, betätigte sich der Personalchef auch als Koordinator eines Management-Entwicklungsprogramms, das die Problemlösungs-Konferenzen der Firma ergänzte. Beispielsweise wurden die Führungskräfte dazu ermuntert, spezielle Themen wie Investitionen und Finanzierung und langfristige Planung zu besuchen. Die Funktion des Personalchefs wurde also

erweitert, so dass er als interner OE-Berater für die Abteilungen fungierte, als Kontaktstelle zum externen Berater und als Koordinator der traditionellen Personalaufgaben.

## Ein Schulprojekt

In einem Schulbezirk war gerade der Bau einer neuen Schule fertiggestellt worden. Der neue Direktor, ein junger Mann, der im Schulbezirk bekannt und geschätzt war, wählte zusammen mit seinen beiden Stellvertretern die etwa dreissig Mitglieder des Lehrerkollegiums aus. Zusätzlich wurden von ihnen Mitarbeiter wie z. B. für die Bibliothek, Küche und den technischen Bereich bestimmt. Mit Zustimmung der Schulbehörde setzte sich der Schulleiter mit dem regionalen Büro des NTL-Institute for Applied Behavioral Science in Verbindung und fragte um ein einwöchiges gruppendynamisches Laboratorium für das neue Kollegium und die Mitarbeiter nach. Das NTL-Institute empfahl dem Direktor einen ihrer Mitarbeiter, mit dem das einwöchige Programm geplant und durchgeführt wurde.
Der Berater war sich darüber im klaren, dass hier eine typische Anfangssituation vorlag, in der eine Gruppe von Mitarbeitern, die sich kaum oder gar nicht kannten, ein Team bilden und gemeinsame Ziele erreichen wollten. Derartige Situationen erfordern in der Regel: ein gegenseitiges Bekanntmachen, den Ausdrucks- und Kommunikationsstil der anderen kennenzulernen, die Rollen zu definieren und die Ziele der Organisation zu akzeptieren und sich mit ihnen zu identifizieren. Gleichzeitig muss klar gemacht werden, wie die Tätigkeit jedes Mitglieds zum gemeinsamen Ziel beiträgt, und es muss festgestellt werden, auf welche Weise die Mitglieder voneinander abhängig sind.
Das einwöchige Programm war so geplant, dass es diese Punkte berücksichtigte. Es wurde mit dem gegenseitigen Bekanntmachen begonnen. Danach untersuchte man die Natur zwischenmenschlicher Kommunikation in den jeweiligen Situationen; man sprach über Möglichkeiten, die Kommunikationsfähigkeit zu verbessern, und über Fragen des Vertrauens, der Offenheit und des gegenseitigen Akzeptierens. Dann wurde besprochen, was für ein Klima sie schaffen wollten, und wie sie sich zu einem wirksamen Team zusammenschliessen könnten. Der Schwerpunkt dieser letzt-

genannten Tätigkeiten bezog sich auf Struktur und Prozesse der Organisation der Schule und auf das gemeinsame Gestalten solcher Strukturen und Prozesse, die nach Ansicht der Mitglieder sowohl dem Ziel der Schule, als auch denen der einzelnen Mitarbeiter dienten. Es wurde dabei überlegt, welchen Führungsstil und welches Verhalten die Lehrer vom Schulleiter und seinen Stellvertretern erwarteten; ebenso wurden die Wünsche und Erwartungen der Mitarbeiter geäussert.

Besondere Beachtung wurde dabei der Idee geschenkt, die Schein als den psychologischen Vertrag bezeichnet, eine Kombination von Erwartungen, die einerseits die Mitglieder in bezug auf Einfluss und Kontrolle gegenüber der Organisation an den Tag legen und andererseits die Erwartungen der Organisation gegenüber den Mitgliedern in bezug auf Aufgabenerfüllung und Zuverlässigkeit.[1]

Die Gruppenmitglieder überlegten sich auch, wie sie zusammen Probleme lösen und Teamentscheidungen für gemeinsame Probleme treffen könnten. Als besonders wichtiges Thema tauchte in der Konferenz die Frage auf, wie die Gruppe zu gemeinsamen Entscheidungen gelangen sollte. Am Ende der recht erfolgreichen Woche deuteten die Teilnehmer an, dass sie sich nun viel näher ständen, dass sie die individuellen Eigenarten und Beiträge der Mitglieder besser verstehen und schätzen würden und dass sie nun wüssten, wie sie zukünftig Probleme anpacken und lösen könnten. Ausserdem hatten sie gelernt, ihre eigenen Prozesse zu beurteilen, also zu sehen, wie sie sich selbst verhielten. Die Aktivitäten dieser Woche drehten sich somit um zwei Hauptthemen: um die Entwicklung der zwischenmenschlichen Beziehungen und der Kommunikationsfähigkeit einerseits und um solche Fähigkeiten, die zur Entwicklung und Kontinuität einer wirksamen Organisation nötig sind.

Am Ende der Woche schlug der Berater dem Schulleiter vor, ein eigenes OE-Programm weiterzuführen, indem die Mitglieder von Zeit zu Zeit zusammen überprüfen sollten, in welchem Ausmass sie die gesetzten Ziele erreicht hatten, und indem sie Wiederholungskurse zu diesem Thema besuchten. Zu diesem Zweck wurden drei Tage reserviert, an denen sich die Lehrer als geschlossene Gruppe trafen und die Gruppe sich mit ihrem Verhalten in dieser Gruppe auseinandersetzte.

Im darauffolgenden Sommer wurde ein zweites einwöchiges Laboratorium mit denselben Teilnehmern und demselben Berater veranstaltet. Dabei wurden verschiedene Schwerpunkte beachtet: Zuerst untersuchte die Gruppe ihre Erfolge und Fehlschläge während des vergangenen Schuljahres, um daraus zu lernen, wie ihre Funktionsfähigkeit verbessert werden könnte. Dann schenkte die Gruppe ihre Aufmerksamkeit der Entwicklung des Wissens und der Fähigkeiten, die benötigt wurden, um selbst wichtige Daten über die Organisation, ihr Klima, ihre Kultur zu ermitteln, um diese besser steuern zu können. Während der zweiten Sommerkonferenz arbeiteten die Mitglieder der Gruppe wiederum an Problemen, die ihre wirklichen Schwierigkeiten in der Schule betrafen; wiederum waren alle Mitglieder des Kollegiums und die sonstigen Mitarbeiter anwesend; und wiederum beschäftigten sie sich mit den zwischenmenschlichen Beziehungen, die beim Aufbau der von ihnen gewünschten Organisation von Bedeutung waren. Der zweite Sommer wurde fast ausschliesslich dem Verständnis der organisationsinternen Abläufe sowie den Möglichkeiten gewidmet, aufschlussreiche Informationen über das Klima und die Kultur der Organisation zu beschaffen und auszuwerten. Für die Weiterbildung bestimmte Tage wurden später für OE-Trainingszwecke verwendet.

Das Programm wurde recht positiv aufgenommen. Mitglieder berichteten, dass sie gut zusammenarbeiten und dass ihnen das Klima in der Schule Freude mache. Sie sind jetzt davon überzeugt, dass sie hochqualifizierte erzieherische Arbeit leisten. Sie bezeichnen die Sommerkonferenzen als „harte, aber lohnende Arbeit" und sie betrachten die bestehenden Vorgänge in der Organisation als das Ergebnis der Konferenzen. Die Schule wird im Bezirk als vorbildlich und als attraktiver Arbeitsplatz betrachtet, sie verzeichnet nur einen geringen Personalwechsel.

### Neue Wege in einer Unternehmungsabteilung

In einem Grossunternehmen hatten sich ursprünglich der Labor Relations-Direktor und ein Vorstandsmitglied für die Anwendung sozialwissenschaftlicher Methoden bei der Lösung von Problemen, denen die Unternehmung gegenüberstand, begeistert, und später hatten auch einige führende Manager versucht, solche Ideen anzuwenden. In einem Zweigwerk hatten der Werkleiter und seine Mitarbeiter mit einigem Erfolg mit Teamentwicklung experimentiert. Dabei wurden auch Sitzungen über Führungsstil und Entscheidungsprozesse durchgeführt, bestehende Gruppen untersuchten ihre Aufgaben und ihren Führungsstil und versuchten, Rollen und Aufgaben zu definieren, die zu einem bessern Erfolg nötig waren. Diese Treffen drehten sich normalerweise um die Frage: Wie können wir ein wirkungsvolleres Team werden? Solche Sitzungen wurden auf niedrigeren Ebenen der Organisation weitergeführt. In einem andern Zweigwerk wurde ein Programm zur Arbeitsbereicherung (job enrichment) durchgeführt, was eine kritische Beurteilung des bestehenden Führungsstils, der Organisationsstruktur und der Ziele und Rollen einzelner erforderte.

In einem anderen Werk interessierte sich das Management für Einstellungsumfragen und erbat die Hilfe eines Beraters durch die Firmenleitung. Der Berater empfahl, bei der Gestaltung des Fragebogens einen weiteren Kreis von Arbeitnehmern mitwirken zu lassen, die Ergebnisse allen Befragten bekannt zu geben und die Umfrage im Konferenzstil auszuwerten. Besonders die letztere Idee kam einigen Managern zu revolutionär vor; es gab einigen Widerstand aus Furcht vor Kritik. Diese Angst wurde jedoch teilweise gelindert durch folgenden Vorschlag des Beraters: das Ergebnis der Umfrage so zu präsentieren, dass der einzelne Manager so wenig wie möglich in Verlegenheit geraten würde. Daraufhin erklärte sich die Gruppe bereit, der Umfrage in Verbindung mit einem Workshop zuzustimmen.

Der Fragebogen enthielt verschiedene Punkte in den folgenden Kategorien: Organisationsklima; Gehalt und aussertarifliche Leistungen; Beziehung zu anderen Abteilungen; Kommunikation; Beziehung zwischen Vorgesetzten und Untergebenen; meine Arbeit; Gelegenheiten für persönliche Entwicklung und Entfaltung. Daraufhin wurden die Antworten auf alle Fragen – für den ganzen Betrieb und auch nach Abteilungen getrennt – zusammengestellt. Das Betriebsergebnis wurde an alle Abteilungen verteilt, aber die Berichte über die einzelnen Abteilungen wurden nur den entsprechenden Abteilungen zugeleitet, um irreführende oder gar destruktive Vergleiche zu vermeiden.

Ein Beraterteam arbeitete dann mit allen Werkleitern zusammen, um für jede Abteilung einen Workshop zu gestalten. Während dieser Workshops wurden die Daten diskutiert und die möglichen Gründe untersucht, die zu unterschiedlichen Antworten führten.

Besonders beachtet wurden die Fragen: Sind wir mit den Fragebogenergebnissen zufrieden und: Was wollen wir verbessern? Externe Erfolgskriterien wurden dabei weitgehend ausser acht gelassen. Am Ende der Konferenz wurde jeweils eine Handlungsplanung durchgeführt, was auch öfter Vorschläge an die Firmenleitung einschloss.
Wenn auch die Workshops nicht ohne Spannungen und Schwierigkeiten abliefen, so war doch die Reaktion im allgemeinen recht positiv. Gewöhnlich stimmten Manager, Berater und Teilnehmer hinterher darin überein, dass die Workshops äusserst erfolgreich gewesen waren, dass der Prozess im ganzen Betrieb fortgesetzt werden sollte und dass die Umfragen und Workshops in ein bis zwei Jahren wiederholt werden sollten.

## Organisationsveränderung in einem Indianerstamm

Das betriebswirtschaftliche Institut einer Universität wurde vom Stammesvorstand und dem geschäftsführenden Direktor eines amerikanischen Indianerstammes gebeten, eine Management Development-Konferenz zu arrangieren. Der zuständige Professor macht einen Gegenvorschlag: Er wollte zusammen mit einem Kollegen die Indianer-Reservation besuchen, sich mit den führenden Mitgliedern der Stammesverwaltung unterhalten und aufgrund der dabei festgestellten Probleme den Rahmen einer Konferenz abstecken. Diese Stammesverwaltung war für folgende Dinge verantwortlich: Erhaltung der natürlichen Reserven des Reservats, Erhaltung und Entwicklung der öffentlichen Dienste, Wohlfahrt, Gesundheit, Recht und Ordnung, wirtschaftliche Entwicklung, Verwaltung von Unternehmungen des Stammes und Erhaltung der Stammeskultur. Die Stammesverwaltung übte die Regierungsgewalt über die Stammesangehörigen aus.
Mit der Unterstützung des Vorsitzenden, der übrigen Mitglieder des Stammesvorstandes und des geschäftsführenden Direktors entschied man, dass eine Gruppe von etwa zwanzig einflussreichen Mitgliedern der Verwaltung zu der von den Beratern vorgeschlagenen Konferenz eingeladen werden sollte. Zu dieser Gruppe gehörten der Vorstand, der geschäftsführende Direktor mit seinen Assistenten, die Mitglieder des Community Action Program, der ständige Vertreter der amerikanischen Regierung und ein für die

Berufsbildung zuständiger Lehrer an der Mittelschule des Reservats. Die Berater unterhielten sich mit allen Teilnehmern und fragten im wesentlichen: Was verläuft zufriedenstellend, und was steht den Zielen der Verwaltung im Weg? Aus diesen Interviews destillierten die beiden Berater die positiven und negativen Themen, die der Konferenz den Rahmen geben sollten.

Die erste einwöchige Konferenz wurde in den Gebäuden der Universität gehalten und bestand aus zwei Hauptkomponenten, die während dieser Woche abwechselnd zum Einsatz kamen: erstens die fortgeführte Anwendung des Aktionsforschungsmodelles und zweitens Vorlesungen und Übungen. Durch das Aktionsforschungsmodell wurde der Fortgang der Konferenz wie folgt bestimmt: Sammeln von Daten (vorausgegangene Interviews und während der Konferenz erhaltene Daten), Daten-Feedback, Bestimmung der Priorität von Problemen, Diskussion der Probleme und Handlungsplanung zur Lösung der Probleme. Diese Bearbeitung der Probleme, die von der Gruppe identifiziert worden waren, bildete den Hintergrund für alle Aktivitäten der Konferenz.

Verschiedene Arten von Interventionen wurden von den Beratern während der Problemlösungsphasen der Konferenz vorgenommen. Schon beim Beginn erklärten sie den Mitgliedern die Technik der Kraftfeldanalyse. Mit Hilfe dieses diagnostischen Werkzeuges sollten verschiedene Punkte analysiert werden, die von der Gruppe vorher als wichtig bezeichnet worden waren. Bei einer anderen Gelegenheit wurde eine modifizierte Technik der Rollenanalyse in bezug auf die Rollen der Vorstandsmitglieder und des geschäftsführenden Direktors angewandt. Während der Vorstand zuhörte, diskutierten die anderen Mitglieder das folgende Thema, das für alle sichtbar auf ein grosses Stück Papier geschrieben worden war: Was würden die Vorstandsmitglieder tun, wenn ihre Tätigkeit bezüglich Ergebnis und Wirksamkeit optimal wäre? Diejenigen Reaktionen, die von den meisten geteilt zu werden schienen, wurden auch auf ein grosses Stück Papier geschrieben und an der Wand befestigt. Die Vorstandsmitglieder wurden dann zur Antwort ermutigt und aufgrund der darauffolgenden Diskussion wurden Einzelheiten auf den Papieren geändert. Die Übung wurde dann in bezug auf die Rolle des geschäftsführenden Direktors wiederholt. Während dieser zuhörte, diskutierte der Rest der Gruppe die Frage: Was würde der geschäftsführende Direktor tun,

wenn seine Tätigkeit bezüglich Ergebnis und Wirksamkeit optimal wäre? Ein Resultat dieser Übung war das allmählich aber nachhaltige Delegieren alltäglicher Entscheidungen vom Vorstand an den geschäftsführenden Direktor und seine Assistenten.
Während der Konferenz wurden auch mehrere kurze Vorlesungen über verschiedene wichtige Themen wie z. B.: Führung, Gruppenprozess, Entscheidung, Diagnose von Problemen, Kommunikation, gehalten. Dabei wurden auch verschiedene Übungen durchgeführt, die es den Teilnehmern ermöglichten, unterschiedliche Entscheidungsmodelle miteinander zu vergleichen und auf ihre Brauchbarkeit hin zu untersuchen.
Am Ende der Konferenz hatten die Teilnehmer ungefähr ein Dutzend wichtiger Probleme oder Themen bearbeitet und sich über die nächsten Schritte geeinigt, nämlich: Wer was wann tun sollte. Ergebnisse von Fragebogen, die am letzten Tag ausgefüllt wurden, deuteten auf einen überwältigenden Enthusiasmus im Hinblick auf den Prozess und seine Ergebnisse. Die Berater glaubten auch zu bemerken, dass sich am Ende der Konferenz im Vergleich zu Beginn des Seminars ein höherer Grad an Offenheit, Vertrauen und gegenseitiger Unterstützung zwischen den Teilnehmern entwickelt hatte.
Unter anderem wurde beschlossen, dass die Berater der Reservation nach fünf oder sechs Monaten einen zweitägigen Besuch abstatten sollten. Während der folgenden Wochen wurde es jedoch klar, dass ein früherer Besuch der Berater wünschenswert wäre. Die Anwendung bestimmter Pläne war steckengeblieben, obwohl auf anderen Gebieten gute Fortschritte gemacht wurden. Während ihres ersten Besuches unterhielten sich die Berater mit einer Auswahl von Teilnehmern des Workshops, um den Grad des erzielten Fortschritts festzustellen; sie trafen sich auch mit dem Vorstand, um bei einer Beurteilung der Vorstandstätigkeit behilflich zu sein und halfen bei der Beseitigung eines Missverständnisses in bezug auf die Mitgliederliste einer Projektgruppe. Beim folgenden Besuch sprachen die Berater vorwiegend mit dem geschäftsführenden Direktor und dem Vorstand.
Bald darauf baten Vorstand und geschäftsführender Direktor um einen zweiten Workshop, mit dem Vorschlag, dass dieser dann kürzer sein sollte und dass man hauptsächlich die Resultate des ersten Programmes in der Reservation untersuchen sollte. Die

zweite Konferenz fand in einem Tagungszentrum statt; sie begann an einem Dienstagabend und endet am Freitagnachmittag.
Obwohl der zweite Workshop nach demselben Muster abgehalten wurde wie der erste und auch auf vorausgegangenen Interviews aufgebaut war, wurden weniger Vorlesungen und Übungen gehalten, und die meiste Zeit wurde den zentralen Themen gewidmet. Da Spannungen zwischen zwei Einheiten der Organisation und die Notwendigkeit einer Klärung der Verantwortungsbereiche die wichtigsten Themen zu sein schienen, wurde diesen viel Zeit gewidmet. Das Problem wurde durch eine Dreiweg-Intergruppen-Übung dargestellt, bei der die Hauptgruppen (Vorstand, leitende Stammesfunktionäre und Stab des Community Action Program) die folgenden Listen über die anderen zwei Gruppen entwickelten, die dann bei einer gemeinsamen Besprechung vorgelesen wurden:

Was uns an der Tätigkeit der . . . Gruppe gefällt.

Was uns bei der . . . Gruppe beunruhigt.

Was die . . . Gruppe vermutlich über uns sagen wird.

Nachdem die Ergebnisse vorgelesen waren, wurde die Diskussion auf Fragen über Unklarheiten der Liste und Erklärungen dazu beschränkt. Dieser Phase folgte eine Diskussion in Untergruppen, und dann wurde noch einmal in den Hauptgruppen diskutiert und Massnahmen geplant.
Das Problem der Verantwortungsabgrenzung wurde dadurch geklärt, dass man jeden Teilnehmer bat, eine Stellenbeschreibung auf einem grossen Bogen Papier zu erstellen und diese dann mit den Arbeitskollegen und dem Vorgesetzten zu diskutieren. Revidierte Stellenbeschreibungen wurden anschliessend im Plenumssaal zur Einsicht und zwanglosen Diskussionen während der Pausen aufgehängt.
Am Ende des Workshops einigten sich Berater, Vorstandsvorsitzende und geschäftsführender Direktor auf einen ungefähren Termin für zwei weitere Sitzungen in der Reservation; bis dahin wollte man in telefonischer Verbindung bleiben.

## Ein neuer Werkleiter

Vor einigen Jahren wurde ein neuer Werkleiter für einen Fabrikationsbetrieb angestellt. Es handelte sich um eine grosse Fabrik,

in der in einem längeren Fertigungsprozess aus Rohmaterialien Fertigprodukte hergestellt wurden, wie dies beispielsweise in einem Stahlwerk oder in einer Ölraffinerie geschieht.
Er studierte die Situation und fand folgendes: Das Werk hatte über 2000 Arbeitskräfte; es gab verschiedene Leitungsebenen, gegliedert nach funktionellen Gesichtspunkten: Produktion, Instandhaltung, technische Forschung, Einkauf und Lagerung, Ingenieurwesen usw. Die Fabrik arbeitete verhältnismässig gut in bezug auf Produktivität und Gewinn. Der Vorgänger des Werkleiters war ein energischer und autokratischer Mann, der alle operativen und administrativen Entscheidungen selbst traf. Die anderen Mitglieder des oberen und mittleren Managements wurden als Aufseher bezeichnet – sie beaufsichtigten ihre Amtsbezirke, versorgten den Werkleiter mit Daten und erhielten ihre täglichen Anweisungen.
Der neue Werkleiter vertrat eine andere Management-Philosophie und einen anderen Führungsstil: Er hielt es für wünschenswert, seinen Untergebenen soviel Verantwortung wie möglich zu übertragen. Er wollte weite Kreise an wichtigen Entscheidungen teilnehmen lassen, soweit es um Arbeit und Arbeitskräfte ging. Er glaube, dass involvierte und interessierte Manager bessere Informationen und Entscheidungen liefern würden. Er wollte seine Mitarbeiter fördern, so dass sie Stellen mit grösserer Verantwortung übernehmen konnten. Und er teilte ihnen in einer ersten Besprechung mit, dass er „mit ihnen die Arbeit und die Freude daran teilen wollte". Der neue Werkleiter wusste, dass er starke individuelle Manager und ein wirksames *Managementteam* schaffen und dass er die Führungskultur und das Betriebsklima verändern musste. Er wusste, dass für eine solche Änderung des Ist-Zustandes neue Fähigkeiten und ein neues Managementklima nötig waren. Dies wiederum konnte nur durch Training erreicht werden. Was über zehn Jahre hinweg als normal galt, konnte nicht durch eine blosse Anordnung beseitigt werden. Er besprach sich mit verschiedenen Beratern, erklärte seine Wünsche und bat sie um ihre Hilfe.
Es ergaben sich sechs Ziele für die beabsichtigte Veränderung:

1. die Fähigkeiten und Fertigkeiten der einzelnen Manager zu verbessern;
2. ein wirksames Topmanagementteam zu entwickeln;

3. starke Teams in den Abteilungen und Unterabteilungen zu bilden;
4. die Beziehungen zwischen Arbeitsgruppen zu verbessern, wie z. B. zwischen Produktion und Instandhaltung, um unnötige Anstrengungen zu vermeiden;
5. die Managementkultur zu verändern, so dass nicht alle Entscheidungen von einem Mann getroffen wurden, sondern sich alle Manager an den Entscheidungen beteiligten, die sie selbst betrafen;
6. die langfristige Planung und Entscheidungsfähigkeit der Manager aller Ebenen zu verbessern.

Diese Änderungsziele und die Ideen des neuen Werkleiters waren allgemein bekannt, ebenso wie die Information über die Berater und das OE-Programm. Besprechungen zur Teambildung wurden mit dem obersten Management und dem neuen Werkleiter gehalten. Ähnliche Besprechungen fanden mit den Abteilungsleitern und ihren leitenden Mitarbeitern statt, also mit den Leitern der nächstunteren Führungsebene. Schliesslich fanden auch Besprechungen zwischen Vertretern solcher Gruppen statt, deren Verantwortungen oder Arbeitsvorgänge sich überschnitten. Bei diesen Besprechungen waren auch die externen Berater anwesend sowie verschiedene Mitglieder der Organisation, die als interne Berater ausgebildet wurden. Die Rolle der Berater war es, den Gruppen zu helfen, ihre Probleme zu erkennen, zu bearbeiten und daraus zu lernen.

Dieses OE-Programm war seit drei Jahren verwirklicht worden. Während des ersten Jahres beschränkte sich die Strategie der Interventionen hauptsächlich auf bestehende Arbeitsgruppen, ihre Leiter und wichtigsten Mitarbeiter. Diese Gruppen besprachen ihre Kultur und ihre Methoden der Problemlösung in bezug auf ihre Aufgaben im Betrieb. Es war ein wichtiger Aspekt der OE-Strategie, dass die ersten Besprechungen dieser Art vom neuen Werkleiter und seinen direktunterstellten Abteilungsleitern besucht wurden. Nachdem dies mit Erfolg getan war, trafen sich die Abteilungsleiter mit ihrem Stab zu Teambildungssitzungen mit dem Ziel, das Funktionieren der Abteilungen zu verbessern. Bedeutende Themen tauchten während diesen Besprechungen in bezug auf Führungsstil, Teamprozesse und Verlauf sowie in bezug auf die Lösung bestimmter Arbeitsablaufprobleme auf.

Während des zweiten Jahres wurden die Besprechungen zur Bildung von Teams fortgesetzt und eine neue Dimension hinzugefügt:
Besprechungen mit solchen Gruppen, deren Zusammenarbeit als Gruppen Probleme brachte. Dies schien dadurch ermöglicht worden zu sein, dass die einzelnen Gruppen vorher ihre internen Probleme erfolgreich gelöst hatten. Durch ein besseres Verständnis der Komplexität der Interdependenz und des Problems einer wirksamen Koordination wurde in den meisten Fällen eine schnelle und genaue Diagnose der zwischen den Gruppen bestehenden Schwierigkeiten herbeigeführt. Während desselben Jahres wurden Gruppen für Sonderaufgaben gebildet, die die verschiedenen Aspekte einer wirksamen Werkleitung untersuchten. Diese Sondergruppen waren normalerweise temporäre Projektgruppen für bestimmte Aufgaben, die jedoch weitreichende Auswirkungen für das Werk hatten. Zum Beispiel haben diese Sondergruppen Probleme der industriellen Sicherheit (Unfallverhütung), Probleme der Beziehungen zu den Gewerkschaften und Probleme des Werkes zu Gemeinde und Region bearbeitet. Ein besonders wichtiges Ergebnis der Arbeit einer Sondergruppe war die Entwicklung einer neuen Philosophie hinsichtlich Laufbahnplanung und Beförderungsrichtlinien. Diese neuen Richtlinien ermöglichten es, die Talente der Arbeitskräfte besser zu verwenden und zu entwickeln und die Entwicklung neuen Managementspotentials sicherzustellen.
Im dritten Jahr widmete sich das Team der leitenden Manager und der neue Werkleiter mehr der Entwicklung langfristiger strategischer Planungsmodelle. Auch wurde ein Management Development-Prozess für das weitere Management eingerichtet. Einige Besprechungen zwischen verschiedenen Gruppen wurden abgehalten, so oft sich dies als nötig erwies. Die Besprechungen innerhalb der Gruppen beschäftigten sich hauptsächlich mit Problemlösung und langfristiger strategischer Planung.
Diese Beispiele sollen nicht als vollkommene oder ideale organisatorische Interventionen betrachtet werden, sondern als ziemlich typische Illustration dessen, was bei Organisationsentwicklungs-Programmen geschieht. Obwohl diese Programme jeweils mehr oder weniger umfassend sind, haben sie die folgenden Merkmale gemeinsam:

1. Der Klient ist ein umfassendes System oder eine grössere Einheit eines ganzen Systems;
2. Die Interventionen richten sich hauptsächlich auf Probleme und Themen die vom Klienten identifiziert worden sind;
3. Die Interventionen beziehen sich auf Problemlösung und das bessere Funktionieren des Systems;
4. Die Eingriffe basieren auf Theorie und Technologie der Sozialwissenschaft.

In den folgenden Kapiteln werden wir uns genauer mit vielen OE-Techniken beschäftigen, mit den grundlegenden Theorien und Annahmen der OE, gleichzeitig mit den Irrtümern und Herausforderungen, die sich bei der Anwendung sozialwissenschaftlicher Methoden zur Verbesserung von Organisationen ergeben.

## 2. Organisationsentwicklung: eine Definition

Obwohl sich eine buchstäbliche Auslegung des Begriffes *Organisationsentwicklung* auf einen weiten Bereich von Strategien zur Verbesserung von Organisationen beziehen könnte, hat der Begriff mittlerweile in der Literatur und Praxis der Sozialwissenschaften eine ziemlich genaue Bedeutung angenommen. Wir sagen „ziemlich genau", weil die Grenzen nicht völlig klar sind; die Ansichten verschiedener Autoren und Praktiker weichen gelegentlich etwas voneinander ab.

Im sozialwissenschaftlichen und vielleicht idealen Sinn des Wortes ist *Organisationsentwicklung eine langfristige Bemühung, die Problemlösungs- und Erneuerungsprozesse in einer Organisation zu verbessern, vor allem durch eine wirksamere und auf Zusammenarbeit gegründete Steuerung der Organisationskultur – unter besonderer Berücksichtigung der Kultur formaler Arbeitsteams – durch die Hilfe eines OE-Beraters oder Katalysators und durch Anwendung der Theorie und Technologie der angewandten Sozialwissenschaften unter Einbeziehung von Aktionsforschung.*

Unter *Problemlösungs-Prozessen* verstehen wir die Art, in der die Organisation Chancen und Herausforderungen der Umwelt analysiert und Entscheidungen trifft. Sieht die Organisation beispielsweise ihre Umwelt und damit ihre Aufgabe mit den gleichen Augen wie vor zehn Jahren, oder revidiert sie ständig ihre Zwecke und Methoden im Hinblick auf Gegenwart und Zukunft? Löst die Organisation ihre Probleme auf eine Art, die die schöpferischen Kräfte und Interessen einiger weniger beansprucht, oder schöpft sie ausgiebig aus Talenten, Vitalität und gemeinsamen Zielen *aller* Mitglieder der Organisation?

Es besteht eine enge Beziehung zwischen der Verbesserung von Problemlösungs-Prozessen und der Verbesserung der organisationsinternen Innovationsprozesse. Das wird z. B. in der Definition von Lippitt deutlich, der unter organisationsinterner Innovation (Organization Renewal) „. . . den Prozess der Initiierung, Durchführung erforderlicher Veränderungen (versteht) durch den Organisationen ein dynamisches Gleichgewicht erhalten bzw.

aufrechterhalten, sich neuen Bedingungen anpassen, Probleme lösen und aus der Erfahrung lernen."[2]

Argyris betont organisatorische Erneuerung und Belebung in seiner Beschreibung der Organisationsentwicklung:

> „Das Wesen der Organisationsentwicklung besteht in einem Bemühen um die Vitalisierung, das Wachstum, die Aktualisierung, Aktivierung und Erneuerung von Organisation durch technische und menschliche Ressourcen".[3]

Auf ähnliche Weise erwähnt Gardner in seinen Schriften über die *Selbsterneuerung von Organisationen* das Vermeiden von Zerfall und Veralterung und das Wiedergewinnen von Vitalität, Kreativität und Erfindungsgabe. Er spricht sowohl von der Entwicklung von Beweglichkeit und Anpassungsfähigkeit, dem Schaffen solcher Bedingungen, die individuelle Motivierung, Entwicklung und Erfüllung fördern als auch vom Prozess, durch den die Ergebnisse der Veränderung mit den Zielen in Einklang gebracht werden.[4]

Unter dem Begriff *Kultur* in unserer Definition verstehen wir vorherrschende Muster von Tätigkeiten, Interaktionen, Normen, Empfindungen (und Empfindungen und Gefühle)[5], Einstellungen, Überzeugungen, Werten und Produkten[6]. Durch die Einbeziehung von Produkten schliessen wir Technologie in unsere Definition mit ein, obwohl technologische Veränderungen gewöhnlich eine untergeordnete Rolle bei der Anwendung von Organisationsentwicklung spielen. Versteht man jedoch unter dem Begriff der Technologie neben den Maschinen auch Einrichtungen, Abläufe und Methoden, dann besteht in der Mehrzahl der OE-Massnahmen eine enge Wechselbeziehung zwischen Technologie und Organisationsentwicklung.

Unser Gebrauch des Begriffes *Kultur* schliesst die Vorstellung eines informalen Systems ein, das wir im nächsten Kapitel beschreiben werden und das folgende Elemente enthält: Gefühle, informale Handlungen und Interaktionen, Gruppennormen und Werte. In mancher Beziehung ist das informelle System ein versteckter oder unterdrückter Bereich des Organisationslebens, der unsichtbare Teil des organisatorischen Eisberges, der in Abbildung 1 dargestellt wird.[7] Traditionsgemäss wird dieser unsichtbare Bereich entweder überhaupt nicht oder nur teilweise untersucht. Die Bemühungen der Organisationsentwicklung konzentrieren sich gleichzeitig auf das formale und das informale

Abbildung 1: Organisatorischer Eisberg

System; aber sobald ein OE-Programm über das formale System legitimiert worden ist, erfolgt die erste Interventionsstrategie gewöhnlich im Bereich des informalen Systems, insofern als Einstellungen und Gefühle der Mitglieder den Ausgangspunkt bilden.[8]

Unter *kollaborativem Management* der Kultur verstehen wir ein Management durch Mitwirkung, nicht eines, das hierarchisch erzwungen ist. Wer auf wen einwirkt, ist ein wichtiges Thema bei der Organisationsentwicklung, und wir möchten betonen, dass die Steuerung der Gruppenkultur ebenso Sache der Untergebenen wie des formalen Vorgesetzten ist.

Unsere Definition anerkennt, dass der Schlüsselbereich von OE-Massnahmen die bestehende Arbeitsgruppe mit ihren Untergebenen und dem Vorgesetzten ist. Wie wir in weiteren Kapiteln erklären werden, unterscheidet sich dieser Grundsatz von den herkömmlichen Methoden der Verbesserung von Organisationen. Beispielsweise konzentrieren sich die meisten Management Development-Programme auf die einzelnen Manager oder Vorgesetzten und nicht auf deren Arbeitsgruppen. Die Lernerfahrung des Managers findet also isoliert von der Dynamik eigener Arbeitssituationen statt. Obwohl wir die Bedeutung relativ beständiger Arbeitsgruppen betonen, um den Unterschied zwischen OE und dem traditionellen Management Development klar hervorzuheben, schenken wir doch in umfassenden OE-Programmen den temporären Arbeitsgruppen weitreichende Beachtung, so z. B.

auch der Mitgliedschaft in sich überschneidenden Teams, den Beziehungen zwischen Gruppen als auch den Konsequenzen für das gesamte System. Diese Themen werden auch in den nächsten Kapiteln besprochen.

Mit der Erwähnung der Hinzuziehung eines OE-Beraters bzw. *Katalysators* als einem besonderen Kennzeichen der OE in unserer Definition verfolgen wir einen bestimmten Zweck. Wir sind einigermassen skeptisch in bezug auf die optimale Wirksamkeit von OE-do-it-yourself-Programmen. Wie wir später zeigen werden, ist zumindest in den ersten Phasen die Hilfe eines neutralen Dritten erforderlich, der nicht der jeweiligen Organisationskultur angehört. Dies bedeutet nicht, dass dieser Dritte der Organisation nicht angehören sollte, aber zumindest sollte er ausserhalb des betreffenden Subsystems stehen, das ein OE-Programm durchführen will.

Das grundlegende Interventionsmodell, das in fast allen OE-Programmen angewandt wird, ist das der *Aktionsforschung*. Dieses Modell liegt auch den Illustrationen im ersten Kapitel zugrunde. Grundsätzlich besteht das Aktionsforschungsmodell aus:

1. einer ersten Diagnose;
2. dem Sammeln von Daten durch das Klientensystem;
3. dem Datenfeedback an das Klientensystem;
4. der Untersuchung der Daten durch das Klientensystem;
5. der Handlungsplanung;
6. der Durchführung der Massnahmen.

Dieses Modell werden wir im einzelnen in Kapitel II/5 diskutieren. Da sich das Modell so gut auf die Organisationsentwicklung anwenden lässt, könnte man OE auch definieren als eine Verbesserung der *Organisation durch Aktionsforschung.*

Die obigen Eigenschaften der OE unterscheiden sich wesentlich von denjenigen traditioneller Änderungsprogramme, die Bennis wie folgt kategorisiert:

1. Präsentation und Propaganda;
2. Elitegruppen;
3. psychoanalytische Einsicht;
4. Stab;
5. wissenschaftliche Beratungen;
6. Informationsbeschränkung auf die Unternehmensspitze.[9]

Bennis bemerkt, dass dabei vielleicht die Präsentation und Propaganda am beliebtesten sind, und er illustriert dies mit den Auswirkungen bestimmter Ideen von Philosophen und Wissenschaftlern. Der elitäre Charakter besteht grundsätzlich aus dem Anstellen von wissenschaftlich geschultem Personal in Machtpositionen oder Schlüsselstellungen der Organisation. Die psychoanalytische Orientierung der Änderungsmethode ist der Elite-Methode ähnlich, bezieht sich jedoch auf die organisatorische Änderung durch Führungskräfte, die viel Selbstbekenntnis und psychiatrische Weisheit gegenüber den Untergebenen aufweisen. Bei der Stab-Strategie werden Sozialwissenschaftler in der Organisation angestellt, die die Situation analysieren und der Leitung Vorschläge unterbreiten. Die wissenschaftliche Beratung ist eine Änderungsmethode, bei der „vorläufige Untersuchung, wissenschaftliches Verstehen, wissenschaftliche Darstellung, Entdecken der Lösungen und schliesslich wissenschaftliche Ratschläge an den Klienten" erfolgen. Die sechste von Bennis beschriebene Methode ist die Informationsbeschränkung auf die Unternehmensspitze. Ein historisches Beispiel dafür ist der Council of Correspondence, ein Kettenbrief, durch den während der amerikanischen Revolution die Rebellen in Kontakt standen. [10]

OE-Bemühungen unterscheiden sich wesentlich von diesen Methoden zur Veränderung von Organisationen. Das gilt vor allem für die zwei Methoden, die von Bennis als Stab und wissenschaftliche Beratung bezeichnet werden. In beiden Fällen studiert ein interner oder externer Fachmann eine Situation und macht Vorschläge; dies ist die traditionelle Art der Beratung. Die Methode der OE unterscheidet sich deutlich. Der OE-Berater macht *keine* Vorschläge im traditionellen Sinn, sondern er greift in die laufenden Vorgänge der Organisation ein. Zum Beispiel ist sein Endprodukt kein geschriebener Bericht an die Firmenleitung, und er liefert gewöhnlich auch keine direkten Lösungen für Probleme. Er hilft jedoch der Organisation bei der Lösung ihrer Probleme. Zum Beispiel kann er gefragt werden, auf welche Weise eine Gruppe zusammenarbeitet, oder er kann auch Situationen herbeiführen, die bestimmte Phänomene deutlich werden lassen. Wenn er beispielsweise gebeten wird, einen Konflikt beilegen zu helfen, so kann er ein Rollenspiel vorschlagen, bei dem zwei Mitglieder des Teams jeweils die Rolle des andern spielen und die Ansichten des andern vertreten. Aber solche Interventionen finden unter Mitwirkung der Klientengruppe statt und setzen ein Verhältnis gegenseitigen Vertrauens voraus. Grundsätzlich hilft der Berater dem

Klienten bei der Beschaffung aussagekräftiger Daten, und er hilft der Gruppe dann, aus diesen Daten zu lernen.
Die Interventionen der OE unterscheiden sich von denen der traditionellen Art dadurch, dass

1. das Schwergewicht im Gegensatz zu den jeweiligen inhaltlichen Aspekten auf Gruppen- und Organisationsprozesse gelegt wird.
2. der Arbeitsgruppe eine Schlüsselposition für das Erlernen erfolgreicheren Verhaltens in Organisationen zukommt.
3. die Kultur einer Arbeitsgruppe als das Ergebnis gemeinsamer Bemühungen ihrer Mitglieder verstanden wird.
4. die Steuerung und Steuerbarkeit der Kultur des gesamten Systems und ihrer Ausweitungen betont wird.
5. sie das Aktionsforschungsmodell verwendet.
6. Sozialwissenschaftler als *OE-Berater* bzw. Katalysatoren hinzugezogen werden.
7. sozialer Wandel als fortlaufender Prozess verstanden wird.

Ein weiterer Punkt besteht in der Hervorhebung menschlicher und sozialer Beziehungen, obgleich sich OE darin nicht unbedingt von anderen Methoden unterscheidet.
Diese Merkmale werden in den folgenden Kapiteln weiter behandelt. Wie wir im nächsten Kapitel sehen werden, werden diese Eigenschaften durch Ergebnisse der neueren Sozialwissenschaften unterstützt.

# 3. Zur Geschichte der Organisationsentwicklung

In der Geschichte der Organisationsentwicklung lassen sich zahlreiche Beiträge teilweise namhafter sozialwissenschaftlicher Theoretiker und Praktiker finden; wichtige Anregungen gingen dabei auch von den Mitarbeitern in den Klientensystemen aus. Selbst wenn uns alle wichtigen Beiträge bekannt wären (was nicht der Fall ist), so lässt sich die Geschichte der Organisationsentwicklung doch kaum in einem so kurzen Kapitel hinreichend darstellen. Wenn wir hier nur den roten Faden dieser Entwicklung darstellen, so hoffen wir nur, dass uns die zahlreichen nicht genannten Autoren dies nicht verübeln werden.
Die noch recht junge Geschichte der Organisationsentwicklung ist unserer Meinung nach durch zwei Quellen gekennzeichnet: Dabei besteht die erste Quelle aus solchen Innovationen, die aus der Anwendung der Laboratoriumsmethode auf Industriebetriebe hervorgegangen sind; eine zweite Quelle sehen wir in den Survey-Research- und Survey-Feedback-Verfahren. Beide Quellen sind zugleich eng mit der Geschichte der Aktionsforschung verknüpft, die wir im Kapitel II/5 ausführlicher darstellen werden.

## Laboratoriumsmethode

Beim Laboratoriumstraining handelt es sich im Grunde um die Arbeit mit unstrukturierten Kleingruppen, in denen die Mitglieder ihren wechselseitigen Interaktionen und der sich dabei entfaltenden Dynamik der Gruppe lernen. Diese Methode entstand etwa 1946 aus einer Reihe von Experimenten mit Gruppendiskussionsverfahren, die auf eine Verhaltensänderung der Mitglieder ausgerichtet waren. Von besonderer Bedeutung bei den Anfängen des Laboratoriumstrainings war ein im Sommer 1946 gehaltener Workshop des State Teacher College in New Britain, Connecticut, der von der Connecticut Interracional Commission und dem Research Center for Group Dynamics, das sich zur damaligen Zeit noch am Massachusetts Institute of Technology befand, gemeinsam veranstaltet wurde. Die Initiatoren dieses Aktionsforschungsprogrammes waren Kurt Lewin, Kenneth Benne, Leland Bradford und Ronald Lippitt. Aus diesem Projekt entstand im Sommer 1947 eine dreiwöchige Veranstaltung in Bethel, Maine, die ursprünglich vom Office of Naval Research finanziert und von der National Educational Association und dem Research Center for Group Dynamics veranstaltet wurde. Aus der Arbeit dieses Sommers gingen dann die National Training Laboratories for Group Development und das heutige T-Gruppentraining hervor.[11]

Während der nächsten zehn Jahre begannen die Laboratoriums- und Gruppendynamiktrainer mit sozialen Systemen zu arbeiten, die beständiger und komplexer als T-Gruppen waren. Dabei ergaben sich erhebliche Schwierigkeiten bei der Übertragung des von den Teilnehmern im Laboratorium erlernten Verhaltens und Wissens auf die Lösung von Organisationsproblemen. Die in der Atmosphäre der T-Gruppen (Stranger T-Groups) erlernten persönlichen Fähigkeiten liessen sich nur schwer auf komplexe Organisationen übertragen. Das Trainieren geschlossener Teams aus derselben Organisation war jedoch schon früher in Bethel, Maine, praktiziert worden und stellte zweifellos die Verbindung zum gesamtorganisatorischen Interesse von Douglas McGregor, Herbert Shepard, Robert Blake und anderen dar.[12]

Douglas McGregor, der seit 1957 mit Union Carbide zusammen arbeitete, begann als einer der ersten Sozialwissenschaftler das Problem des Transfers zu lösen und befasste sich systematisch mit der Anwendbarkeit der im Laboratorium erlernten Fähigkeiten auf komplexe Organisationen.[13]

In Zusammenarbeit mit McGregor und mit der Unterstützung des Direktors und Vizepräsidenten von Union Carbide, Birny Mason jr. (dem späteren Präsidenten dieser Firma), gründete John Paul Jones eine kleine interne Beratungsgruppe, die in starkem Masse sozialwissenschaftliches Wissen anwandte, um Linienvorgesetzten zu helfen. Diese Gruppe von Jones wurde später eine „Organisationsentwicklungsgruppe" genannt.[14]

Im selben Jahr wurde Herbert Shepard als Mitarbeiter des „Employee Relations Department of Esso Standard Oil" als Forscher für Organisationsfragen angestellt. 1958 und 1959 begann er drei Experimente mit OE in grösseren Esso-Raffinerien in Bayonne, Baton Rouge und Bayway. In Bayonne wurde eine Befragung und Diagnose durchgeführt, die dann mit dem Topmanagement ausgewertet wurde. Daran schloss sich eine Reihe von dreitägigen Laboratorien für alle Mitglieder des Management an. Paul Buchanan, der eine ähnliche Vorgehensweise bei Republic Aviation verwendet hatte, arbeitete mit Shepard in Bayonne zusammen und wechselte zu Esso über. (Buchanan war vorher als beratender Psychologe bei der Naval Ordnance Test Station in China Lake, Kalifornien, tätig gewesen, wo er für das Management verschiedene Programme durchgeführt hatte, wie beispielsweise externe Tagungen zur Bearbeitung der zwischenmenschlichen Beziehungen.) [15]

In Baton Rouge arbeiteten Robert Blake und Herbert Shepard zusammen; sie entwickelten eine Reihe von zweiwöchigen Laboratorien, die von allen Mitgliedern des mittleren Managements besucht wurden. Zuerst bemühte man sich, die Fallstudienmethode mit der Laboratoriumsmethode zu vereinen, aber das Programm ähnelte bald den jetzigen Management Work Conferences des NTL-Institutes bei denen T-Gruppen, Organisationsübungen und Vorlesungen verwendet werden. Eine Neuerung in diesem Trainingsprogramm war die Betonung sowohl von Intergruppen als auch von interpersonalen Beziehungen. Obwohl die Arbeit an leistungsorientierten zwischenmenschlichen Problemen eine eindeutig organisatorische Massnahme war, hatte das Lösen von Intergruppenproblemen doch insofern grössere Auswirkungen auf die Organisationsentwicklung, als hier ein weitreichenderer und komplexerer Bereich der Organisation einbezogen wurde.

In Baton Rouge gelang es nicht, das Topmanagement in das Programm einzubeziehen, so dass weitere finanzielle Mittel für die Anwendung der Organisationsentwicklung nicht bewilligt wurden. Als später das Programm in Bayway begonnen wurde, hatte man zwei grundlegende Dinge über OE gelernt: die Notwendigkeit, dass sich das Topmanagement aktiv beteiligt und die Führung des Programmes übernimmt und dass das Programm auf die Belange am Arbeitsplatz anwendbar sein muss.

In Bayway gab es zwei wichtige Neuerungen. Erstens benutzten Shepard, Blake und Murray Horwitz das instrumentierte Laboratorium, das Blake und Jane Mouton im Rahmen sozialpsychologischer Seminare an der University of Texas entwickelt hatten und das sie später zur Grid-Organisationsentwicklung weiterentwickelten [16] (siehe Kapitel II/9). (Ein wichtiger Aspekt des instrumentierten Laboratoriums besteht in der Verwendung von Feedback aufgrund von Skalen und Messungen des Verhaltens der

einzelnen und Gruppen während der Besprechungen.[17]) Zweitens beschäftigte man sich in Bayway mehr mit Teamentwicklung, Beratung, Lösung von Konflikten zwischen Gruppen usw. und weniger mit dem Training von Organisationsmitgliedern, die sich aus verschiedenen Abteilungen rekrutierten.
Robert Blake sagte, „in dem Masse wie wir auf Laboratorien und Stranger T-Groups verzichteten, entstand mehr und mehr OE"; besonders Intergruppenprojekte bewirkten eine richtige OE[18]. Wie aus den Projekten bei Esso und Union Carbide ersichtlich, versuchten Shepard, Blake, McGregor und andere, ausgehend von den Einsichten und dem Lernansatz des Laboratoriumstrainings, direkt auf die Probleme und Schwierigkeiten in konkreten Organisationen einzuwirken.
Es ist nicht ganz klar, wer den Begriff *Organization Development* prägte, aber wahrscheinlich waren es Robert Blake, Herbert Shepard und Jane Mouton[19]. Der Begriff „Entwicklungsgruppe" war früher schon von Blake und Mouton in Verbindung mit Human Relations Training an der University of Texas benutzt worden und erschien 1956 in ihrem Artikel „Training for Decision Making in Groups", der bei dem Experiment in Baton Rouge als Arbeitsmaterial verteilt wurde[20]. (Diese Bezeichnung findet sich auch in einem Artikel von Mouton und Blake, der zuerst in der Zeitschrift *Group Psychotherapy* 1957 veröffentlicht wurde.[21]) Die T-Gruppen von Baton Rouge wurden „Entwicklungsgruppen" genannt[22]. Aus dieser Bezeichnung und den damals gewonnenen Einsichten entstand dann zweifellos der Begriff der Organisationsentwicklung.
Bezeichnenderweise waren die anfänglichen OE-Bemühungen in den ersten zwei Firmen, Union Carbide und Esso, unter Mitwirkung von Fachleuten für Arbeitnehmer/Arbeitgeber-Beziehungen unternommen worden, die somit zusätzliche Rollen übernahmen. John Paul Jones, der zunächst bei Union Carbide im Bereich der Industrial Relations tätig war, sah sich nun in der Rolle des sozialwissenschaftlichen Beraters für andere Manager[23]. Bei Esso verstand sich die zentrale Human Relations-Forschungsabteilung zunehmend als interne Beratungsgruppe, die ihre Dienste den Linienvorgesetzten zur Verfügung stellten, und weniger als eine Forschergruppe, die für die oberste Firmenleitung Berichte erstellte[24]. In der Geschichte der OE zeigt sich also, dass sowohl externe Berater als auch interne Stabsabteilungen von den tradi-

tionellen Rollen abweichen und bei der Entwicklung neuer Methoden der Organisationsverbesserung zusammenarbeiten.

## Survey-Feedback

Von besonderer Bedeutung in der Geschichte der OE ist die spezielle Form der Aktionsforschung, die wir hier Survey-Research und -Feedback nennen werden, worunter der Gebrauch von Einstellungsumfragen und das Feedback der Ergebnisse in Workshops zu verstehen ist. Survey-Research und -Feedback ist die zweite Quelle der Geschichte der OE.
Die Geschichte dieser Quelle umfasst vor allem solche Erfahrungen, die von der Gruppe im 1945 von Kurt Lewin gegründeten Research Center for Group Dynamics bei der mehrjährigen Arbeit mit Aktionsforschung gewonnen wurden (siehe Kapitel II/5). Das Center hatte seinen Ursprung im Massachusetts Institute of Technology; nach dem Tode Lewins im Jahre 1947 wechselte diese Gruppe zur University of Michigan über, wo sie zusammen mit dem Michigan Survey Research Center das Institut for Social Research gründete.
Einige führende Mitarbeiter am MIT waren ausser Lewin Marian Radke, Leon Festinger, Ronald Lippitt, Douglas McGregor, John R. P. French jr., Dorwin Cartwright und Morton Deutsch [25]. Unter den Namen, die in den letzten Jahren durch die Arbeit in Michigan bekannt wurden, finden sich auch Floyd Mann und Rensis Likert.
Ein Beispiel ist das Projekt bei der Detroit Edison Company. In dieser Firma begannen 1948 Sozialforscher mit einem Feedback organisationsumgreifender Umfrageergebnisse an die befragten Arbeiter und Manager [26]. In diesem Projekt wurden die Daten an die beteiligten Verwaltungsabteilungen zurückgegeben und auf eine Weise verarbeitet, die von Mann als „ineinanderübergreifende Folge von Konferenzen" bezeichnet wird [27]. (Das Projekt wurde im einzelnen in Kapitel II/5 beschrieben.) Einige der Ergebnisse aus diesem Projekt könnten ebenso der gegenwärtigen OE entnommen sein. In seiner Auswertung der Studie bei Detroit Edison kommt Baumgartel beispielsweise zu folgenden Überlegungen:

> „Die Ergebnisse dieser experimentellen Studie bestätigen die Idee, dass eine intensive Gruppendiskussion zur Nutzbar-

machung der Ergebnisse einer schriftlichen Mitarbeiterbefragung ein wirksames Instrument zur Einführung positiver Veränderungen in Unternehmungen sein kann. Möglicherweise beruht der Erfolg dieser Methode darauf, dass sie sich – im Vergleich zu traditionellen Trainingskursen – mit dem System der menschlichen Beziehungen als Ganzes befasst (Vorgesetzte und Untergebene können sich gemeinsam verändern) und dass sie sich mit jedem Manager, Vorgesetzten und Angestellten im Kontext seiner eigenen Arbeit, seiner eigenen Probleme und seiner eigenen Arbeitsbeziehungen befasst." [28]

## Kurt Lewin

Wenn Laboratoriumstraining und Survey-Feedback als die beiden Quellen der OE verstanden werden, dann ist sicherlich Kurt Lewin mit seiner Entwicklung der sozialpsychologischen Feldtheorie der eigentliche Initiator. Sowohl die Laboratoriumsmethode als auch die Survey-Feedback-Verfahren gehen wesentlich auf sein nachhaltiges Interesse an den angewandten Sozialwissenschaften zurück. Lewin spielte eine zentrale Rolle sowohl bei der Gründung der National Training Laboratories (des heutigen NTL-Institute for Applied Behavioral Science) als auch des Research Center for Group Dynamics.
Obwohl Lewin bereits zwei Jahre nach der Gründung des Research Center und kurz vor der ersten offiziellen Sitzung des NTL starb, hatte er einen tiefgreifenden Einfluss auf beide Organisationen und den damit verbundenen Personenkreis, und dieser Einfluss hat bis heute angehalten.

## Verbreitung und Anwendung

Anwendungen der OE, die aus einer der erwähnten Quellen hervorgingen, zeigen sich in vielen Ländern sowohl in England, Japan, Norwegen, Kanada, Schweden, Australien und Holland, als auch in den USA. Zur wachsenden Liste der amerikanischen Unternehmen, die OE-Programme anwenden, gehören u. a. Union Carbide und Esso (die beiden ersten), IBM, Hotel Corporation of America, National Aeronautics und Space Administration

(NASA), Boise Cascade, Polaroid, Armour and Company, Texas Instruments, American Airlines und TRW Systems Group. Die Anwendung bei TRW, einer grossen Forschungs- und Entwicklungsfirma für Raumfahrt, begann 1961 und ist vielleicht so weitreichend und innovativ wie keine andere in der Welt.[30] Das Programm umfasst Laboratoriumstraining, Teamentwicklung, Karriereplanung und solche Laboratorien, die sich auf die Beziehungen zwischen einzelnen Abteilungen bzw. zwischen der Firma und ihren Kunden beziehen. In England und Europa zeigt sich das wachsende Interesse an OE bei Firmen wie Imperial Chemical Industries, J. Lyons & Company und Shell Oil Company. Bei der Firma Imperial Chemical Industries (ICI), einem grossen Konzern mit Hauptsitz in London, wurden Aufgabenbereicherung, Umfragenforschung und Teamentwicklung angewandt.

Industrieunternehmen sind – wie wir im ersten Kapitel schon erwähnten – aber keineswegs die einzigen Organisationen, die sich mit OE befassen. Darüber hinaus sind uns zum Beispiel Anwendungen in Schulen, Universitäten, Organisationen der sozialen Wohlfahrt, Abteilungen der Polizei, Verwaltungen, Kirchen und in Indianerstämmen bekannt.

Einige Strategien in der Gemeindeentwicklung (community development) haben vieles mit OE gemeinsam, beispielsweise die Anwendung von Aktionsforschung, die Hinzuziehung eines OE-Beraters und die Beratung bei Entscheidungs- und Problemlösungsprozessen.[31] Zweifellos stammen einige dieser Gemeinsamkeiten von den OE-Beratern, die auf dem Gebiet der Gemeindeentwicklung tätig sind. Beispielsweise veranstaltete Herbert Shepard 1961 Gemeindeentwicklungs-Laboratorien in China Lake, Kalifornien, die von der Naval Ordnance Test Station gefördert wurden. An diesen einwöchigen Laboratorien nahmen Militärs und Zivilisten aus allen Alters- und Einkommensschichten teil. Unter anderem hatten sie die Lösung einiger Probleme innerhalb der Gemeinde und zwischen mehreren Gemeinden zur Folge.[32] Auf ähnliche Weise hat man OE-Methoden auf Probleme zwischen einzelnen Organisationen eines Systems angewandt. Beispielsweise ist uns ein Programm bekannt, in dem Polizisten, Staatsanwälte, Richter, Strafvollzugsbeamte und Bewährungshelfer ein gemeinsames System bildeten.

Ausser den verschiedensten Systemen, mit denen OE-Berater gearbeitet haben, möchten wir darauf hinweisen, dass sich organi-

sationsinterne Entwicklungsmassnahmen nicht ausschliesslich auf die Führungsspitze beschränken, obgleich in den weiteren Kapiteln auf die Wichtigkeit der Einbeziehung des obersten Managements hingewiesen wird. Die Programme erstrecken sich auf die verschiedensten Berufsgruppen wie Wissenschaftler, Ingenieure und Arbeiter [33] sowie auf Rechtsanwälte, Buchhalter, Computerfachleute, Techniker, Sekretärinnen und Verwaltungsangestellte.
Ein deutliches Zeichen für die ausgedehnte Anwendung von OE-Konzepten ist die Gründung und Entwicklung des „OD-Network of NTL-Institute for Applied Behavioral Science", das 1964 begann und nun über 200 Mitglieder hat. Die meisten Mitglieder üben entweder eine bedeutende Rolle in OE-Programmen von Organisationen aus, oder sind als Wissenschaftler auf dem Gebiet der OE tätig. Eine OE-Abteilung der American Society of Training and Development wurde 1968 gegründet und hatte 1970 fast 800 Mitglieder. [34]
Ein weiteres Indiz ist die Tatsache, dass die Academy of Management, deren Mitglieder vorwiegend Professoren im Bereich des Managements sind, 1971 eine OE-Abteilung gründete. Das Gründungstreffen fand in Atlanta, Georgia, anlässlich der Jahresversammlung dieser Vereinigung statt. Im selben Jahr veranstaltete auch die Division of Industrial and Organizational Psychology der American Psychological Association im Rahmen dieser Jahresversammlung einen Workshop über Organisationsentwicklung; darüber hinaus umfassten bereits seit 1965 mehrere Jahresversammlungen zumindest Vorträge oder Symposien über Organisationsentwicklung und angrenzende Bereiche. [35]
Das erste Doktorandenprogramm zur Ausbildung von OE-Spezialisten wurde 1960 von Herbert Shepard am Case Institute of Technology gegründet. Während es zunächst unter der Bezeichnung „The Organizational Behavior Group" lief, gehört es nun zum Department of Organization and Administration von Case Western Reserve. Darüberhinaus bieten unseres Wissens zumindest folgende Universitäten spezielle Graduiertenprogramme an, die sich mit OE befassen: Harvard, MIT, UCLA und Yale. Andere Universitäten, wie etwa die University of Washington, beginnen gerade damit, spezielle OE-Kurse in die Graduiertenprogramme aufzunehmen.
Ausschlaggebend für das wachsende Interesse und die zunehmende Verbreitung war vor allem das „Program for Specialists in

Organization Training and Development" des NTL-Institutes, ein intensiver einmonatiger Kurs, der jeweils im Sommer durchgeführt wird, und bei dem der Erwerb von Beraterfähigkeiten besondere Betonung findet. Das erste Programm dieser Art fand 1967 in Bethel, Maine, als Weiterführung eines allgemeinen Organisations-Trainingsprogrammes statt, das bereits einige Elemente des OE-Trainings enthielt. In den darauffolgenden Jahren wurden Programme an zwei verschiedenen Orten angeboten. Andere, kürzere Programme werden sowohl vom NTL-Institute als auch von Universitäten und anderen Institutionen gefördert.

Organisationsentwicklung ist aus den angewandten Sozialwissenschaften, der Sozialpsychologie und den späteren Bemühungen zur Anwendung des Laboratoriumstrainings und Survey-Feedback auf ganze Systeme hervorgegangen. Seine Geschichte ist insofern nicht abgeschlossen, als eine zunehmend steigende Zahl von Sozialwissenschaftlern und Praktikern in Organisationen sowohl über die Forschungsergebnisse der Vergangenheit hinausgehen als auch die Brauchbarkeit früherer Ergebnisse neu entdeckten. Diese Bemühungen weiten sich auf die verschiedensten Organisationen und Institutionen, auf verschiedenste Mitarbeiterebenen und auf unterschiedlichste geografische Bereiche aus.

In den folgenden Kapiteln werden wir die Voraussetzungen und Techniken der OE ausführlicher untersuchen und einige Überlegungen im Hinblick auf ihre zukünftige Bedeutung anstellen.

# II. Die Theorie und Praxis der Organisationsentwicklung

## 1. Grundelemente eines OE-Programms

In Kapitel I/2 sahen wir, dass sich Organisationsentwicklung von anderen organisatorischen und erzieherischen Interventionen unterscheidet und dass sie einen besonderen Vorgang zur Verbesserung des Funktionierens von Organisationen darstellt. In diesem und dem nächsten Kapitel werden wir mit der Diskussion fortfahren, um ein besseres Verständnis der OE zu vermitteln. Die Wirksamkeit der OE beruht zum Teil auf der Eigenart des OE-Prozesses selbst; diese werden wir in den Kapiteln II/1 und II/2 untersuchen. Wir werden darstellen, was unter OE zu verstehen ist, was damit erreicht werden soll, wie ihre konkrete Anwendung und abstrakte Theorie beschaffen sind. Das Wesen der OE könnte auf verschiedene Weise dargestellt werden. In der Abbildung 2 haben wir beispielsweise die Grundelemente eines OE-Prozesses dargestellt, wobei die äussere Ellipse wesentliche Bestandteile des OE-Prozesses enthält, während die innere Ellipse mehr die Hauptkriterien eines ablaufenden OE-Programmes enthält.
Zuerst werden drei grundlegende Bestandteile des ablaufenden Prozesses untersucht. Jedes OE-Programm wird diese Elemente der Diagnose, der Aktion und der Aufrechterhaltung des Prozesses enthalten. Zweitens werden die Haupteigenschaften und theoretischen Grundlagen der OE untersucht; dies könnte man als die Basis betrachten, auf der der Vorgang aufgebaut ist.
Wir wollen besonders hervorheben, dass OE einen fortlaufenden interaktiven Prozess darstellt, dass sie auf Daten basiert (auf einem Aktionsforschungsmodell aufgebaut), dass sie auf Erfahrung basiert, dass sie zielorientiert ist, dass sie sowohl eine Form als auch ein Ergebnis der angewandten Sozialwissenschaften ist, dass sie sich des Systemansatzes bedient und dass sie Arbeitsgruppen betont. Einige Aspekte dieser Eigenschaften werden ausführlicher in anderen Teilen des Buches behandelt, aber wir werden sie hier alle besprechen, um die breite Basis der OE als ein Vorgang der geplanten Veränderung offen zu legen.
Bei der Durchführung eines OE-Programmes müssen drei Vorgänge beachtet werden, die wir die Grundelemente eines ablaufenden OE-Programmes nennen: Das Element der Diagnose (das fort-

Abbildung 2: Hauptkriterien der Organisationsentwicklung

(Die äussere Ellipse enthält wesentliche Bestandteile des OE-Prozesses; die innere Ellipse stellt die Hauptkriterien eines ablaufenden OE-Programmes dar.)

laufende Sammeln von Systemdaten im Hinblick auf das ganze System, dessen Subsysteme und die Vorgänge im System), das Element der Aktion oder der Interventionen, das alle Tätigkeiten der Berater und der Mitglieder des Systems umfasst, soweit sie sich auf die Verbesserung des Funktionierens des Systems beziehen[1] und das Element der Aufrechterhaltung des Prozesses, das Tätigkeiten umfasst, deren Zweck es ist, den OE-Vorgang selbst zu steuern und in Gang zu halten. Die ersten beiden Elemente beziehen sich auf den OE-Prozess gegenüber der Organisation, und das dritte Element bezieht sich auf den OE-Prozess in eigener Sache.

### *Das diagnostische Element: Diagnose des Systems und seiner Prozesse*

OE ist im wesentlichen ein Aktionsprogramm auf der Grundlage von aussagekräftigen Informationen über den gegenwärtigen Zustand, über laufende Probleme und Gelegenheiten und die Wirkung von Handlungen soweit sie sich auf die Erreichung des Ziels beziehen. Ein OE-Programm beginnt daher mit der Diagnose und fährt mit Datensammlung und -analyse fort. Die Notwendigkeit des diagnostischen Elements – der Tätigkeiten, durch die eine genaue Erkenntnis der wirklichen Zustände ermöglicht wird – ergibt sich aus zwei Gründen: Erstens muss man die Sachlage oder

Abbildung 3: Die Diagnose organisatorischer Subsysteme

| Schwerpunkt oder Zielgruppe | Erklärung und Beispiele | Typisch gesuchte Information | Gebräuchliche Methoden der Diagnose |
|---|---|---|---|
| Die gesamte Organisation (mit üblichem Zweck oder Funktion und gebräuchlicher Machtstruktur) | Gegenstand der Analyse ist das gesamte System. Die Diagnose kann auch wichtige, systemexterne Organisationen, Gruppen, Faktoren einschliessen wie Kunden, Lieferanten und gesetzliche Bestimmungen. Beispiele dafür sind eine Industrieunternehmung, ein Krankenhaus, eine Schule, eine Warenhauskette oder eine kirchliche Organisation. | Was sind die Normen der Organisation? Was kennzeichnet die Kultur der Organisation? Welche Einstellungen, Meinungen, Gefühle haben die Mitglieder des Systems gegenüber Fragen wie Entlöhnung, Organisationsziele, Führungsstil und Leitung der Organisation? Wie ist das Klima der Organisation? Offen oder verschlossen? Autoritär oder demokratisch? Repressiv oder fordernd? Vertrauend oder misstrauisch? Kooperativ oder rivalisierend? Wie gut funktionieren die zentralen Organisationsprozesse, wie Entscheidungs- und Zielsetzungsprozess? Welcher Art und wie wirkungsvoll sind die „Rezeptoren" der Organisation zum Erfassen interner und externer Bedürfnisse? Werden die Ziele der Organisation verstanden und akzeptiert? | Erhebungen mit Fragebogen sind am beliebtesten in grossen Organisationen. Interviews mit Gruppen oder einzelnen sind für die Erfassung von Einzelheiten nützlich, besonders wenn die Befragten eine repräsentative Auswahl darstellen. Eine periodische Befragung eines Mitgliederausschusses kann Veränderungen innerhalb einer Zeitperiode registrieren. Die Untersuchung von organisatorischen Einzelheiten wie Regeln, Anordnungen, Richtlinien, Statussymbolen usw. verleiht einen Eindruck von der Kultur der Organisation. Auf verschiedenen Ebenen gehaltene diagnostische Besprechungen ergeben eine Vielfalt von Informationen in kurzer Zeit. |

| | | | |
|---|---|---|---|
| Grosse Subsysteme, die von Natur aus komplex und heterogen sind | Solche Zielgruppen erhält man, indem man die Organisation nach verschiedenen Dimensionen unterteilt, wie z. B. nach Ebenen der Hierarchie, nach Funktion oder nach geographischer Lage. Zwei Kriterien helfen bei der Identifikation solcher Subsysteme: Erstens werden sie durch sich selbst oder durch andere als Subsysteme bezeichnet; zweitens sind sie heterogen zusammengesetzt, d. h. die Mitglieder haben einiges gemeinsam, unterscheiden sich aber auch voneinander Beispiele hierfür sind die mittlere Managementgruppe (Manager von verschiedenen funktionellen Einheiten); die Mitglieder der Personalabteilung einer Organisation mit mehreren Zweigbetrieben, von denen jeder über ein eigenes Personalbüro verfügt; die Mitglieder nur eines von vielen Zweigbetrieben; oder eine Abteilung, die aus vielen verschiedenen funktionellen Bereichen besteht. | Wie oben und ausserdem: Wie betrachtet dieses Subsystem das ganze System und umgekehrt? Wie vertragen sich die Mitglieder dieses Subsystems? Was wird vom Subsystem gefordert? Sind organisatorische Strukturen und Vorgänge den speziellen Anforderungen angemessen? Unterscheiden sich Teilbereiche innerhalb des Subsystems in ihrer Leistung? Warum? Welche Hauptprobleme hat dieses Subsystem und seine Teilbereiche? Sind die Ziele des Subsystems mit denen der Organisation vereinbar? Beeinträchtigt die Vielfalt der Rollenanforderungen und funktionalen Identitäten die Leistungsfähigkeit des Subsystems? | Wenn die Subsysteme gross oder weit verstreut sind, empfehlen sich Umfragen mit Fragebogen. Interviews und Beobachtungen können für die Sammlung weiterer Information zur Prüfung von Hypothesen herangezogen werden. |

| | | | |
|---|---|---|---|
| Kleine Subsysteme, die einfach und verhältnismässig homogen sind | Dies sind gewöhnlich formale Arbeitsgruppen oder Teams, die miteinander in häufigem Kontakt stehen. Dabei kann es sich um permanente Gruppen, temporäre Projektgruppen oder auch um konstituierte Gruppen handeln, die z. B. ein neues Tätigkeitsgebiet aufbauen sollen oder bei einer Fusion geschaffen werden. Beispiele hierfür sind das Topmanagementteam, jeder Vorgesetzte mit seinen engsten Mitarbeitern, ständige oder temporäre Ausschüsse, Gruppen für Sonderaufgaben, die Angestellten in einem Büro, die Lehrer in einer Schule usw. | Die Fragen über Kultur, Klima, Einstellungen und Gefühle sind hier von Bedeutung plus: Worin bestehen die Hauptprobleme des Teams? Wie kann die Wirksamkeit des Teams verbessert werden? Welches Verhalten bringt die Mitglieder einander in die Quere? Lassen die Beziehungen zwischen Vorgesetzten und Mitgliedern zu wünschen übrig? Weiss der einzelne, wie seine Aufgabe mit den Zielen der Gruppe und Organisation zusammenhängt? Sind die Arbeitsvorgänge in der Gruppe wirksam, werden die Dinge rationell erledigt? Wird von den Fähigkeiten der Gruppen und der einzelnen Gebrauch gemacht? | Typische Methoden sind: Interviews mit einzelnen, dann eine Besprechung des Umfrageergebnisses mit der Gruppe; kurze Fragebogen; Beobachtung von Mitgliederbesprechungen und anderen täglichen Vorgängen und eine Family Group-Besprechung (innerhalb der bestehenden Gruppe) zur Selbst-Diagnose. |
| Kleine, in sich abgeschlossene Organisationen, die relativ einfach und homogen sind | Ein Beispiel wäre eine örtliche Berufsorganisation, wobei die typischen Probleme der Leitung darin bestehen können, dass sich die Mitgliederzahl verringert, dass Versammlungen wenig besucht sind oder dass sich für besondere Aufgaben keine Mitglieder finden. | Wie sehen die Geschäftsleitung und die Mitglieder die Organisation und deren Ziele? Was gefällt ihnen und was missfällt ihnen? Was für einen Zustand wünschen sie sich? Welcher Art ist die Konkurrenz? Welche externen Kräfte beeinflussen die Organisation? | Fragebogen und Interviews werden oft benutzt. Beispielsweise können Polaritätsprofile und andere Skalierungsverfahren angewandt werden um einen schnellen Überblick über die Organisationskultur und deren Klima zu erhalten. |

| | | | |
|---|---|---|---|
| Beziehungen zwischen Gruppen und Subsystemen | Teilbereiche des totalen Systems, deren Mitglieder zwei Subsystemen angehören, wie in einer Matrixorganisation, wo ein einzelner oder eine Gruppe zwei vorgesetzten Stellen gegenüber verantwortlich ist. Aber am meisten besteht diese Zielgruppe aus Mitgliedern eines Subsystems, die gewisse Probleme und Verantwortungen mit Mitgliedern eines anderen Subsystems gemeinsam haben. Hier möchten wir auch Subsysteme mit gemeinsamen Problemen und Verantwortungen einschliessen wie sie sich etwa bei Überschneidungen zwischen Produktion und Instandhaltung oder Marketing und Vertrieb ergeben. | Wie sieht jedes Subsystem das andere? Welche Probleme ergeben sich bei der Zusammenarbeit der Gruppen? Auf welche Weise hindern sich die Subsysteme gegenseitig? Wie können sie zusammenarbeiten, um die Leistung beider Gruppen zu verbessern? Sind sich alle über die Ziele, Teilziele, Kompetenz- und Verantwortungsbereiche im klaren? Welcher Art ist das Klima zwischen den Gruppen? Was für ein Klima wünschen die Mitglieder? | Konfrontierende Besprechungen zwischen beiden Gruppen werden benutzt, um Daten zu sammeln und korrigierende Eingriffe zu planen. Wenn es sich um drei oder mehr Gruppen handelt, werden spezielle Feedback-Treffen (organization mirror meetings) benutzt. Interviews in jedem Subsystem, gefolgt von Besprechungen der Interviewergebnisse oder Beobachtung von Interaktionen können durchgeführt werden. |
| Zweier- oder Dreierverbindungen | Vorgesetzte/Untergebene, voneinander abhängige Gleichgestellte, einzelne, die mehreren Gruppen (linking pins) angehören, alle solche Subsysteme lohnen sich für eine Analyse. | Welcher Art ist die Beziehung? Haben die Parteien die nötigen Fähigkeiten zur Erledigung ihrer Aufgabe? Arbeiten sie zusammen oder gegeneinander? Bilden sie ein wirksames Subsystem? Erleichtert oder erschwert das Hinzufügen einer dritten Partei ihren Fortschritt? Unterstützen sie sich gegenseitig? | Einzelinterviews mit nachfolgendem Treffen der Parteien werden oft arrangiert, um Widersprüche in den Ergebnissen zu diskutieren. Es kann auch nützlich sein, durch eine konfrontierende Besprechung zu ermitteln, welche Vorstellungen die Parteien miteinander haben. Durch Beobachtung können die dynamischen Qualitäten der Wechselwirkung beurteilt werden. |

| | | | |
|---|---|---|---|
| Einzelne | Individuen in der Organisation, wie der Direktor, Abteilungsleiter, Personen in Schlüsselstellungen im Arbeitsablauf (z. B. Qualitätskontrolle, Forschung und Entwicklung). In Schulen würde man zwischen Schülern, Lehrern oder Verwaltung unterscheiden. | Entsprechen seine Leistungen den Erwartungen der Organisation? Was hält er selbst von seiner Position und seiner Leistung? Gibt es gewisse typische Probleme? Entspricht er dem Niveau und den Normen der Organisation? Braucht er noch gewisse Fähigkeiten und Kenntnisse? Welche Zukunftsaussichten hat er/will er/braucht er? Was bereitet ihm Mühe? | Interviews und Information aus den diagnostischen Besprechungen der Arbeitsgruppe oder von der Personalabteilung identifizierte Probleme dienen als Informationsquellen. Eine andere Quelle ist die Selbstbeurteilung, die sich aus der Einwirkung auf Teams oder Subsysteme ergibt. |
| Rollen | Unter Rolle versteht man eine Kombination von Verhaltensweisen, die ein Mensch als Inhaber einer bestimmten Stelle in der Organisation ausübt. Alle Menschen in der Organisation haben Rollen, die ein bestimmtes Verhalten erfordern wie Sekretärinnen, Vorarbeiter, Buchhalter. | Sollte das Rollenverhalten erweitert, verkleinert oder verändert werden? Ist die Rolle klar definierbar? Entspricht die Rolle der Person? Sind für diese Rollen besondere Kenntnisse und Erfahrungen nötig? Ist dies die richtige Person für die Rolle? | Gewöhnlich stammen die Informationen aus Beobachtungen, Interviews, Rollenanalysen und aus der Anwendung von Management by Objectives in der Arbeitsgruppe. Solche Information ergibt sich auch als Nebenprodukt der Laufbahnplanung. |

| | | | |
|---|---|---|---|
| Organisationsumgreifende Systemkontexte (Suprasysteme) | Als Beispiel dafür kann das System der öffentlichen Ordnung in einer Verwaltungseinheit dienen, das auf den verschiedensten Ebenen Institutionen wie Gerichte, Gefängnisse, Polizei usw. umfasst. Die meisten dieser Suprasysteme sind so komplex, dass sich OE-Bemühungen gewöhnlich auf zwei oder drei Systemteile konzentrieren. | Wie betrachten massgebliche Personen in einem Teilsystem des Suprasystems den gemeinsamen Systemkontext und dessen Teile? Gibt es Reibungen und Widersprüche zwischen den Systemteilen? Bestehen leistungsstarke und leistungsschwache Einheiten? Warum? | Feedback durch Widerspiegelung oder die Erstellung von Fremdbildern über die andere Gruppe sind gebräuchliche Methoden der gemeinsamen Diagnose. Fragebogen und Interviews sind für weitreichende und langfristige Interventionen nützlich. |

den Ist-Zustand erkennen, und zweitens muss man die Wirkungen oder Konsequenzen von Massnahmen kennen. Die Bedeutung der diagnostischen Tätigkeiten wird von Beckhard folgendermassen betont:

„Die Entwicklung einer Strategie zur systematischen Verbesserung einer Organisation verlangt die Prüfung des Ist-Zustandes. Eine solche Analyse umfasst gewöhnlich zwei Bereiche:

Erstens eine Diagnose der verschiedenen Subsysteme, aus denen sich die ganze Organisation zusammensetzt. Diese Subsysteme können natürliche Teams sein, wie die Geschäftsleitung, die Produktionsabteilung oder eine Forschungsgruppe, oder sie können Führungsstufen sein, wie das obere und mittlere Management und die Sachbearbeiter. Zweitens eine Diagnose der ablaufenden Organisations- d. h. Entscheidungsprozesse, Kommunikationsstile, Intergruppen-Beziehung, die Verarbeitung von Konflikten, Zielsetzung und Planungsmethoden."[2]

Abbildung 3 zeigt, wie man bei der Diagnose eines Systems und dessen Subsystemen vorgehen würde. Für jede grössere Zielgruppe oder jedes grössere Subsystem der Organisation werden die typischen gewünschten Informationen und gebräuchlichen Methoden der Sammlung der Information angegeben. Der OE-Berater kann an allen diesen Zielgruppen interessiert sein oder nur an einer oder zwei; er kann mit einem Subsystem während einer Phase des Programms arbeiten und mit anderen Subsystemen in späteren Phasen.

Bei der Strategie der Verbesserung (Gesamtstrategie der OE-Intervention) ist es oft nötig, sich auf verschiedene organisatorische Zielgruppen in geplanter Reihenfolge zu konzentrieren. Zum Beispiel kann das Programm in einem wichtigen Subsystem beginnen, dann in einem anderen fortfahren und schliesslich die ganze Organisation umfassen und sich in ausgewählten Subsystemen fortsetzen. Einige der kritischen Fragen und Aspekte betreffend wie, wann und wo man ein OE-Programm beginnt, werden in den kommenden Kapiteln behandelt werden.

Bei einer alternativen Betrachtungsweise des diagnostischen Elementes werden die Hauptprozesse in der Organisation mehr hervorgehoben als die primären Zielgruppen. Ein solches Schema wird in Abbildung 4 gezeigt mit den Hauptprozessen, der typischerweise gewünschten Information über diese Prozesse und den gebräuchlichen Methoden zur Beschaffung dieser Information.

In der Praxis arbeitet der OE-Berater mit beiden Abbildungen gleichzeitig. Obwohl er an einer bestimmten Zielgruppe von Abbildung 3 und der diesbezüglichen Information interessiert ist, wird er auch die Prozesse in dieser Gruppe beachten und sich nach Abbildung 4 richten. Organisatorische Prozesse sind das Was und Wie einer Organisation, nämlich: Was geht vor? und: Wie wird es durchgeführt? Die Vorgänge in der Organisation zu erkennen, bedeutet die Organisation in ihrer dynamischen und komplexen Wirklichkeit verstehen. OE-Praktiker schenken gewöhnlich den in Abbildung 4 aufgeführten Prozessen besondere Beachtung, da sie für das wirksame Funktionieren der Organisation von zentraler Bedeutung und in jeder Organisation gegenwärtig sind und da sich oft bedeutende organisatorische Probleme aus ihnen ergeben. Durch ein sorgfältiges Studium der beiden Abbildungen erhält man ein gutes Verständnis für Stossrichtung, Schwerpunkte und die inneren Mechanismen eines OE-Programmes.

Diese Abbildungen sollen als heuristische Werkzeuge für operationale Diagnosen dienen. Nehmen wir zum Beispiel an, der Personaldirektor und der Manager eines grossen, komplexen und in sich heterogenen Subsystems sind an einem OE-Programm interessiert, das primär das Funktionieren wichtiger Paare und Individuen verbessern soll. Dabei ist es nützlich zu wissen, welche Information man typischerweise braucht und welche Methoden zur Verfügung stehen, um ein genaues Bild des Ist-Zustandes der grossen komplexen Einheit zu erlangen. Ausserdem ist es nützlich zu wissen, welche verschiedenen Arten von Informationen und Datensammlungs-Techniken angeraten sind, wenn Paare und Individuen im Vordergrund stehen. Dieses Wissen erleichtert das Planen der diagnostischen Phase des OE-Programms. Schliesslich sind bei einem OE-Programm nicht nur die Resultate der diagnostischen Tätigkeiten wichtig, sondern auch die Art, auf die die Information gesammelt und ausgewertet wird. Der OE-Praktiker und die Mitglieder der Organisation lösen zusammen solche Fragen wie: Welche Zielgruppen sollen untersucht werden, wie soll die Diagnose am besten vorgenommen werden, welche Vorgänge und Entwicklungen sollen analysiert werden, wie sollen die Daten ausgewertet werden, wie sollen die Informationen bei der

Abbildung 4: Die Diagnose organisatorischer Vorgänge

| Organisatorischer Prozess | Identifizierende Bemerkungen und Erklärungen | Typisch gesuchte Information | Gebräuchliche Methoden der Diagnose |
|---|---|---|---|
| Muster, Stil und Richtung der Kommunikation | Wer spricht mit wem, wie lange, worüber? Wer beginnt die Interaktion? Handelt es sich um Einweg- oder Zweiwegkommunikationen? Findet sie von oben nach unten, von unten nach oben, horizontal statt? | Richtet sich die Kommunikation nach oben, nach unten oder nach beiden Richtungen? Werden Kommunikation filtriert? Warum? Auf welche Weise? Entsprechen die Kommunikationsmuster den zu erfüllenden Aufgaben? Wie lässt sich der Kommunikationsstil umschreiben? Wie ist das Verhältnis von gesprochenen und geschriebenen Kommunikationen? | Beobachtungen, besonders während der Besprechungen; Fragebogen für grössere Umfragen; Interviews und Diskussionen mit Mitgliedern von Gruppen – alle diese Methoden werden zum Sammeln der gewünschten Information benutzt. |
| Zielsetzung | Auf allen organisatorischen Ebenen werden Leistungsziele gesetzt und Kriterien zur Messung der Leistung bestimmt. | Werden Ziele gesetzt? Auf welche Weise? Wer beteiligt sich bei der Zielsetzung? Besitzen sie dafür die nötigen Kenntnisse? Sind sie fähig, kurz- oder langfristige Ziele zu setzen? | Fragebogen, Interviews und Beobachtungen sind Mittel, um die Zielsetzungsfähigkeit einzelner und einzelner Gruppen zu beurteilen. |
| Entscheiden, Problemlösen und Aktionsplanung | Die Beurteilung von Alternativen und das Wählen eines Aktionsplans sind integrale und zentrale Funktionen der meisten Organisationsmitglieder. Dazu gehört auch das Sammeln der nötigen | Wer trifft die Entscheidungen? Sind sie wirksam? Werden alle verfügbaren Quellen benutzt? Sind zusätzliche Entscheidungsfähigkeiten nötig? Sind zusätzliche Problemlösungsfähigkeiten | Beobachtung bei Problemlösungs-Besprechungen auf verschiedenen organisatorischen Ebenen ist bei der Diagnose dieses Prozesses besonders wertvoll. |

| | | | |
|---|---|---|---|
| | Information, das Aufstellen von Prioritäten, die Beurteilung von Alternativen und die Entscheidung für eine dieser Alternativen. | nötig? Sind die Mitglieder mit dem Problemlösungs- und Entscheidungsprozess zufrieden? | |
| Lösung und Bewältigung von Konflikten | Interpersonale, intrapersonale und Intergruppenkonflikte bestehen häufig in Organisationen. Hat die Organisation wirksame Methoden zur Bewältigung von Konflikten? | Wo besteht der Konflikt? Welche Parteien sind in ihn verwickelt? Wie wird er bewältigt? Welche Normen bestehen zur Behandlung von Konflikten? Fördern das Belohnungssystem den Konflikt? | Interviews, die Beobachtungen Dritter und die Beobachtung von Gruppenbesprechungen werden gewöhnlich zur Diagnose dieses Prozesses benutzt. |
| Steuerung überlagernder Beziehungen (Interfaces) | „Interface" wird eine Beziehung genannt, bei der zwei oder mehrere Gruppen (Subsysteme) gemeinsamen Problemen oder sich teilweise überlappenden Aufgaben gegenüberstehen. Dies ist meist dann der Fall, wenn die Mitglieder von zwei verschiedenen Gruppen zur Erreichung eines Zieles voneinander abhängig sind, aber getrennt dafür die Verantwortung tragen. | Welcher Natur sind die Beziehungen zwischen den beiden Gruppen? Sind die Ziele klar? Sind die Aufgaben klar? Welchen grösseren Problemen stehen die beiden Gruppen gegenüber? | Interviews, die Beobachtungen Dritter und die Beobachtung von Gruppenbesprechungen werden gewöhnlich zur Diagnose dieses Prozesses benutzt. |
| Beziehungen zwischen Vorgesetzten und Untergebenen | Formelle hierarchische Beziehungen in Organisationen bestimmen, dass einige wenige Leute führen und andere folgen; diese Situationen sind oft eine Quelle vieler organisatorischer Probleme. | Welcher Art sind die bestehenden Führungsstile? Welche Probleme ergeben sich zwischen Vorgesetzten und Untergebenen? | Fragebogen können das allgemeine Klima und die Normen des Führungsstils aufzeigen. Interviews und Fragebogen zeigen das gewünschte Führungsverhalten auf. |

Aktionsplanung verwertet werden? Wir glauben, dass diese Hauptzüge des OE-Prozesses direkt und kausal mit der Wirksamkeit der OE als Veränderungstechnik zusammenhängen.

*Das Aktionselement: Interventionen im Klientensystem*

Wie wir gesehen haben, kann Organisationsentwicklung als ein Prozess betrachtet werden, dessen Aufgabe es ist, die Anpassungs-, Handlungs-, Problemlösungs- und Zielsetzungsprozesse in einer Organisation zu verbessern. Dies wird durch Aktivitäten im Klientensystem erreicht, die wir Interventionen nennen und die wir in Kapitel II/6 definieren als: „Kombination von strukturierten Aktivitäten, in denen ausgewählte organisatorische Bereiche (Zielgruppen oder einzelne) sich mit einer Aufgabe oder einer Reihe von Aufgaben befassen, deren Ziele direkt oder indirekt mit der Verbesserung der Organisation zu tun haben." Das Planen und Ausführen von Aktionen und die Beurteilung der Wirkung dieser Aktionen sind ein integraler und wesentlicher Teil der meisten OE-Interventionen. Diese Betonung des Planens und Ausführens von Aktionen ist ein ausgeprägter und in gewisser Hinsicht einzigartiger Wesenszug der OE. In vielen traditionellen Programmen für Ausbildung und Training wird das Lernen vom Handeln getrennt, indem die Kenntnisse und Fähigkeiten zunächst in einer Umgebung gelernt werden (z. B. im Hörsaal), und der Lernende dann aufgefordert wird, das erlernte Wissen in einer anderen Umgebung (nämlich der Organisation) praktisch anzuwenden. Diese künstliche Teilung wird in den meisten OE-Programmen auf verschiedene Weise reduziert. Erstens gibt es für viele Interventionen zwei Ziele: ein erzieherisches oder Lernziel und ein Ziel, das sich auf die Arbeitsbewältigung erstreckt. Zweitens konzentrieren sich die OE-Interventionen gewöhnlich auf die Lösung realer organisatorischer Probleme, die für die Bedürfnisse der Organisation von zentraler Bedeutung sind, als dass sie sich mit hypothetischen, abstrakten Problemen befassen, die vielleicht und vielleicht auch nicht mit den Bedürfnissen der Organisationsmitglieder übereinstimmen. Drittens machen die OE-Interventionen nicht nur von einem Lernmodell Gebrauch, sondern von mehreren. Diese drei Punkte möchten wir nun im einzelnen untersuchen.

Der zweiseitige Aspekt der OE-Interventionen kann durch eine Illustration erklärt werden. Nehmen wir an, dass das Topmanagement einer Organisation zusammen einen dreitägigen Workshop abhält, in dem es folgendes tut: erstens untersuchen, wie notwendig und wünschenswert ein langfristiger strategischer Plan für die Organisation ist; zweitens lernen, eine solche Strategie zu formulieren indem man andere Strategien analysiert, indem man die strategischen Variabeln bestimmt, indem man die Schritte zur Vorbereitung eines umfassenden Planes festsetzt, usw.; und drittens wirlich einen dreijährigen strategischen Plan für die Organisation entwerfen[3]. Diese Intervention vereint die beiden Merkmale des Lernens und Handelns: Die Manager taten etwas, durch das sie etwas über Strategieplanung lernten, und dann entwerfen sie eine Strategie. In einigen OE-Interventionen überwiegt der Aspekt des Lernens und in andern der des Handelns; aber beide Aspekte sind in den meisten Interventionen vorhanden.

OE-Interventionen beziehen sich gewöhnlich auf konkrete und nicht auf abstrakte Probleme, das gilt sowohl für die Probleme, mit denen die Organisationsmitglieder konfrontiert werden und für deren Bewältigung sie bezahlt werden, als auch für die Probleme, die sich aus den Bedürfnissen und Interessen der einzelnen Organisationsmitglieder ergeben Kenntnisse und Fähigkeiten zu erwerben, die zur Lösung von konkreten Alltagsproblemen relevant sind, impliziert, dass das Problem des Lerntransfers von einer Situation auf die andere reduziert wird – wenngleich das Problem der Generalisierung, d. h. des Wissens darüber, wann und wo das Erlernte anwendbar ist, noch nicht ausgeräumt ist. Ein zusätzliches Merkmal der Arbeiten an konkreten Problemen, wie dies häufig bei Interventionen vorkommt, ist das Zusammenarbeiten der Problembearbeiter mit jener Gruppe von Individuen, die vom Problem tatsächlich betroffen sind. In einem Kurs über Human Relations z. B. würde ein Manager, der beim Verstehen und Arbeiten mit benachteiligten Untergebenen Schwierigkeiten hat, vielleicht diese Situation in einem Rollenspiel mit dem Berater oder seinen Kollegen darstellen. Bei der OE würde er wahrscheinlich mit denselben Untergebenen Schwierigkeiten haben und deswegen Kontakt herstellen – er würde dazu jedoch ein sorgfältig strukturiertes Vorgehen wählen, bei dem höchstwahrscheinlich beide Parteien lernen werden und das höchstwahrscheinlich von beiden Parteien als erfolgreich empfunden wird.

OE-Programme beruhen auf mehreren Lernmodellen. Wenn zum Beispiel das *Lernen, wie man es macht,* dem *Handeln* vorangeht, dann haben wir es mit der traditionellen Reihenfolge zu tun, mit der die meisten Menschen vertraut sind. Wenn jedoch das *Handeln* dem *Lernen* vorausgeht, dann handelt es sich um ein mangelhaftes Lernmodell, bei dem das Lernen hauptsächlich durch Kritisieren der Handlungen hinterher stattfindet, um zu erkennen, was anders und vermutlich besser hätte gemacht werden können. Beide Modelle stellen praktikale Lernmethoden dar und beide werden viel in der Organisationsentwicklung benutzt. Allerdings wird sogar das traditionelle Modell des *Lernens, wie man es macht* und des *Handelns* im OE-Prozess in ein nichttraditionelles Modell gewandelt, da beim OE-Ansatz eine formale Arbeitsgruppe mit der Hilfe eines Change-Agent *zusammen* lernt und handelt.
Aktionsprogramme in der OE sind eng mit klaren Zielen und Aufgaben verbunden. Dem Problem der Übertragung dieser Ziele in sichtbare, durchschaubare und messbare Handlungen oder Verhaltensweise wird sorgfältige Beachtung geschenkt. Das gilt in gleicher Weise für die Frage, ob sich durch bestimmte Handlungen die gesetzten Ziele verwirklichen lassen.
Folgende Fragestellungen werden daher ein integraler Teil des Organisationslebens: Wie bezieht sich diese Handlung auf das Ziel, das wir gesetzt haben? Welche Konsequenzen für mich, meine Untergebenen, meine Gruppe, haben die Handlungen? Wenn wir sagen, dass wir ein bestimmtes Ziel erreichen wollen, was meinen wir wirklich damit, womit lässt sich das messen? Wenn mehrere Alternativen der Handlung möglich sind, welche ist am besten geeignet, das von uns gesetzte Ziel zu erreichen?
Diagnose, Aktion und Zielsetzung sind untrennbar miteinander verknüpft in einem OE-Programm. Diagnostische Tätigkeiten gehen den Aktionsprogrammen voraus, d. h. das Sammeln von Daten dient als Grundlage für das Ergreifen von Massnahmen. Diese werden fortlaufend auf ihren Beitrag zur Zielerreichung hin untersucht.
Die Ziele werden fortlaufend auf ihre Angemessenheit hin geprüft, es wird gefragt, ob sie erreichbar sind und ob sie sich in Aktionsprogramme umsetzen lassen. Diese drei Komponenten der OE sind auch die Grundbestandteile des Aktionsforschungsmodells, und deswegen betrachten wir OE als *Verbesserung der Organisation durch Aktionsforschung.* Organisationsentwicklung

ist ein fortlaufender Prozess des Zielsetzens, des Sammelns von Daten über den Ist-Zustand, des Planens und Durchführens von Massnahmen aufgrund von Hypothesen und Daten und der Beurteilung der Wirkung dieser Massnahmen durch Sammeln zusätzlicher Daten.
In den Kapiteln II/6 bis II/10 beschreiben wir Grenzen, Umfang und Einzelheiten der Mehrheit der OE-Interventionen und daher möchten wir die Fortsetzung der Diskussion über das Element der *Aktion* auf diese Kapitel verschieben.

### *Das Element der Aufrechterhaltung des OE-Prozesses*

Die OE-Praktiker wenden sozialwissenschaftliche Prinzipien und Praktiken in bestehenden komplexen Systemen an, um deren Funktionieren zu verbessern, und ebenso wenden sie idealerweise auch dieselben Prinzipien und Praktiken bei ihrer eigenen Arbeit an. Der OE-Prozess und der (oder die) Berater geben selber ein praktisches Beispiel für die Techniken, die für die Organisation vorgeschlagen werden; der Prozess und auch die Berater praktizieren selber, was sie verkünden. Die Diagnose und die Beurteilung sind integrale Teile bei der Steuerung des OE-Vorganges, und ebenso wird auch die Organisation als ein System behandelt, in dem das OE-Programm einen Einflussfaktor unter vielen anderen Einflussfaktoren im System darstellt. Das System würde sich wahrscheinlich den Ratschlägen und Instruktionen in bezug auf die Behandlung zwischenmenschlicher Konflikte widersetzen, wenn sich herausstellte, dass sich die Beratergruppe nicht mit ihren eigenen internen Konflikten auseinandersetzen würde. Andere zu belehren, wie man zielorientiert führt, würde wenig überzeugen, wenn die OE-Gruppe selber die Orientierung und Ziele verloren hätte. Man muss sich bewusst sein, dass die Durchführung eines OE-Programmes in einem Subsystem sich nur allzuschnell in der umgreifenden Organisation herumspricht.
Unter anderem bedeutet die Führung des OE-Prozesses ein aktives Suchen nach Antworten auf die folgenden Fragen:
- Liegen unsere Eingriffe zeitlich und bedeutungsmässig richtig?
- Bringen unsere Handlungen die gewünschten Wirkungen hervor?
- Falls nicht, warum nicht? Falls ja, warum?

- Identifizieren sich die Klienten wirklich mit dem Programm?
- Worin bestehen die Wirkungen unserer Bemühungen auf das Gesamtsystem? Sahen wir diese voraus? Sind einige von ihnen unerwünscht? Falls ja, wie sollen wir dies verhindern?
- Wie steht es mit der Kultur unserer eigenen OE-Gruppen? Sollte sie auf irgendeine Weise verändert werden? Lösen wir Probleme auf wirksame Art, arbeiten wir mit klaren Zielen? Schaffen wir ein zwischenmenschliches Klima, das wir für eine Organisation wünschenswert halten?

Zusammenfassend können wir sagen, dass das Element der Aufrechterhaltung des Prozesses mehrere Ziele erreichen soll:
Selbstanalyse und Selbstreflektion als Mittel zur Selbstverbesserung vorzuzeichnen; die Aktionsforschungsprinzipien des Zielsetzens in Verbindung mit Daten-Feedback-Schleifen zur Leitung und Beurteilung der Aktionen vorzulegen; das Engagement aller Mitglieder der Organisation für das gesamte Programm zu bewirken; die Fähigkeit zu beweisen, Probleme und Gelegenheiten in der inneren und äusseren Umgebung zu sehen und auf sie zu reagieren; die Wirksamkeit der Interventionen durch Feedback vom System zu überprüfen; die Relevanz des Programms für die Bedürfnisse der Organisation zu testen; die zeitliche Angemessenheit der Interventionen zu überprüfen und dafür zu sorgen, dass beabsichtigte und unbeabsichtigte Konsequenzen nicht den Zielen der Organisation oder des OE-Programmes entgegenstehen.
Die Bedeutung dieses Elementes kann kaum übertrieben werden. Die Steuerung des OE-Prozesses kann den Erfolg oder Misserfolg des Programms bestimmen. Hierdurch wird klar, warum viele OE-Programme fehlgeschlagen haben, und warum wenige auf weite Sicht erfolgreich waren. Grundlegende und dauerhafte Veränderungen in Organisation werden sich, im Gegensatz zu bloss oberflächlichen Änderungen, letztlich nur dann durchführen lassen, wenn die OE-Berater ihre eigenen Prinzipien in ihrer Beratungstätigkeit glaubwürdig und erkennbar vertreten. In den nächsten Kapiteln werden wir sowohl die Probleme diskutieren die in OE-Programmen auftauchen können, als auch Fragen und Dimensionen der Prozesshaltung besprechen.
Wir haben folgende drei Hauptbestandteile eines OE-Programmes identifiziert: Diagnose, Aktion, Aufrechterhaltung des Prozesses. Diese Elemente reflektieren die Eigenschaften und Grundlagen des OE-Prozesses, die im nächsten Kapitel beschrieben sind. Tat-

sächlich kann man sagen, dass diese Eigenschaften weitgehend die *Formen und Funktionen* bestimmt haben, die wir operational als Organisationsentwicklung bezeichnen.

## 2. Der OE-Prozess

Durch die Untersuchung der Elemente eines laufenden OE-Programmes haben wir einen Blick auf die Natur der Organisationsentwicklung gewonnen. In diesem Kapitel werden wir OE von zusätzlichen Blickpunkten her untersuchen – genannt zugrunde liegende Eigenschaften, unterscheidende Profile oder theoretische und praktische Fundamente.
OE kann auf verschiedene Weisen charakterisiert werden: als ein Prozess, als eine Form der angewandten Sozialwissenschaft, als eine normative Veränderung, als eine Anwendung des Systemansatzes in Organisationen, als ähnlich dem und begründet auf das Aktionsforschungsmodell (auf Daten basierend), als eine auf Erfahrung basierende Lernmethode, als zweck- und zielbetont und als eine Methode, in der intakte Arbeitsgruppen das Hauptinstrument zur Verbesserung bilden. Jeder dieser Blickpunkte ergänzt das Bild des OE-Prozesses. Obwohl viele dieser Eigenschaften in Kapitel I/2 erwähnt wurden, wollen wir sie hier noch etwas genauer beschreiben.

### OE als langfristige Massnahme

Man versteht die Natur der OE am besten, wenn man sie als einen fortlaufenden wechselseitigen Vorgang betrachtet. Ein Vorgang oder Prozess ist ein identifizierbarer Fluss von miteinander in Beziehung stehenden Ereignissen, die sich mit der Zeit auf einen Zweck oder ein Ziel mitbewegen.[4] Im OE-Vorgang besteht der identifizierbare Fluss von miteinander verbundenen Ereignissen aus Interventionen in das System des Klienten und aus Reaktionen auf diese Interventionen. Hinter dem Muster steht die übergeordnete OE-Strategie, welche die Auswahl, den Zeitpunkt und die Reihenfolge der eingreifenden Massnahmen bestimmt. Diese Strategie verbindet die einzelnen Ereignisse zu einer zusammenhängenden und zielgerichteten Kraft. In der Praxis wird eine vorläufige Strategie formuliert; diese wird angepasst und ver-

ändert, sobald auftauchende Probleme und unerwünschte Entwicklungen dies empfehlen.
Der dynamische und fortlaufende Charakter der OE wird am deutlichsten, wenn man von OE als Prozess spricht. Die Teilnehmer erlernen neue Kenntnisse und vergessen alte; die Struktur der Organisation ändert sich und wird dann wieder geändert; bestehende Probleme werden gelöst und neue tauchen auf; Schwierigkeiten und Konflikte in einzelnen Subsystemen lassen sich beseitigen, während zehn andere neu auftreten und ein bisher gesundes Subsystem entwickelt ungünstige Symptome. In einem OE-Programm gibt es gute und schlechte Tage, Erfolge und Misserfolge.
Ein anderer Aspekt der OE als Prozess ist, dass der Vorgang der Verbesserung einer Organisation als Wachstumsprozess gesehen werden kann, als Prozess der Annäherung an einen Endzustand ohne ihn im üblichen Sinne je zu erreichen. Obwohl die meisten Menschen sich allgemein darüber einig sind, ob eine Organisation *besser* oder *schlechter* als eine andere in bezug auf Leistungsfähigkeit ist, so besteht doch weniger Übereinstimmung darüber, wann eine Organisation ihr Ziel oder ihren Idealzustand erreicht hat und welche Indikatoren diesen Endzustand andeuten. Dies bedeutet nicht, dass OE-Praktiker nicht wissen, wohin sie gehen und was sie wollen, denn das ist nicht der Fall; aber beim heutigen Stand von Kunst und Wissenschaft der OE dienen die Zielsetzungen in einem OE-Programm hauptsächlich als Leitfäden und wegweisende Richtlinien und weniger als eine exakte Beschreibung eines Endzustandes.
Die Natur der OE als fortlaufenden Prozess zu bezeichnen, deutet auch an, dass ein OE-Programm keine einmalige Lösung eines organisatorischen Problems sein kann, sondern vielmehr eine Entwicklung zur grösseren Leistungsfähigkeit hin. Die Veränderung der Kultur einer Organisation kann nicht über Nacht geschehen; meistens werden mehrere Jahre benötigt. Probleme zwischen OE-Beratern und Mitgliedern der Organisation können dadurch entstehen, dass die Mitglieder kurzfristige Ergebnisse erwarten und dadurch entmutigt werden, wenn diese nicht eintreffen. Auf der anderen Seite können die Berater auch selbst den Fehler machen, dass sie den Mitgliedern (mit oder ohne Absicht) grössere Versprechen machen als sie halten können. Am anderen Ende des Spektrums besteht die Möglichkeit, dass der Berater die lang-

fristige Natur der OE betont und dadurch den angehenden Klienten abschreckt, da dieser mit dem Begriff nicht vertraut ist und fürchtet, an ein zweifelhaftes, mehrjähriges Programm gebunden zu werden. Erfolgreiche OE-Bemühungen können in kleinem Rahmen ohne langfristige Verpflichtungen begonnen werden, wenn die Erwartungen realistisch sind.
Die wechselseitige Natur des Vorganges schliesst auch eine Reihe von Aktionen und Reaktionen ein, eingeleitete Massnahmen und Reaktionen auf diese. Organisatorisches Verhalten ist sehr komplex, und man kann es wahrscheinlich nur durch eine Interaktionstheorie des sozialen Verhaltens hinreichend begreiflich machen. Aber wie Bennis, Schein, Berlew und Steele angedeutet haben, gibt es bis jetzt keine solche Theorie in den Sozialwissenschaften.[5] Indem man den OE-Prozess als eine komplexe Reihenfolge von Interaktionen betrachtet, gewinnt man ein besseres Verständnis der organisatorischen Dynamik, obwohl es keine umfassende Theorie gibt, die das Phänomen erklärt. Die wechselseitige Natur des OE-Prozesses deutet allerdings die Notwendigkeit für wirksame Feedback-Schleifen an, durch die die Reaktionen auf Interventionen überwacht werden können, durch die die Bereitschaft von Subsystemen für geplante Änderungen ersehen werden können und durch die auftauchenden Probleme und neue Entwicklungsrichtungen bemerkt werden können.

## OE als eine Form angewandter Sozialwissenschaften

In einem OE-Programm werden wissenschaftliche und praktische Prinzipien aus verschiedenen Zweigen der Sozialwissenschaft angewandt: Sozialpsychologie, Sozialanthropologie, Soziologie, Psychiatrie, Ökonomie und Staatswissenschaft. Der OE-Praktiker ist weder ein Zauberer noch ein Scharlatan: er übersetzt einfach das den Sozialwissenschaften entnommene Wissen über Menschen und Organisationen in durchführbare Aktionsprogramme. Wir könnten diesen Abschnitt auch *die Entmythologisierung der OE* nennen, denn wir möchten zeigen, dass OE keine geheimnisvolle und magische Formel ist, die durch die Beschwörungen eines sozialwissenschaftlichen Change Agent der Organisation auferlegt wird. Im Gegenteil bauen die Praktiker ihre Diagnosen und Aktionen auf bekannten gesetzmässigen Mustern auf, die das Verhalten von Individuen, Gruppen und Organisationen erklären helfen. Das Wissen dieser gesetzmässigen Muster kommt hauptsächlich aus der Persönlichkeitstheorie, der Sozialpsychologie, der Gruppendynamik und der Organisationstheorie und ist typischerweise verbunden mit dem Wissen über die Theorie und Praxis der Erwachsenenbildung des geplanten sozialen Wandels, der Systemtheorie und nebenbei der Operations Research. Man könnte OE auch definieren als „die Anwendung sozialwissenschaftlicher Kenntnisse, Praktiken und Fähigkeiten auf bestehende Systeme unter Mitwirkung der Systemmitglieder."

Gewöhnlich wird unterschieden zwischen (a) *reiner* oder grundlegender Wissenschaft, die die Erkenntnisse für eigene Zwecke verwenden will, und (b) *Technologie,* angewandter Wissenschaft oder Praxis, die die Erkenntnisse zur Lösung praktischer, dringender Probleme anwendet.[6] Greenwood beschreibt die Tätigkeiten des Praktikers wie folgt: „Das Problem, dem ein Praktiker gegenübersteht, ist gewöhnlich ein Zustand mangelnden Gleichgewichts, der korrigiert werden muss. Der Praktiker untersucht die Problemsituation und empfiehlt daraufhin eine Lösung, die im Idealfall das Gleichgewicht wieder herstellt und damit das Problem löst. Dieser Vorgang wird gewöhnlich Diagnose und Behandlung genannt."[7] Sowohl bei Diagnose als auch bei der Behandlung wird die Situation beobachtet und aufgrund gewählter Variabeln klassifiziert oder schematisiert. Ein solches Diagnoseschema ermöglicht dem Praktiker, einen besseren Zugriff auf die jeweilige Situation und erleichtert ihm die Auswahl von Problemlösungsinterventionen. Hierüber sagt Greenwood:

> „Die Typologien der Diagnose und der Behandlung werden zusammen angewandt. Jede Typenbeschreibung der diagnostischen Typologie enthält Empfehlungen für eine bestimmte Art von Behandlung. Der Praktiker benutzt die Behandlung als einen empirischen Test seiner Diagnose; Erfolg bestätigt die Diagnose, Misserfolg deutet auf eine falsche Diagnose und die Notwendigkeit einer neuen Diagnose hin. Die Prinzipien der Diagnose und Behandlung sind die Prinzipien der Praxis, d. h. sie bilden mit allen ihren Folgen und Zusammenhängen die Theorie der Praxis"[8]

Mit dieser *Praxistheorie* arbeitet der OE-Praktiker: Erst stellt er die Diagnose der Situation, aufgrund dieser wählt und benutzt er die entsprechenden Behandlungsmethoden und schliesslich beurteilt er die Wirkungen der Behandlung.

Organisationsentwicklung ist zugleich ein Ergebnis und eine Form der angewandten Sozialwissenschaft; genauer gesagt ist es ein Programm für die Anwendung der Sozialwissenschaft in Organisationen. Abbildung 5 zeigt einige der Elemente, aus denen sich die angewandte Sozialwissenschaft zusammensetzt. Die beiden unteren Elemente, sozialwissenschaftliche Forschung und sozialwissenschaftliche Theorie, sollen die Beiträge von der *reinen* oder grundlegenden Wissenschaft repräsentieren; die beiden oberen Elemente, Praxisforschung und Praxistheorie, sollen die Beiträge der *angewandten* Wissenschaft darstellen.

Hier einige Beispiele von Beiträgen aus diesen vier Quellen, die für die Anwendung der Verhaltenswissenschaft in der OE von Bedeutung sind:

Beiträge von der Theorie der Sozialwissenschaften:

- Die Bedeutung sozialer Normen für die Bestimmung der Vorstellungen, Motivationen und Verhaltensweisen (Sherif).
- Die Rolle einer *Interaktionstheorie,* die soziales Verhalten als Austausch betrachtet, nach der die Menschen ungefähr gleichwertige Einheiten tauschen, um ein Gleichgewicht zwischen Erhaltenem und Gegebenem herzustellen (Gouldner, Homans).
- Die Bedeutung der Feldtheorie zur Bestimmung und Vorhersage von Verhalten (Lewin).
- Die Bedeutung der Rollentheorie zur Erklärung von Stabilität und Veränderung des Verhaltens (G. H. Mead).
- Die Rolle und Bedeutung von Handlungen, Interaktionen und Gefühlen als erklärende Begriffe im elementaren sozialen Verhalten (Homans).
- Die Möglichkeiten einer neuen Erklärung der Motivation, die sich von früheren Theorien unterscheidet (McGregor, Herzberg, Maslow).
- Die Bedeutung der Lerntheorien, der Wirkung von Belohnung und Strafe, von Theorien der Einstellungsänderung usw.

Beiträge von der sozialwissenschaftlichen Forschung:

- Studien über die Gründe, Bedingungen und Auswirkungen von induziertem Wettbewerb auf das Verhalten von Gruppen und zwischen Gruppen (Sherif, Blake und Mouton).

Abbildung 5: Zusammensetzung der angewandten Sozialwissenschaft

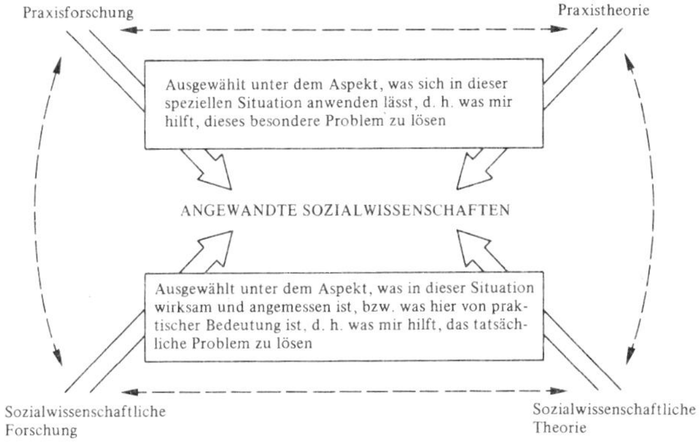


- Ergebnisse über die Wirkungen kooperativer und konkurrenzierender Gruppenzielstrukturen auf das Verhalten innerhalb der Gruppen (Deutsch).
- Studien über die Wirkung des Organisations- und Managementklimas auf den Führungsstil (Fleishman).
- Studien über die Variablen, die für die Gesundheit der Organisation von Bedeutung sind (Likert).
- Studien über die Bedeutung des sozialen Systems im Verhältnis zum technischen System (Trist und Bamforth).
- Ergebnisse von Studien über verschiedene Kommunikationsnetze (Leavitt). Gründe und Konsequenzen des Konformismus (Asch), Problemlösung in der Gruppe (Kelley und Thibaut) und Gruppendynamik (Cartwright und Zander).

Beiträge aus der Praxistheorie:
- Folgerungen aus der Theorie und Praxis der Laboratoriumsmethode (Bradford, Benne und Gibb).
- Folgerungen aus den Theorien der Gruppenentwicklung (Schutz, Bennis und Shepard).
- Neue Dimensionen in der Therapie und im speziellen in der Klient-Berater-Beziehung (Rogers).
- Neue Ideen über den Lernvorgang (Dewey).
- Folgerungen und Anwendungen von Theorien des geplanten sozialen Wandels (Bennis, Benne und Chin).

Beiträge aus der Praxisforschung:

- Ergebnisse des Survey-Feedback-Ansatzes bestätigen die Möglichkeit von Organisationsveränderungen (Mann, Baumgartel).
- Ergebnisse, die auf die Bedeutung der informellen Arbeitsgruppe bei der Leistung der einzelnen und der Gruppen hinweisen (Roethlisberger und Dickson).
- Ergebnisse, die die Wirksamkeit der Grid-Organisationsentwicklung in grossen Organisationen beweisen (Blake, Mouton, Barnes und Greiner).
- Ergebnisse, die die Komplexität organisationsinternen Kommunikations- und Interaktionsverhaltens in bezug auf die Arbeitsleistung aufzeigen (Whyte).
- Ergebnisse der Aktionsforschungsstudien in Kapitel II/5 weisen auf wichtigen Input aus bestehenden Organisationen hin.[9]

Die Liste der Beiträge ist nicht vollständig; sie soll lediglich zeigen, welche Quellen und Arten von Information und Wissen OE-Praktiker als angewandte Sozialwissenschaftler in die Organisation mitbringen.

## OE als normativ-reedukative Veränderungsstrategie

Da Organisationsentwicklung ein Prozess zur Verbesserung der organisatorischen Leistungsfähigkeit ist, will sie die Dinge anders und besser machen, und dies bedeutet eine Änderung einiger Eigenschaften der Organisation (gewöhnlich ihrer Vorgänge und Kultur). In manchen Menschen ruft das Wort Veränderung eine defensive Reaktion hervor, während andere in der Veränderung ein Allheilmittel sehen. Wir vertreten keinen dieser beiden Standpunkte. Jedoch glauben wir, dass Veränderung empfohlen werden kann, wenn sie von den Betroffenen gewünscht wird, wenn sie Handlungsalternativen eröffnet anstatt verunmöglicht und wenn sie praktisch bewährte und fundierte (z. B. durch wissenschaftliche Methoden) Aktionen enthält. OE ist kein Frontalangriff auf Wertsysteme einzelner, Organisationen oder der Gesellschaft, sondern ein Wertrahmen. Wir werden dies im nächsten Kapitel über die Annahmen und Wertsysteme der OE besprechen. Beispielsweise sind OE-Praktiker nicht daran interessiert, die Wertvorstellungen der Menschen über Religion, Politik, Ehe,

Heimat usw. zu ändern; aber sie würden versuchen, Menschen davon zu überzeugen, dass das Individuum einen Wert hat, dass viele Null-Summenspiele in einer Organisation dysfunktional wirken, dass die Teilnahme an Entscheidungen das Gefühl des eigenen Wertes hebt usw. Ausserdem würden die meisten OE-Praktiker dem Klienten ihre Wertskala erklären und ihm erlauben, diese zu akzeptieren oder abzulehnen.

Aber Organisationsentwicklung bedeutet Veränderung, und es basiert auf einer bestimmten Strategie der Veränderung, die für den Praktiker wie auch die Mitglieder der Organisation von Bedeutung ist. Chin und Benne beschreiben drei Typen der Veränderungsstrategie [10]. Erstens die empirisch-rationalen Strategien, die auf der Annahme beruhen, dass Menschen rationale Wesen sind, dass sie ihre rationalen Eigeninteressen befolgen werden und dass sie Änderungen begrüssen, wenn sie einsehen, dass diese für sie von Vorteil sind; zweitens die normativ-reedukativen Strategien, die auf der Annahme beruhen, dass das Verhalten auf Normen basiert und dass Veränderungen durch einen Umerziehungsprozess erreicht werden, bei dem alte Normen durch neue ersetzt werden, drittens die Macht- und Zwangstrategie, die auf der Annahme beruht, dass Veränderungen durch den Einfluss der Mächtigen auf die weniger Mächtigen erzwungen wird. OE fällt in dieser Gruppierung zweifellos in die normativ-reedukative Kategorie, wenngleich sie gelegentlich auch Züge der empirisch-rationalen Strategie tragen kann.

Chin und Benne beschreiben diese 2. Strategie folgendermassen:

> Eine zweite Gruppe von Strategien nennen wir normativ-reedukativ. Diese Strategien resultieren aus anderen Annahmen hinsichtlich menschlicher Motivationen, als sie den ersten Strategien zugrunde liegen. Die Rationalität und die Intelligenz der Menschen werden nicht geleugnet. Die Grundmuster des Handelns und praktischen Verhaltens sind von soziokulturellen Normen und von den Verpflichtungen der Individuen gegenüber diesen Normen geprägt. Soziokulturelle Normen sind getragen von den Einstellungs- und Wertsystemen der Individuen – normativen Anschauungen, welche die Verpflichtungen untermauern.
>
> Eine Änderung in einem Grundmuster des Handelns oder praktischen Verhaltens wird nach dieser Meinung nur dann erfolgen, wenn die betroffenen Personen dazu gebracht werden,

ihre normativen Orientierungen gegenüber alten Mustern zu ändern und Verpflichtungen gegenüber neuen zu entwickeln. Und Änderungen in normativen Orientierungen schliessen Veränderung in Einstellungen, Werten, Fertigkeiten und signifikanten Beziehungen ein, nicht nur Veränderungen in Wissen, Information oder intellektuell-rationalen Grundlagen des Handelns. [11]

Ein Beispiel kann diese drei Strategien der Veränderung erklären. Nehmen wir an, dass der Impfstoff gegen Kinderlähmung gerade erst entdeckt und erprobt wurde und auf den Markt gekommen ist und dass die Aufgabe darin besteht, das Problem des Vetriebes zu lösen. Das Handeln wäre dabei in starkem Masse von der Strategie abhängig, die man vorsehen würde. Wenn man beispielsweise die empirisch-rationale Veränderungsstrategie bevorzugen und davon ausgehen würde, dass alle rationalen Menschen aus eigenem Interesse sich impfen lassen würden, wenn sie nur über die Wirksamkeit dieses Impfstoffes informiert wären und ihn kaufen könnten. Die Folge wäre, dass jeder sich impfen liesse, da es für jeden von Vorteil wäre.

Glaubt man jedoch an die normativ-reedukative Strategie, dann würde man zusätzliche Dinge unternehmen. Obwohl man die Intelligenz, die Rationalität und das Eigeninteresse der Menschen nicht unterschätzen würde, würde man gleichzeitig annehmen, dass das Verhalten der Menschen teilweise in sozio-kulturellen Normen und Werten und Überzeugungen verwurzelt ist, die geändert werden müssen, bevor die Menschen den Impfstoff akzeptieren und anwenden. Einige dieser Ansichten könnten lauten: Alle neuen Medikamente sind gefährlich, solange sie nicht zehn Jahre im Gebrauch gewesen sind, oder: Meine Nachbarin, Frau Müller, wird sich nicht impfen lassen, und sie hat immer recht in solchen Sachen; oder: Also in meiner Familie hat noch niemand Kinderlähmung bekommen, ich brauche keine Angst zu haben, und ich brauche mich nicht impfen zu lassen. Wenn man daher die zweite Strategie der Veränderung zugrunde legt, würde man davon ausgehen, dass bestimmte Normen und Werturteile geändert werden müssten und dass es nicht genügt, der Öffentlichkeit Informationen zur Verfügung zu stellen. Man würde sowohl Aufklärungsmassnahmen für das neue Medikament initiieren als auch ein Programm zur Veränderung des vorhandenen Normen- und Wertsystems einleiten.

Wenn man ein Anhänger der Macht- und Zwangstrategie wäre, würde man direkter vorgehen: Man würde eine Verfügung erlassen, derzufolge sich alle Bürger impfen lassen müssten, und man würde das Befolgen der Verfügung überprüfen und durchsetzen. Wenn man über die entsprechende Macht zum Erlass und zur Durchsetzung der Verfügung verfügen würde, würden sich die Bürger impfen lassen.

Wir wollen hier klar machen, dass es verschiedene Strategien zur Veränderung gibt und dass OE in erster Linie auf der normativ-reedukativen basiert und erst in zweiter Linie auf der rational-empirischen. Wenn in einem OE-Programm die normativ-reedukative Strategie angewandt wird, so ist folgendes mit dieser Strategie verbunden: Der Klient und nicht der Berater bestimmt, welche Veränderungen und Verbesserungen gemacht werden sollen; der Berater versucht, zusammen mit dem Klienten auf die Organisation einzuwirken und zusammen die Probleme zu definieren und nach Lösungen zu suchen ; alles, was der wirksamen Problemlösung im Wege steht, wird untersucht und geprüft. d. h. Zweifel, Befürchtungen und negative Gefühle werden deutlich herausgestellt und soweit wie möglich aufgearbeitet. Sowohl die Berater als auch die Klienten greifen auf die Methoden und die Erkenntnisse der Sozialwissenschaft zurück, und Lösungen von Problemen werden nicht unbedingt in grösseren technischen Informationen oder Kenntnissen gesucht, denn sie können in den Werturteilen, Einstellungen, Beziehungen und Angewohnheiten liegen.[12] Der Klient entscheidet sich, ob er eine Umerziehung wünscht und in welcher Form; die Ausführung ist Aufgabe des Beraters. Diese Regel hat für die OE-Praxis aus folgenden Gründen weitreichende Konsequenzen: Sie bestimmt im wesentlichen das Urteil und Verhalten des Beraters, sie erlaubt dem Klienten beträchtliche Wahlfreiheit und Kontrolle über die Situation, sie führt zur Zusammenarbeit zwischen Klienten und Beratern und sie eröffnet für beide Seiten neue Möglichkeiten und Alternativen.

Unsere Definition der OE bezieht sich auf die Verbesserung und Steuerung der Organisationskultur und verweist auf den normativen Charakter des Veränderungsprozesses. Burke und Hornstein betonen diesen normativen Charakter der OE in ihrer Definition sogar noch stärker: „OE ist ein Prozess des geplanten sozialen Wandels. Dabei wird die Kultur einer Organisation derart verändert, dass eine Überprüfung und Kontrolle der organisationsinternen Prozesse der Kommunikation des Entscheidens und Planens institutionalisiert wird." [13]

Diese Autoren gehen davon aus, dass sich OE primär auf eine normative Veränderung konzentriert und dass individuelle Veränderungen nur ein Nebenprodukt sind. Die von Burke und Hornstein beschriebenen Veränderungen der Kultur decken sich mit anderen und auch mit unserer Definition. Diese Veränderungen diskriminieren weder Personen und deren Wertsysteme, sondern erstrecken sich mehr auf Normen, Einstellungen und Werte, die der Verwirklichung der Organisationsziele zugrunde liegen.

Warren Bennis machte in einem Bericht über die Eigenschaften der OE folgende Bemerkungen über den normativen Aspekt des Vorganges:

> „OE-Berater haben bestimmte normative Ziele, die auf ihrer Philosophie basieren. Gewöhnlich wollen sie folgendes erreichen:
>
> 1. Verbesserung der zwischenmenschlichen Fähigkeiten.
> 2. Eine Änderung der Wertorientierung, damit Empfindungen und Gefühle akzeptiert und wahrgenommen werden können.
> 3. Ein besseres Verständnis zwischen und innerhalb von Arbeitsgruppen und eine Verminderung interner Spannungen.
> 4. Das Entwickeln einer wirksameren Teamkultur, damit funktionelle Gruppen ihre Aufgaben besser erfüllen können.
> 5. Das Entwickeln besserer Konfliktlösungsverfahren. Anstatt der üblichen bürokratischen Methoden, die hauptsächlich auf Unterdrückung, Kompromiss und Machtausübung beruhen, werden rationalere und offenere Wege der Konfliktlösung gesucht.
> 6. Das Entwickeln organischer anstelle mechanischer Systeme. Dies bedeutet eine Abkehr von der Vorstellung, dass es sich bei Organisationen um blosse Apparate handelt, die vom Management nach eigenem Gutdünken manipuliert werden können." [14]

Auch Bennis betont die reedukative Natur der OE: „Organisationsentwicklung ist eine Antwort auf Veränderungen, eine komplexe erzieherische Strategie mit der Aufgabe, Überzeugungen, Einstellungen, Werte und Strukturen von Organisationen so zu verändern, dass sich diese besser den neuen Technologien, Märkten und Herausforderungen anpassen können und mit der atemberaubenden Schnelligkeit der Veränderungen besser fertig werden." [15]

Wenngleich eine normativ-reedukative Veränderungsstrategie den OE-Prozess am besten charakterisiert, so enthält er doch zusätzlich empirische Komponenten. Manche OE-Interventionen erwecken den Eindruck, als könnten sie offensichtlich bessere Alternativen aufzeigen. Beispielsweise ist es oftmals eine Genugtuung, bessere Konfliktregulierungs- und Entscheidungsverfahren zu lernen, bzw. klargesetzte Ziele zu verfolgen und zu realisieren. Klienten empfinden oft, dass man Dinge besser machen könnte, und sie möchten die besseren Methoden finden, aber niemand hat ihnen die Information und Kenntnisse geboten. Sobald sie dann im Besitz der Kenntnisse sind, beginnt ein sofortiger Wandel zu neuem Managementstil und Verhaltensweisen. Nach unserer Erfahrung werden viele Veränderungen durch die Vorgänge bewirkt, die bei der rational-empirischen Strategie der Veränderung beschrieben sind.

## Der Systemcharakter sozialer Organisationen

Systemkonzepte, die bei der OE von Bedeutung sind, werden in Kapitel II/4 beschrieben, deshalb gehen wir hier nur kurz darauf ein. Der Systemansatz betont die Interdependenz und interaktive Verknüpfung organisationsinterner Phänomene und Vorgänge. Wir halten diese Perspektive für das Verständnis von Organisationen für nützlich. Chin sagt über den Systemansatz:

> „Für das analytische Systemmodell müssen wir die Phänomene und die Konzepte zur Gliederung der Phänomene so behandeln, als ob Organisation, Interaktion, Interdependenz und Integration der Teile und Elemente gegeben wären. Die Systemanalyse setzt Struktur und Stabilität innerhalb eines beliebig herausgegriffenen und isolierten Zeitabschnittes voraus." [16]

Die Betrachtung von Organisationen aus dieser Perspektive ist bei der Anwendung der Sozialwissenschaft auf die OE von praktischem Wert.

1. Fragen, Ereignisse, Kräfte und Vorfälle werden nicht als isolierte Phänomene betrachtet, sondern müssen in Beziehung zu

anderen Ereignissen, Fragen und Phänomenen gesehen werden. Wenn man ein Phänomen isoliert betrachtet, ohne seine Beziehungen zu anderen Phänomenen zu sehen, versteht man es nur halb.

2. Der Systemansatz fordert eher zu einer multikausalen, denn zu einer monokausalen Analyse von Ereignissen auf. Die wirkliche Welt ist komplex, und die Ereignisse in dieser Welt sind es auch. Es ist wahrscheinlich realistischer, wenn man den Ereignissen mehrere Ursachen zuschreibt, wie dies durch den Systemansatz ermöglicht wird.
3. Geht man von Kurt Lewins sozialpsychologischer Feldtheorie aus, so bedeutet das, dass die für eine Analyse relevanten Faktoren sich aus dem momentanen Kraftfeld eines Ereignisses ergeben.[17] Durch dieses Diktum entfernt sich der OE-Praktiker von der Analyse historischer Ereignisse und Kräfte und nähert sich einer Untersuchung gegenwärtiger Ereignisse und Kräfte aus einer mehr existentiellen Warte.
4. Man kann nicht einen Teil eines Systems verändern, ohne andere Teile irgendwie zu beeinflussen. In diesem Zusammenhang führt der Systemansatz auch dazu, nicht einfache, sondern komplexe Auswirkungen zu erwarten. Sie können in anderen Teilen des Systems auftauchen oder als unvorhergesehene Folgen in dem vom OE-Praktiker beratenen Teil des Systems. Wenn man vielfache Ursachen und vielfache Wirkungen erwartet, wie dies der OE-Praktiker tut, erspart man sich manche Überraschungen in den Wechselbeziehungen der Organisation.
5. Jemand, der das System ändern will, kann das System tatsächlich ändern und nicht einfach dessen Bestandteile. OE ist die Entwicklung (oder Verbesserung) eines Systems, nicht nur dessen Teile. Blake und Mouton äussern sich hierzu folgendermassen:

   „Organisationsentwicklung bedeutet Entwicklung der Organisation. Die Geschichte des Ausbildungswesens, Trainings und der Entwicklung in der Industrie verleitet häufig dazu, anstatt die Organisation die Individuen als Gegenstand der Entwicklung zu betrachten. In dem Masse, wie man sich darauf einliesse, würde man an dem eigentlichen Sachverhalt vorbeigehen, denn dann würde man übersehen, in welchem Ausmasse die Organisationskultur das Verhalten ihrer Mitglieder steuert.

Obwohl das höchste Ziel der OE die Befreiung aller Organisationsmitglieder ist, damit diese als freie Menschen an den Entscheidungen teilnehmen und zu den Entscheidungen beitragen können, um nutzbringende Zwecke der Organisation zu erreichen, so kann dieses Ziel doch nicht erreicht werden, bis die Hindernisse und Zwänge innerhalb der Kultur der Organisation untersucht und beseitigt werden. Darin liegt der Hauptunterschied zwischen individuellen und organisatorischen Veränderungen." [18]

Andere Systemkonzepte werden später in diesem Buch beschrieben, aber eine der Grundlagen der OE ist der Systemansatz. Als Berater begannen, Organisationen von einem Systemansatz her zu betrachten, war ein wesentlicher Schritt zur Realisation der OE getan.

## Datensammlung und Diagnose

Ein auf Daten basierendes Modell, das Aktionsforschungsmodell, liegt allen OE-Programmen zugrunde und ist für die OE weitgehend charakteristisch. Das Aktionsforschungsmodell wird in Kapitel II/5 ausführlicher dargestellt, aber wir möchten hier kurz darauf eingehen. Viele OE-Interventionen haben den Zweck, entweder Datenmaterial zu liefern oder auf Daten basierende Handlungen zu planen. Dabei ist es notwendig, dass die Organisationsmitglieder wirklich an Informationen über das System, seine Kultur und Prozesse interessiert sind, sie als notwendig erachten und von ihrer Gültigkeit überzeugt sind.

Die Verwendung empirischer Daten bei der OE unterscheidet sich in manchen Punkten von anderen datenbezogenen Veränderungsstrategien. Einige der Eigenschaften und deren Konsequenzen seien hier erwähnt. Zunächst wird der Wert der Daten im OE-Prozess stark betont, vielleicht mehr als bei den meisten anderen Änderungsprogrammen. Dadurch lernen die Mitglieder der Organisation, Daten für die Lösung von organisatorischen Problemen zu sammeln und anzuwenden. Zweitens werden in OE-Programmen bestimmte Arten von Daten vorgezogen. Beispielsweise würden Daten über die menschlichen und sozialen Vorgänge in der Organisation häufiger verwendet als Daten über technische, finanzielle, marketingsbezogene und andere Sachverhalte.

Drittens liegt im Rahmen von OE-Programmen die Verfügung über die Daten und deren Verwendung gewöhnlich bei den Personen, von denen diese Daten erhoben wurden. Eine Einstellungsumfrage wird beispielsweise nicht nur unternommen, damit sich das Topmanagement der Ergebnisse bedienen kann; vielmehr sollen die Resultate den Befragten selbst ein genaueres Bild ihrer Situation vermitteln, um so Aktionsprogramme zu planen, um positive Aspekte ihrer eigenen Situation zu vergrössern und Störungen und Schwächen zu verringern bzw. zu beseitigen. Die Daten sind allen zugänglich; sie sind das Eigentum aller Organisationsmitglieder und bilden die Grundlage für weitere Handlung.
Viertens werden im Rahmen von OE-Massnahmen Unterschiede oder Widersprüche, die sich aus den Daten ergeben, eher als Anreiz denn als Ärgernis gesehen. Diese Daten weisen auf Differenzierungen in Regeln, Motivationen, Einstellungen usw. hin, deren Entdeckung eine schlagartige Verbesserung in der organisatorischen Leistung einleiten kann. Wenn beispielsweise die Mitarbeiter auf einer bestimmten Ebene der Organisation das Gehaltssystem als angemessen betrachten, während jene auf einer anderen Ebene damit nicht zufrieden sind (und wenn die beiden Gruppen die Einstellung der anderen dazu nicht kennen), so kann diese Entdeckung zu einem Aktionsplan führen, mit dem Ziel, die Widersprüche auszuräumen.
Fünftens tendiert in OE-Programmen die Einstellung gegenüber Tatsachen von einer Klassifizierung als gut bzw. schlecht eher zu einem Kalkül ihrer funktionalen bzw. dysfunktionalen Folgen. Eine Tatsache kann beispielsweise das Vorhandensein eines recht autoritären Führungsstils sein; dann kommt es weniger darauf an, diese Tatsache als gut oder schlecht zu kategorisieren, sondern die Konsequenzen dieses Führungsstils zu verstehen und zu sehen, dass er unter bestimmten Bedingungen angemessen sein kann, unter anderen Bedingungen aber nicht. Der wesentliche Unterschied besteht darin, Daten in erster Linie zu beschreiben, anstatt sie zu bewerten. Wenn Daten beschrieben werden, fühlt man sich häufig weniger in die Defensive gedrängt, als wenn sie verwertet werden.
Sechstens werden in OE-Programmen die Daten prinzipiell als Instrumente zur Problemlösung gesehen und nicht als Instrumente zur Sanierung bestimmter Verhaltensweisen. Eines der Ziele

der OE ist es, im System ein Klima zu schaffen, in dem Daten nicht zur Bestrafung, sondern zur Problemlösung verwendet werden.
Siebtens entspricht die intensive Verwendung von Daten im Rahmen der Organisationsentwicklung insofern der wissenschaftlichen Vorgehensweise als Entscheidungen mehr und mehr auf empirischen Tatsachen beruhen und weniger auf Macht, Stellung, Tradition, Überredung usw. Schliesslich sei noch erwähnt, dass die im OE-Prozess verwendeten Daten sich auf die unmittelbaren Probleme und Bedürfnisse der Organisationsmitglieder beziehen, d. h. dass die Daten Antworten auf zentrale Probleme der Organisation und ihrer Mitglieder liefern.

## Lernen durch Erfahrung

Der OE-Prozess basiert insofern auf Erfahrung, als die meisten OE-Praktiker davon ausgehen, dass Menschen aus Erfahrung lernen; sie lernen etwas zu tun, indem sie es tun. Sie lernen über organisationsinterne Zusammenhänge, indem sie Erfahrungen damit machen und diese Erfahrungen reflektieren. Diese Annahme gründet sich auf die Lehre der Laboratoriumsmethode. Menschen begreifen, dass es nötig ist, Konflikte systematisch zu lösen, wenn sie die ungünstigsten Folgen der Konflikte selbst erleben; sie lernen Entscheidungen zu treffen, indem sie dies selbst praktizieren und dann ihre Entscheide beurteilen. Erfahrungen kann man nur ganzheitlich machen, das schliesst die Gefühle und die Gedanken ein. Eine Erfahrung lässt keine künstliche Trennungen zu, wie dies beispielsweise der Fall wäre, wenn man etwas auswendig lernt, um es später eventuell einmal gebrauchen zu können. Anstatt sich mit Scheinproblemen und abstrakten organisatorischen Fragen zu beschäftigen, konzentrieren sich die OE-Interventionen auf das wirkliche Verhalten der einzelnen und Gruppen, auf den Versuch, reale Probleme zu lösen; Generalisierungen über organisationsspezifische Verhaltensweisen entstehen induktiv aus der Erfahrung. Falls erforderlich, können allgemeinere theoretische Zusammenhänge und ein zusätzlicher Erwerb von Wissen und Fertigkeiten auf dieser Erfahrung aufbauen.

Um aus Erfahrung zu lernen, genügt es nicht, allein etwas zu erleben; man muss auch die Erfahrung reflektieren. Die Organisationsmitglieder machen in ihrer alltäglichen Arbeit bestimmte Erfahrungen und reflektieren dann diese Erfahrungen, um so aus dem Erlebten zu lernen und Generalisierung abzuleiten. Viele OE-Interventionen sehen von vornherein eine Reflektionsphase im Anschluss an bestimmte Ereignisse vor, in der die Mitglieder folgende Fragen untersuchen können: Welche Kausalbeziehungen fanden wir in dieser Aktivität? Was haben wir anscheinend bei dieser Aufgabe richtig gemacht? Was hat uns beim Erreichen unseres Zieles gehindert? Was können wir aus dieser Erfahrung für zukünftige Aufgaben lernen? Durch dieses fortwährende Fragen und Nachdenken verbessern die Menschen ihre Fähigkeit *zu lernen, wie man lernt.* Wesentlich ist dabei, dass die Menschen zu allen ihren Erfahrungen eine sehr experimentelle Haltung einnehmen, dass sie fortwährend ihre eigenen Erfahrungen untersuchen, um aus ihnen zu lernen und sich zu verändern und zu entwickeln.
Viele OE-Praktiker haben auch weitgehend mit der Laboratoriumsmethode gearbeitet. Der Laboratoriumsansatz basiert gleichfalls auf Lernen durch Erfahrung, indem man etwas erlebt und dann darüber nachdenkt. Auf Erfahrung basierende Lernmethoden scheinen besonders beim Lernen über menschliche und soziale Beziehungen wirksam zu sein, d. h. bei der Entwicklung zwischen menschlicher Fähigkeiten, beim Begreifen der Dynamik in kleinen Gruppen usw. Als erfahrungsbasierende Methoden in anderen Aufgabengebieten angewandt wurden, wie z. B. beim Planen, Zielsetzen und Entscheiden, fand man sie auch dort äusserst lernwirksam. Dass das erfahrungsorientierte Lernen eine grundlegende Komponente ist, wird auch in der mannigfaltigen Anwendung entsprechender Lernexperimente in der Organisationsentwicklung deutlich.

## Zielsetzung und Planung

Es ist schon oft gesagt worden, aber wir möchten es hier noch einmal erwähnen: Primäres Ziel der OE ist es, das Funktionieren der Organisation auf verschiedene Weise zu verbessern. Der OE-Prozess ermöglicht die Verbesserung der Organisation u. a.

dadurch, dass er die Bedeutung von Zielen und Plänen betont und indem er Lernmöglichkeiten vorsieht, durch die Planungs- und Zielsetzungsfähigkeiten entwickelt werden können. Beckhard äussert sich zu dieser Frage wie folgt: „Teamsitzungen und Teamentwicklungsinterventionen lassen sich sehr viel schwerer überblicken und moderieren als es auf den ersten Blick scheint; nur allzuhäufig enden entsprechende Massnahmen als Fehlschläge; ein solches Scheitern kann eher verhindert werden, wenn ein erfahrener Berater hinzugezogen wird.[19] Organisationen und auch Individuen müssen ihre Tätigkeiten auf Ziele ausrichten – bewusste, messbare und erreichbare Ziele. Um diese in der Organisation zu erreichen, können sich OE-Interventionen auf die Funktionen des Planens und der Zielsetzung auf der Ebene des einzelnen, der Gruppe und der Organisation richten. Um dies beim einzelnen zu erreichen, werden OE-Interventionen auf die erwähnten Tätigkeiten gerichtet und enthalten oft auch eine Reihe von Tätigkeiten, die als *Lebens- und Laufbahnplanung* bezeichnet werden. Dabei schafft sich der einzelne Klarheit über seine Ziele im Leben und in seiner Karriere und entscheidet, wie er sie erreichen kann. Wenn ausserdem Management by Objectives in ein OE-Programm einbezogen wird, dann lernen die Arbeitsgruppen mit ihren Vorgesetzten, sich realistische Ziele zu setzen und diese regelmässig zu überprüfen. Auf diese Weise verbessert der einzelne seine Zielsetzungsfähigkeiten.

In der Bedeutung der Zielsetzung in OE-Programmen auf den Stufen Individuum und Organisation spiegelt sich wahrscheinlich eine Veränderung der Organisationskultur in den letzten zehn oder zwanzig Jahren. Traditionalerweise wird Zielsetzen und Planen als Privileg der Führungsspitze betrachtet, während die unteren Ebenen die Pläne ausführen und zur Erreichung der Ziele beitragen müssen. Mehr und mehr gelangt man jedoch zur Ansicht, dass eine umfassendere Beteiligung beim Zielsetzen das menschliche und technische Potential der Organisation besser nutzt und zu wesentlich besseren Plänen führt. Ausserdem sind Pläne, die unter Mitwirkung aller Ebenen ausgearbeitet wurden, eher realistisch und erreichbar, und ihre Ausführung wird mehr Unterstützung geniessen. Jedoch hatten einzelne und Gruppen auf den unteren Ebenen der Organisation nicht die zur Planung nötigen Kenntnisse, da sie nie zur Planung aufgefordert wurden.

OE-Interventionen helfen diesem Mangel bei einzelnen und Organisationen ab, indem sie die nötigen Lernprogramme einschliessen.
Das Grid-Organisationsentwicklungs-Modell von Blake und Mouton ist besonders wichtig für das Lernen der zielsetzenden und planenden Fähigkeiten. In diesem 6-Phasen-Modell besteht die vierte Phase darin, dass das Managementteam die Eigenschaften einer idealen Organisationsstrategie entwirft und Kriterien dafür erarbeitet, wie die Organisationsziele sich am vorteilhaftesten verwirklichen lassen. Danach wird die Organisation analysiert, um zu sehen, wo sie dem Idealmodell nicht gerecht wird. In der fünften Phase wird geplant, wie man aus der gegenwärtigen Organisation eine ideale Organisation machen kann. Erst werden also die Eigenschaften der erwünschten *idealen* Organisation entworfen, dann wird die Ist-Organisation damit verglichen, und zuletzt wird eine Strategie entwickelt, nach welcher der Ist-Zustand in den Soll-Zustand verwandelt wird. [20]
Die Zielsetzungs- und Planungsinterventionen konzentrieren sich auf die folgenden Hauptfähigkeiten: erstens lernt man, Ziele zu setzen, zweitens lernt man, die Ziele in zielgerechte Handlungen umzusetzen, und drittens lernt man, das Erreichen der Ziele durch Planen und Entscheiden zu ermöglichen. (Der dritte Punkt fasst in gewisser Weise die ersten beiden zusammen.) Was wir hier unter Zielen und Planen verstehen, kann am besten durch Zitate aus der Literatur über Management und Administration gezeigt werden. Koontz und O'Donnell beschreiben die Funktion des Planens wie folgt:

> „Beim Planen werden Unternehmungsziele gesetzt sowie Abteilungspläne erstellt, und es werden Wege zur Erreichung der Ziele bestimmt. Pläne schaffen auf diese Weise einen rationalen Weg zu gewählten Zielen . . . Beim Planen entscheidet man im voraus, was getan werden soll, wie und wann es getan werden soll, und wer es tun soll . . . Das Planen ist ein intellektueller Vorgang, eine bewusste Bestimmung von Handlungsvorgängen, ein Entscheiden auf der Grundlage von Zweck, Sachverhalten und Schätzungen". [21]

Das Verhältnis zwischen Planen und Zielen wird von Kast und Rosenzweig folgendermassen angedeutet:

> „Ziele sind grundsätzlich Pläne, die die gewünschten Ergebnisse ausdrücken. In diesem weiten Sinne schliessen Ziele die

Zwecke, Aufgaben, Termine, Normen, Quoten usw. ein. Ziele stellen nicht nur den Endpunkt des Planens dar, sondern auch den Punkt, auf den die anderen Tätigkeiten des Managements (wie organisieren und kontrollieren) gerichtet sind". [22]

Die Betonung des Zielsetzens und Planens im OE-Prozess war also zuerst eine Antwort auf das Bedürfnis der Organisationen, diese Fähigkeiten auf allen Ebenen zur Verfügung zu haben.

Heute wird die Bedeutung des zielbewussten Managements und dessen positive Konsequenzen auf die Leistungsergebnisse allgemein als wichtig anerkannt. Diese Überzeugung ist es, die aus dem Planen ein tragendes Element der OE gemacht hat.

### Autonome Arbeitsgruppen (Teams)

Bei der OE wird von der grundlegenden Überzeugung ausgegangen, dass die Arbeit in der Organisation durch Arbeitsgruppen verschiedener Art ausgeführt wird. Eine zweite grundlegende Überzeugung besteht darin, dass durch die Veränderung der Kultur, der Vorgänge, der Beziehungen und der Arbeitsweise innerhalb dieser Gruppen eine dauerhafte Verbesserung in der Organisation herbeigeführt werden kann. Historisch gesehen war die Erkenntnis dieser beiden Überzeugungen und die diesbezüglichen Massnahmen durch Blake, Mouton, Shepard, Horwitz, McGregor und andere wahrscheinlich der Beginn dessen, was wir heute als Organisationsentwicklung bezeichnen. Die Lern- und Veränderungskapazität, die sich durch die Arbeit mit bestehenden organisatorischen Gruppen entwickelt, kann kaum durch die traditionellen gruppendynamischen Trainingsverfahren (stranger labs) erreicht werden.

Viele verschiedene Arten von Gruppen sind für die Mitglieder der Organisation und die OE-Praktiker von Bedeutung. Es ist offen gesagt erstaunlich, wie stark bestehende Arbeitsgruppen ihre Leistungsfähigkeit verbessern können, im Vergleich zu einer Gruppe von Individuen, die organisatorisch miteinander nichts zu tun haben. Dafür gibt es eine Reihe von Gründen, unter anderem folgende:

Erstens sind viele individuelle Verhaltensweisen in den sozio-kulturellen Normen und Werten der Arbeitsgruppe verwurzelt. Wenn die ganze Gruppe diese Normen und Werte ändert, so ergibt sich eine sofortige und anhaltende Wirkung auf das Verhalten des einzelnen. Zweitens besitzt die bestehende Arbeitsgruppe das tatsächliche Muster der Beziehungen, an das sich die einzelnen in Wirklichkeit anpassen müssen, von dem sie Gebrauch machen müssen und mit dem sie fertig werden müssen. Damit soll gesagt sein, dass viele zentrale Bezugspersonen aus der Arbeitswelt des einzelnen der Arbeitsgruppe angehören. Gute (oder schlechte) Beziehungen zu diesen Menschen können die Leistung und das Verhalten des einzelnen weitgehend beeinflussen. Drittens verdeutlicht sich die Organisationswirklichkeit für die einzelnen Mitglieder am häufigsten und nachhaltigsten in ihren jeweiligen Arbeitsgruppen. Die Arbeitsgruppe spielt für den einzelnen eine zentrale Rolle für die Erfahrung organisatorischer Vorgänge wie Kommunikation, Entscheidungen und Zielsetzungen. Dies sind die Vorgänge, die den grössten Einfluss auf das Verhalten des einzelnen haben. Viertens ist man allgemein davon überzeugt, dass viele Bedürfnisse des einzelnen nach sozialen Beziehungen, Status, Anerkennung und Achtung in seiner Gruppe erfüllt werden, im Umgang mit Gleichgestellten und Vorgesetzten. Alle Prozesse, die sich günstig auf die Leistung der Arbeitsgruppe auswirken, sind deshalb wahrscheinlich mit den zentralen Bedürfnissen der einzelnen verbunden.

Nach unserer Erfahrung basieren die meisten OE-Programme weitgehend auf Interventionen, die Teambeziehungen, Prozesse und Leistung der Arbeitsgruppe verbessern. Bei der Grid-Organisationsentwicklung konzentriert sich beispielsweise die erste Phase auf das Erkennen des Führungsstils und die interpersonellen Fähigkeiten einzelner Manager. Die zweite Phase beschäftigt sich sofort mit der Verbesserung der Kultur und Vorgänge innerhalb bestehender Arbeitsgruppen. [23]

Während das Arbeiten mit bestehenden Gruppen zur Verbesserung ihres Funktionierens ein mächtiges Instrument der organisatorischen Veränderung sein kann, so kann es andererseits auch Schaden in der Gruppe anrichten, wenn die Aktivitäten mangelhaft geplant oder ausgeführt werden. Da die Arbeitsgruppe für den einzelnen so wichtig ist, kann das Zerstören von Beziehungen, die Unterbrechung von Vorgängen, oder die Behinderung der Leistungsfähigkeit tiefgreifende und unglückliche Folgen haben. Deshalb glauben wir, dass ein externer Change Agent in den ersten Phasen eines OE-Programmes nötig ist. Scheitern kann eher verhindert werden, wenn ein erfahrener Berater hinzugezogen wird.

In diesem Kapitel haben wir unsere Auffassung von der Natur der OE ausführlicher dargestellt. OE wurde als fortlaufende Massnahme beschrieben, die aus drei Elementen besteht: Diagnose, Aktion (Intervention) und Aufrechterhaltung des Prozesses, wobei letztlich alle drei Elemente Interventionen in das Klientensystem darstellen. Ausserdem wurden die Grundlagen oder Bausteine beschrieben, die den OE-Prozess charakterisieren. OE hat unserer Meinung nach somit folgende Merkmale: sie ist ein fortlaufender Prozess; OE ist eine langfristige Massnahme, sie ist eine Form der angewandten Sozialwissenschaft; sie kann als normativreedukative Veränderungsstrategie verstanden werden; sie betont den Systemcharakter von Organisationen; sie stellt ein Problemlösungsmodell dar, dem eine Datensammlung und Diagnose vorausgeht; sie basiert auf einem Lernen durch Erfahrung, betont die Funktion von Zielsetzung und Planung und bezieht autonome Arbeitsgruppen ein.

Die bisherigen Überlegungen lassen sich folgendermassen zusammenfassen: Ein OE-Prozess setzt sich aus einer Vielzahl von Elementen und unterschiedlichen Entwicklungen aus dem Bereich der angewandten Sozialwissenschaften zusammen; OE ist nicht mit einem einzelnen dieser Elemente identisch, sondern vielmehr das Ergebnis aller Elemente. OE versinnbildlicht sozusagen die gegenwärtige Synthese all dieser verschiedenen Grundlagen – wobei jeder einzelnen von ihnen wiederum zahlreiche ältere Elemente aus Theorie und Praxis zugrunde liegen.

## Bibliographie


Asch, S., "Studies of Independence and Conformity: A Minority of One against a Unanimous Majority," *Psychological Monograph,* 70, No. 9 (1956).

Baumgartel, H., "Using Employee Questionnaire Results for Improving Organizations: The Survey 'Feedback' Experiment," – *Kansas Business Review,* 12 (December 1959), 2–6.

Bennis, W. G., K. D. Benne, and R. Chin, *The Planning of Change,* 1. Auflage, New York 1961. 2. Auflage New York 1969. (Deutsch: Änderung des Sozialverhaltens, Stuttgart 1975).

Bennis, W. G., and H. A. Shepard, "A Theory of Group Development," *Human Relations,* 9, No. 4 (1956), 415–38.

Blake, R. R., and J. S. Mouton, "Conformity, Resistance, and Conversion," in I. A. Berg and B. M. Bass, eds., *Conformity and Deviation,* pp. 1–37. New York 1961.
Blake, R. R., J. S. Mouton, L. B. Barnes, and L. E. Greiner, "Breakthrough in Organization Development," *Harvard Business Review,* 42 (November–December 1964), 133–55.
Bradford, L. P., J. R. Gibb, and K. D. Benne, eds., *T-Group Theory and Laboratory Method.* New York: 1964. (Deutsch: Gruppentraining. T-Gruppentheorie und Laboratoriumsmethode, Stuttgart 1972).
Cartwright, D., and A. Zander, *Group Dynamics* (2nd ed.) New York: Publishers, 1960.
Deutsch, M., "A Theory of Cooperation and Competition," *Human Relations,* 2, No. 2 (1949), 129–52.
Dewey, J., *How We Think* (rev. ed.). New York: 1933.
Fleishman, E. A., "Leadership Climate, Human Relations Training and Supervisory Behavior," *Personnel Psychology,* 6 (Summer 1953), 205–22.
Gouldner, A. W., "The Norm of Reciprocity: A Preliminary Statement," *American Sociological Review,* 25 (April 1960), 161–78.
Herzberg, F. B., Mausner, and B. Snyderman, *The Motivation to Work.* New York: 1959.
Homans, G. C., *The Human Group,* New York: 1950.
– *Social Behavior: Its Elementary Forms.* New York: 1961.
Kelley, H. H., and J. W. Thibaut, "Group Problem Solving," in G. Lindzey and E. Aronson, eds., *Handbook of Social Psychology* (2nd ed.), IV, 1–101. Reading, Mass.: 1969.
Leavitt, H. J., "Some Effects of Certain Communication Patterns on Group Performance," *Journal of Abnormal and Social Psychology,* 46 (January 1951), 38–50.
Lewin, K., *Field Theory in Social Science,* New York: 1951.
Likert, R., *New Patterns of Management,* New York: 1961. (Deutsch: Neue Ansätze der Unternehmungsführung, Bern 1972.)
McGregor, D. M., *The Human Side of Enterprise.* New York: 1960.
Mann, F. C., "Studying and Creating Change," in W. G. Bennis, K. D. Benne, and R. Chin, *The Planning of Change,* pp. 605–13. New York: 1961.
Maslow, A., *Motivation and Personality,* New York: 1964.
Mead, G. H., *Mind. Self and Society.* Chigaco: 1934.
Roethlisberger, F. J., and W. J. Dickson, *Management and the Worker.* Cambridge: 1956.
Rogers, C. R., *Client-Centered Therapy.* Boston: 1951.
Schutz, W., FIRO: *A Three-Dimensional Theory of Interpersonal Behavior.* New York: 1958.
Sherif, M., *The Psychology of Social Norms.* New York: 1936.
– O. J. Harvey, B. J. White, W. R. Hood, and C. Sherif, *Intergroup Conflict and Cooperation: The Robbers Cave Experiment.* Norman, Oklahoma: 1961.

Trist, E., L., and K. W. Bamforth, "Some Social and Psychological Consequences of the Longwall Method of Coal-Getting," *Human Relations,* 4, No. 1 (1951), 1–38.
Whyte, W. F., *Human Relations in the Restaurant Industry.* New York: 1948.

# 3. Grundannahmen und Voraussetzungen

Die vorangehenden und nachfolgenden Kapitel basieren auf einer Reihe von Grundannahmen und Voraussetzungen, die wir nun erklären möchten. Diese Annahmen, die den meisten OE-Aktivitäten zugrunde liegen, beziehen sich auf Menschen als Individuen, als Gruppenmitglieder und -führer und auf deren Mitgliedschaft in Organisationen. Wir beschreiben hier einige der Grundannahmen der OE, die sich grob gesehen mit den Theorien von McGregor, Likert, Argyris, Bennis, Schein, Maslow und Herzberg decken. [24]

## Das Menschenbild

Wir glauben, dass in der OE zwei grundsätzliche Annahmen in bezug auf Menschen gemacht werden. Die eine bezieht sich auf individuelle Selbstentfaltung und Entwicklung, die andere auf die Rolle, die die Mitglieder in der Organisation spielen.

Die erste Annahme besteht darin, dass die meisten Menschen dann ein Bedürfnis nach individueller Entfaltung und Entwicklung haben, wenn Arbeitssituation sowohl als Herausforderung als auch als Ansporn erlebt wird. Fast alle Menschen streben danach, sich entsprechend ihrem individuellen Potential zu entwickeln.

Die zweite Annahme, die mit der ersten verbunden ist, besagt, dass die meisten Menschen einen effektiveren und weitreichenderen Beitrag zu den Zielen der Organisation leisten möchten und können, als dies die jeweilige Organisationssituation in der Regel zulässt. Eine ungeheure Menge konstruktiver Energie kann erschlossen werden, wenn Organisationen dies erkennen und beispielsweise nach Verbesserungsvorschlägen fragen und diese ernstlich erwägen. Nur allzu häufig machen die Mitglieder von Organisationen die Erfahrung, dass ihre von ihnen selbst als konstruktiv empfundenen Vorschläge insofern unberücksichtigt bleiben, als sie dafür nicht belohnt und dafür häufig eher Nachteile erfahren. Beispielsweise kann der Versuch, ein Problem durch horizontale

Kommunikation zwischen zwei Abteilungen zu lösen, unterdrückt werden, weil er dem Prinzip der Einhaltung des Dienstweges widerspricht.
Diese Annahmen können sich wesentlich von den traditionelleren Ansichten über Menschen unterscheiden, wie Tannenbaum und Davis feststellen:

> „Die traditionelle Ansicht ist, dass man Individuen aufgrund von Interessen, Kenntnissen, Fähigkeiten und Persönlichkeitsmerkmalen definieren kann: Menschen können neue Kenntnisse und Fähigkeiten erlernen und manchmal auch ihre Interessen ändern, aber der Mensch selbst ändert sich doch selten. Wenn diese Ansicht mit gleichartigen organisatorischen Einstellungen und Strukturen gestützt wird, so wird das Individuum auf relativ engem Raum fixiert und eingeschränkt." [25]

Man kann also Menschen als unveränderliche Einheiten betrachten, oder man kann in ihnen etwas Fliessendes, Werdendes sehen. [26] Die letztere Annahme unterliegt vielen OE-Interventionen; viele erstreben eine Entfaltung der Persönlichkeit und der persönlichen Beiträge oder sind bestrebt, die organisatorischen Bedingungen, die einer Entfaltung im Wege stehen, zu ändern.

## Gruppenmitgliedschaft und Führung

Der Stellenwert von Arbeitsgruppen ist seit langem anerkannt, und die Bedeutung des *informellen* Teiles des Gruppenlebens hat seit den Hawthrone-Experimenten zu Beginn der dreissiger Jahre viel Beachtung gefunden. [27] Umfangreiches Wissen über Gruppendynamik und Methoden der gemeinsamen Beeinflussung der Gruppenkultur entwickelte sich jedoch erst später. Besonders die Laboratoriumsmethode hat nach dem Zweiten Weltkrieg zu diesem Wissen beigetragen. Einige der Annahmen, die sich in dieser Zeit entwickelten, möchten wir hier erwähnen:

1. Für die meisten Menschen ist die psychologisch bedeutsamste Bezugsgruppe die eigene Arbeitsgruppe mit den Arbeitskollegen und den Vorgesetzten. Was in dieser Arbeitsgruppe vor sich geht, besonders auf der informellen Ebene, ist für das Gefühl der Befriedigung und Zuständigkeit von grosser Bedeutung.

2. Die meisten Menschen wollen akzeptiert werden, sie wollen zumindest mit einer kleinen Gruppe zusammenwirken, gewöhnlich aber mit mehreren Gruppen, wie der Arbeitsgruppe, der Familie usw. Ausserdem können die meisten Menschen ihre Leistungsfähigkeit und ihren Beitrag zur Lösung von Gruppenproblemen beträchtlich erhöhen. Nach unserer Erfahrung haben die meisten Arbeitsgruppen erst angefangen, die Quellen produktiver Zusammenarbeit zu erschliessen. Solange es an Bemühungen fehlt, die Frage der Gruppenmitgliedschaft wirklich gemeinsam zu überprüfen und zu regeln, wird diese Frage immer wieder zum Anlass unnützer Zeit- und Energieverschwendung.
3. Wenn eine Gruppe ihre Effektivität verbessern will, so kann sie sich nicht darauf beschränken, dass immer unter allen Umständen die gesamte Führungs- und Steuerungsfunktion durch den formalen Führer ausgeübt wird. Vielmehr müssen die Gruppenmitglieder einander durch effektives Führungs- und Mitgliedschaftsverhalten unterstützen. Viele Manager und Gruppen können sich nur mit Mühe von bestehenden Verhaltensmustern befreien, und oft müssen sowohl der Vorgesetzte als auch die gesamte Gruppe eine ganz neue Einstellung entwickeln. Wenn der Manager zum Beispiel einzusehen beginnt, dass ein besseres Funktionieren seines Bereiches nur durch grössere Partizipation aller Mitarbeiter möglich ist, müssen vielleicht die Gruppennormen überprüft werden, um eine solche Partizipation zu legitimieren. Die bestehenden Normen können beispielsweise Ehrerbietung gegenüber ein oder zwei Mitgliedern verlangen, oder die Norm könnte verlangen, dass man übergreifenden Problemen aus dem Weg geht und sich auf weniger umfassende Probleme konzentriert, deren Lösung sich kurzfristig zu lohnen scheint.
4. Die Unterdrückung von Gefühlen wirkt sich ungünstig auf das Lösen von Problemen aus und auch auf die Entfaltung der Persönlichkeit und die Arbeitszufriedenheit.

   Die Kultur der meisten Gruppen und Organisationen neigt dazu, die Äusserung von Gefühlen zu unterdrücken, die der einzelne gegenüber anderen und deren Verhalten hat, sowohl positive wie negative Gefühle über Tätigkeit und Ziele der andern und Ziele der Organisation. Ein Übergewicht an Rationalität lässt den Eindruck entstehen, dass mit Gefühlen am besten umgegangen wird, wenn sie unterdrückt und tabuiert werden. Das bedeutet nicht, dass das Ausdrücken von Gefühlen um ihrer selbst Willen nützlich ist oder dass Individuen und Gruppen über Nacht die Fähigkeit entwickeln können, gemeinsam und effektiv Gefühle zu akzeptieren und mit ihnen umzugehen. Solche Fähigkeiten können nur durch umfangreiches Lernen entwickelt werden, und zwar hauptsächlich gemeinsam in der betreffenden Gruppe, die ihre Leistung verbessern will. Indem man jedoch die Gefühle als wichtige organisatorische Daten betrachtet und die Fähigkeiten der Gruppe zur Handhabung der Gefühle entwickelt, werden viele Wege geöffnet, um Verbesserungen herbeizuführen bezüglich Zielsetzung, Führung, Problemlösung, Konfliktlösung, Zusammenarbeit, Kommunikation zwischen Gruppen und Moral.

5. Eine weitere Annahme besteht darin, dass in den meisten Gruppen und Organisationen das Niveau des zwischenmenschlichen Vertrauens und der Zusammenarbeit weit niedriger als erwünscht oder nötig ist, trotzdem diese Eigenschaften normalerweise ermutigt werden. Eine Reihe von Faktoren trägt zu solchen Situationen bei, unter anderen die Ansicht, dass Gefühle keine grosse Rolle spielen; die mangelnde Fähigkeit, Gruppenprobleme zu lösen; Belohnungs- und Leistungsbeurteilungssysteme, die den nachteiligen Wettbewerb verstärken.
6. Die meisten Probleme der Einstellung und der Motivation in Organisationen haben einen grenzübergreifenden Charakter. Das bedeutet, dass derartige Probleme am besten gelöst werden, wenn alle Parteien im System oder Subsystem ihre gegenseitigen Beziehungen ändern. Der Zweck ist dabei nicht, dass A von B eine Leistung erwirkt, *sondern dass A und B zusammen wirken, um ihre Interaktionen so zu ändern, dass sie zusammen leistungsfähiger werden.* Die beachtete Einheit ist also im System grösser als das Individuum. Dies soll nicht die Bedeutung des einzelnen verringern, sondern die wechselseitigen Beziehungen zwischen den Mitgliedern der Organisation hervorheben.

Massnahmen der Organisationsentwicklung implizieren neben den Grundannahmen über die Mitgliedschaft in Gruppen zusätzlich eine Reihe von Annahmen über die Mitgliedschaft in komplexeren Systemen. Wir werden einige hier und andere ausführlicher in Kapitel II/4 behandeln.
In der letzten Zeit werden Organisationen zunehmend als ein Komplex von ineinander übergreifender Arbeitsgruppen beschrieben, deren Leiter oder andere Gruppenmitglieder, die wie Likert es beschreibt, die Funktion des „linking-pin" ausüben [28] (vgl. Abbildung 6 [29]). Dabei ist jeder Manager Mitglied von mindestens zwei Arbeitsgruppen – als Vorgesetzter in einer Gruppe und als Untergebener und Gleichgestellter in einer anderen. Dies führt zu einer für die OE wichtigen Annahme: Die wechselseitige Dynamik beider Gruppen und das Verhalten des Managers in beiden Gruppen sind im Organisationsleben von grösster Bedeutung. Beispielsweise wird das Verhalten eines Managers während einer Besprechung mit seinem Vorgesetzten und seinen Kollegen dem Verhalten ähneln, das er seinen Untergebenen gegenüber praktiziert.

Abbildung 6: Die „linking pin"-Funktion

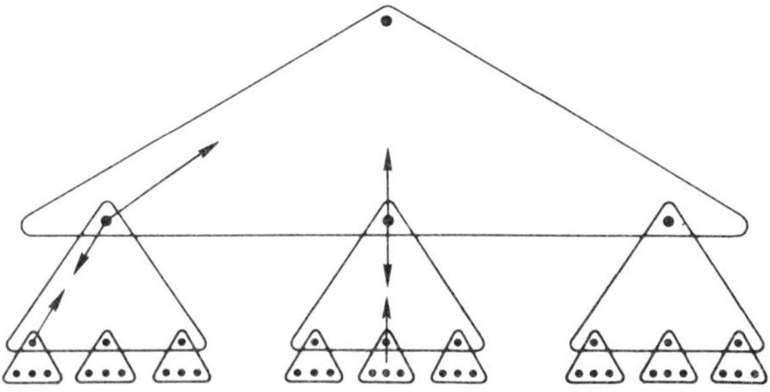

(Die Pfeile deuten die „linking pin"-Funktion an)

Diese Idee von den ineinander übergreifenden Arbeitsgruppen wird weiter durch die Tatsache kompliziert, dass es in vielen Organisationen üblich ist, Mitglieder aus verschiedenen Gruppen in Ausschüssen oder Projektgruppen zusammenarbeiten zu lassen.

Diese können als temporäre Arbeitsgruppen betrachtet werden, die ihr eigenes Leben führen und die gleichzeitig (und in übergreifender Weise) mit den permanenten Gruppen bestehen. [30]
Die Kultur dieser temporären Arbeitsgruppen beeinflusst die Kultur der permanenten Gruppen und umgekehrt.
Eine weitere Annahme über das Verhalten in Organisationen besteht darin, dass Verfahrensweisen und Regeln der umfassenderen Organisationen das Verhalten in kleinen Gruppen beeinflusst und umgekehrt; mit anderen Worten, was in einem Subsystem geschieht (in bezug auf Ziele, Struktur, Technologie, Aufgaben oder Intersystembeziehung – dies wird im nächsten Kapitel beschrieben), steht in Interdependenz mit anderen Teilen des umgreifenden Systems. Es liegt beispielsweise auf der Hand, dass die Richtlinien der Personalanstellung und -entlöhnung die Einstellung der Gruppen stark beeinflussen können. Ein anderes Beispiel wäre, dass das extreme Autonomiestreben von seiten einer Abteilung sich auf das Verhalten der Mitglieder anderer Abteilungen auswirkt und sich in einer Veränderung der Unternehmenspolitik niederschlägt.
Eine dritte Annahme über Organisationen: *Sieger-Verlierer*-Konflikt-Strategien zwischen Menschen und Gruppen, aus denen ein Teil als triumphierender Sieger und der andere als gedemütigter Verlierer hervorgeht, stellen auf die Dauer keine Optimallösung für die Mehrzahl der organisatorischen Probleme dar, obwohl sie im Einzelfall angeraten und realistisch sein können. Vielen Problemen begegnet man besser mit der Frage: Wie können wir alle dabei gewinnen?
Schliesslich muss die durch OE-Interventionen verbesserte Leistung durch entsprechende Veränderungen des gesamten Instrumentariums des Personalwesens unterstützt werden, besonders des Beurteilungs-, Entlöhnungs-, Ausbildungs-, Beförderungs- und Kommunikationssystems sowie des Personaleinsatzes. (Dieses komplexe Thema werden wir in Kapitel III/1 unter dem Titel *Nebenwirkungen und neue Forderungen im System* behandeln.)

## Wertorientierung des Klientensystems

Eine weitere Grundannahme, die OE-Massnahmen zugrunde liegt, erstreckt sich darauf, dass die Mitglieder eines Systems sich um

ein gewisses Mass an gemeinsamen Wertorientierungen und Zielverwirklichungsstrategien bemühen müssen. Bestimmte Werte müssen von allen geteilt werden, wenn die Techniken zur Konfliktregulierung und Problemlösung wirksam sein sollen, denn sonst neigen eine oder beide Parteien dazu, rohe Gewalt anzuwenden. OE-Strategien werden in dem Masse erfolglos sein, in dem die Mitglieder des Systems Anarchie, Hass, Gewalt oder Zerstörung befürworten. Damit soll nicht gesagt sein, dass OE kein Beitrag zur Bewältigung offener Konfrontationen leisten kann. OE kann dabei eine Rolle spielen, aber die Macht wird zum entscheidenden Faktor, wenn sich die Werte stark polarisieren.
Eine weitere damit zusammenhängende Annahme, die den OE-Aktivitäten zugrunde liegt, beinhaltet die Forderung, dass das Interesse und Wohlergehen aller Mitglieder berücksichtigt wird, vor allem von jenen, die die meiste Macht über andere in Händen haben. Diese Annahme ist die wichtigste und vielleicht offensichtlichste von allen, aber sie muss klar ausgesprochen werden. Beide Annahmen über das Wertsystem der Klientenorganisation müssen bei allen OE-Bemühungen früh getestet werden, und alle ernsten Widersprüche zwischen Berater und Klient müssen geklärt werden, andernfalls sollte die Beziehung abgebrochen werden.

## Rolle und Orientierung des OE-Beraters

Während die wissenschaftliche Untersuchung im Idealfall wertfrei ist, sind die Anwendungen der Wissenschaft nicht wertfrei. [31] Als angewandte Sozialwissenschaftler stimmen OE-Berater in einer Reihe von Wertorientierungen überein, wenngleich wir damit nicht fälschlicherweise den Eindruck erwecken wollen, als handle es sich dabei um eine in sich homogene Gruppe; das würde zumindest unserer Erfahrung widersprechen. Für viele sozialwissenschaftliche OE-Berater besteht ein zentraler Wert darin, dass den organisierten Bemühungen in unserer Gesellschaft individuelle Erwartungen und Bedürfnisse zugrunde liegen. OE-Berater haben deshalb eine entwicklungsorientierte Perspektive und beschäftigen sich mit langfristigen Möglichkeiten für die Persönlichkeitsentwicklung der Menschen in den Organisationen.
Diese humanistische Orientierung wirkt im Sinne einer sich selbst erfüllenden Prophezeiung. Die Überzeugung, dass Menschen

wichtig sind, führt gewöhnlich dazu, dass sie wirklich wichtig sind oder werden. Die Überzeugung, dass sich Menschen in bezug auf ihre persönlichen und organisatorischen Tätigkeiten entwickeln können, führt normalerweise zu diesem Resultat. Werte und Überzeugungen können sich also selbst realisieren, und es entsteht die Frage: Was willst Du glauben? Obwohl eine solche Ansicht naiv und unrealistisch sein mag, sind sozialwissenschaftliche Berater – jedenfalls soweit es die Autoren dieses Buches betrifft – in der Regel Optimisten. Das wird beispielsweise darin deutlich, wenn sie davon ausgehen, dass Menschen die Fähigkeiten des Zielsetzens und Problemlösens verbessern können – ein solcher Optimismus erweckt nicht fälschlicherweise den Eindruck, dass sich das Ausmass der zu lösenden Probleme zugleich auch verringern liesse.

Eine zweite Wertvorstellung, die von OE-Beratern hoch eingeschätzt wird: dass die Arbeit und das Leben reichhaltiger und bedeutungsvoller sein können und dass organisierte Bemühungen wirkungsvoller und angenehmer sein können, wenn Gefühle und Empfindungen als legitimierter Teil der Kultur der Organisation gelten dürfen. Dieser Wert kann natürlich wie jeder andere übertrieben werden, wenn er nicht im Rahmen der organisatorischen Wirklichkeit gehalten wird. Ein OE-Berater könnte zum Beispiel in einer Konfliktsituation zu sehr auf Offenheit bestehen, während die Wirklichkeit eher so aussieht, dass das organisationsinterne Belohnungssystem die Sieger interner Konfrontation unabhängig davon belohnt, ob die Auseinandersetzung mit fairen Mitteln geführt wird oder nicht.

Ein dritter von OE-Beratern anerkannter Wert ist die Selbstverpflichtung zum Handeln und zu Untersuchungen, um die Wirksamkeit von Organisationen zu verbessern.[32] Obwohl viele OE-Berater sich möglicherweise zu sehr auf die Durchführung konkreter Projekte beschränken, so widmen sie sich als Gruppe doch zunehmend der Forschung und der Überprüfung ihrer Grundannahmen.[33]

Durch diesen Hinweis auf Forschung ergibt sich die Frage, ob die in diesem Kapitel beschriebenen Grundannahmen den Charakter blosser Wertannahmen von Theorie oder Tatsachen tragen. Unserer Meinung nach sind diese Annahmen durch beträchtliche Erfahrungen und Erkenntnisse untermauert, unter anderem auch durch Forschung auf dem Gebiet der Führung. Daraus zu schlies-

sen, dass diese Annahmen Tatsachen, Gesetze oder Prinzipien darstellen, würde jedoch der Betonung der Sozialwissenschaftler von fortlaufender Forschung und Bestätigung widersprechen. Die hier beschriebenen Annahmen sollten also als theoretische Aussagen betrachtet werden, die auf vorläufigen Daten basieren.
Schliesslich noch ein weiterer Wert, der oft den angewandten Sozialwissenschaftlern zugeschrieben wird: die Betonung der Demokratisierung von Organisationen und der *Machtverteilung.* Während die meisten Sozialwissenschaftler einerseits einen demokratisch-partizipativen Lebensstil für wünschenswert halten, würden doch die meisten andererseits nie vorschlagen, dass alle Mitarbeiter einer Unternehmung deren Präsidenten wählen sollen. Sie würden jedoch dieses Vorgehen bei der Wahl der Regierung von politischen Gemeinschaften empfehlen.
Dies ist der springende Punkt. Als OE-Berater sehen wir uns nicht in der Rolle von Machtverteilern. Wir glauben jedoch, dass die meisten Organisationen zu ihrem eigenen Vorteil lernen können, den Mitgliedern gegenüber empfänglicher zu sein, und in der Lage sind, ihre Fähigkeiten dazu zu vergrössern. Eine der wichtigsten Methoden zur Verbesserung der organisatorischen Leistung besteht darin, dass man Bedingungen schafft, unter denen die Mitglieder mehr zur Verwirklichung der Organisation beitragen können. Dies könnte auch bedeuten, dass die Manager ihre Autorität durch zusätzliche Fertigkeiten auszuweiten lernen, die es ihnen ermöglichen, den Anforderungen des sozialen Subsystems adäquater zu begegnen.
Übrigens sollten wir hier erwähnen, dass es für jeden sozialwissenschaftlichen Berater wichtig ist, sowohl sich als auch seinen Klienten über seine eigenen Wertorientierungen und Grundannahmen Rechenschaft zu geben. Keine der Parteien kann der anderen trauen, solange dies nicht geschieht – die verborgenen Werturteile verhindern die Entwicklung von Vertrauen und gemeinsamem Lernen. In der Praxis bedeutet dies, dass OE-Massnahmen scheitern können, wenn Strategien und Techniken angewandt werden, ohne dass es zwischen dem Berater und dem Klientensystem zu einer expliziten Kooperation kommt.
OE-Aktivitäten basieren auf einer Reihe von Annahmen über Menschen als Individuen und als Mitglieder in Gruppen und in komplexeren Systemen über den systemübergreifenden Charakter organisatorischer Veränderungen und über die zugrunde liegenden

Wertsysteme. Diese Annahmen sind eher humanistisch, entwicklungsorientiert und optimistisch. Die Annahmen und Wertvorstellungen des Beraters müssen frühzeitig geäussert werden, um einerseits die Arbeitsbeziehungen zum Klienten optimal zu gestalten und andererseits, um diese Werte durch fortlaufende Praxis und Forschung zu testen. Einige der Annahmen stammen aus der Betrachtung der Organisation als System. Wir werden im nächsten Kapitel auf diese Systemkonzepte eingehen.

# 4. Organisationen als soziale Systeme

Wir haben von dem Wort *System* schon Gebrauch gemacht, und wir wollen den Begriff hier weiter erläutern, da er für das Verständnis von OE und bei der Planung von Veränderungsstrategien sehr nützlich ist. Obwohl im ganzen Buch auf den Systemaspekt von Organisation und Veränderung hingewiesen wird, möchten wir seine Bedeutung in diesem Kapitel besonders erklären. Zuerst werden wir uns einige Definitionen und Beschreibungen ansehen, anschliessend werden wir die Bedeutung dieser Ideen für die OE diskutieren.

## Der Systembegriff

Fagen definiert *System* als „eine Reihe von Elementen, die untereinander und mit ihren Teilen verknüpft sind".[34] Bertalanffy beschreibt ein System als einen Satz von „Elementen, die in Wechselwirkung stehen".[35] Johnson, Kast und Rosenzweig sehen in einem System „ein organisiertes oder komplexes Ganzes; eine Zusammenstellung oder Kombination von Dingen oder Teilen, die ein komplexes oder einheitliches Ganzes bilden".[36] Demnach versteht man unter einem System die Interdependenz oder Interaktion von Elementen oder Teilen und eine identifizierbare Einheit bzw. „*Gestalt*". Organisationen sind Systeme; und die Aspekte der Interdependenz und Interaktion von Teilen, wie auch der Aspekt der Ganzheit, stellen wichtige Dimensionen bei der OE dar, wie wir später sehen werden.

## System/Umwelt-Beziehungen

Systeme haben weitere wichtige Dimensionen. Handlungssysteme, wie z. B. Organisationen, können als eine Verknüpfung von Input- und Output-Prozessen gesehen werden, wobei der Input (in der Form von Energie, Materialien oder Information) aus der externen Umwelt durch spezielle systeminterne Mechanismen (z. B.

eine Maschine oder ein sozio-technisches System) zum Output transformiert und an andere Umweltsysteme weitergegeben wird. Das System kann einen oder mehrere *Feedback*-Mechanismen zur Selbstregulierung enthalten. Wenn beispielsweise Informationen aus der internen oder externen Umgebung andeuten, dass der Output nicht den Vorgaben entspricht, so könnte dies eine Veränderung des transformierenden Mechanismus oder des Inputs (oder beides) bewirken (siehe Abbildung 7).

Abbildung 7: Diagramm eines Systems in Interaktion mit seiner Umgebung

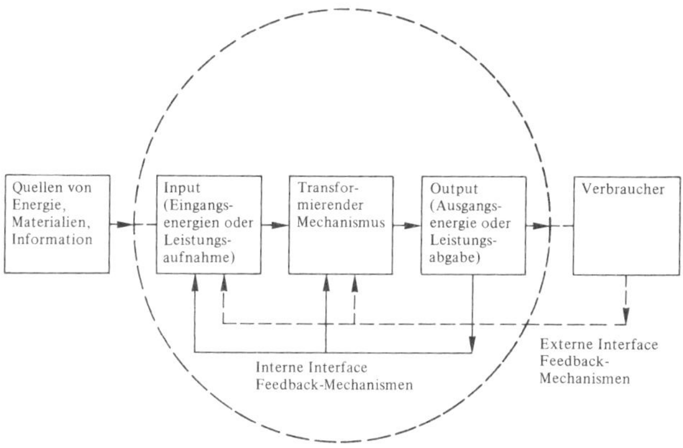


Jedes dieser Elemente muss wirksam gesteuert und mit den anderen Elementen verbunden werden, um den Fortbestand der Organisation zu gewährleisten. Wenn z. B. der sozio-technischen Organisation (transformierender Mechanismus) viel Beachtung geschenkt wird, während man die Reaktion der Kunden auf die eigenen Produkte vernachlässigt, so kann dies ernste Folgen haben. Um dies durch ein Bild zu veranschaulichen: Die Missachtung des öffentlichen Interesses an Kleinwagen durch die amerikanische Automobilindustrie führte zu mehrjährigen Umsatzeinbussen. Vor einigen Jahren erklärte ein Topmanager der Autoindustrie, dass die Besitzer von Volkswagen „verrückt" seien. Wenige Jahre später investierte seine Firma Riesensummen, um die Volkswagen und die übrige ausseramerikanische Kleinwagenkonkurrenz einzuholen.

In ähnlicher Weise kann die Konzentration auf den Finanz- und Investitionsbereich (Input) oder das Marketing (Output) unter Vernachlässigung der Leistungsfähigkeit der sozio-technischen Organisation auch verheerende Folgen haben. Zum Beispiel beobachteten wir einmal, wie ein Firmenleiter seine Organisation fast dadurch zerstörte, dass er beinahe alle seine Energien auf externe Vorgänge konzentrierte und die Qualität der internen Kommunikation und Verwaltung vernachlässigte.
Die Folge war, dass seine wichtigsten Mitarbeiter frustriert wurden und oft in schwerem Konflikt miteinander standen und mit seiner Führung zunehmend unzufrieden waren. Diese beiden Beispiele zeigen, was geschehen kann, wenn Feedback-Mechanismen und die Wechselbeziehungen der Systemelemente vernachlässigt werden. In der OE-Fachsprache würde man sagen, dass hier die Beziehung zwischen den Teilen eines Systems oder zwischen einem System und seiner externen Umgebung (Inferface) unzulänglich gesteuert wurde. (Besonders das zweite Beispiel zeigt einen Fall, in dem OE-Massnahmen die organisatorische Krise vielleicht hätte verhindern können; OE-Techniken sind auch erfolgreich für die Steuerung von System/Umwelt-Beziehungen.)
Weiter kann man folgendes sagen: Während Systeme in unterschiedlichem Grad geöffnet oder geschlossen sein können, so sind Organisationen und deren Teile im wesentlichen *offene Systeme,* da sie in interdependenten Beziehungen mit ihren Umgebungen stehen. Je wirksamer diese System/Umwelt-Beziehungen durch zusätzliche Inputs gesteuert werden, desto weniger läuft das System Gefahr, zu verlieren, gegenüber der Konkurrenz nicht bestehen zu können oder schliesslich gar vom Markt zu verschwinden. Das Beispiel der Autofirma zeigte, dass die System/Umwelt-Beziehungen nicht hinreichend berücksichtigt wurden. Im Falle des Firmenleiters waren die Beziehungen zwischen internen Subsystemen vernachlässigt worden, zwischen ihm und dem Verwaltungsrat, zwischen ihm und seinen Mitarbeitern und zwischen den verschiedenen Abteilungen.

## Organisation als soziales System

Obwohl es sehr nützlich ist, Teilbereiche von Organisationen (wie Abteilungen und Divisionen) als Subsysteme zu betrachten, finden wir es auch nützlich, in Organisationen eine Reihe von wichtigen aufeinander einwirkenden Variablen zu sehen, die alle Teilbereiche überschneiden oder in allen Teilbereichen vorkommen. Diese Variablen beziehen sich auf Ziele, Aufgaben, Technologie, das soziale System, Strukturen und System/Umwelt-Beziehungen. Entsprechend lässt sich eine Organisation durch verschiedene Subsysteme darstellen und zwar durch das technologische Subsystem, das soziale Subsystem, das strukturelle Subsystem und das der System/Umwelt-Beziehungen [37] (siehe Abbildung 8). Im Prinzip können alle diese Variablen durch OE-Interventionen beeinflusst werden, wenngleich – wie wir später noch sehen werden – manche auch bei konkreten Veränderungsmassnahmen im Vordergrund stehen.

Abbildung 8: Zentrale Subsysteme einer Organisation

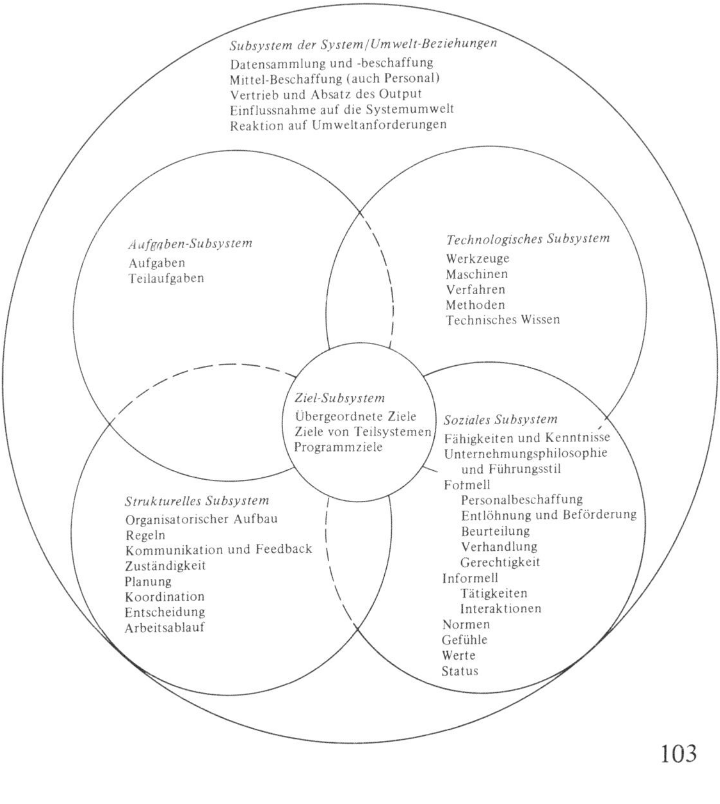

Diese Art die Organisation zu betrachten, ist umfassender als die Ideen, die der Abbildung 7 zugrunde liegen, aber sie sind auch in dieser Betrachtungsweise enthalten. Zum Beispiel erscheint der Begriff des Feedbacks in Abbildung 8 unter der Kategorie der System/Umwelt-Beziehung und dem internen Subsystem der Kommunikation. (Was man unter System oder Subsystem versteht, ist dabei völlig relativ und hängt davon ab, auf welcher Ebene der Abstraktion oder Komplexität man die Analyse unternimmt.)

Bei dieser Betrachtung von Organisationen besteht das *Ziel-Subsystem* aus einem oder in der Regel mehreren miteinander verbundenen, übergeordneten Zielen, die gewöhnlich in den Satzungen der Organisation festgelegt sind, und aus Teilzielen von Bereichen und Programmen, die von übergeordneten Zielen herstammen oder diese formen. Obwohl sich die Unternehmungsziele oft auf die Wirtschaftlichkeit beziehen, so enthüllt schon eine oberflächliche Untersuchung, dass die meisten Geschäftsleute von einer gewinnbringenden Produktion von Gütern und Dienstleistungen sprechen. Die meisten von ihnen wissen, wie wichtig es ist, die Bedürfnisse von Kunden zu befriedigen, wenn sie ihre eigenen Bedürfnisse befriedigen wollen. Weitere wichtige Aspekte des Zielsystems sind die Ziele der Unterbereiche und Programme, die entweder von den Hauptzielen stammen oder sich auf sie beziehen. [38]

Die wechselseitige Beziehung zwischen diesen Zielebenen ist oft eine Ursache beträchtlicher Spannungen in Organisationen und verlangt eine extensive Steuerung.

Das technologische Subsystem besteht aus Instrumenten, Maschinen, Verfahren, Methoden und technischem Wissen. Im wesentlichen besteht dieses Subsystem aus gesammeltem Wissen und Erfahrungen zur Herstellung eines Endproduktes, und es wird weitgehend beeinflusst durch das Ziel-Subsystem.

Das *Aufgaben-Subsystem* besteht aus der Gliederung der gesamten zu verrichtenden Arbeit in jene Aufgaben und Teilaufgaben, die von Mitgliedern der Organisation erledigt werden müssen, um das Endprodukt herzustellen. Die tatsächlichen auszuführenden Aufgaben hängen weitgehend vom technologischen Subsystem ab, zum Beispiel von der Art der Werkzeuge und Maschinen.

Das *strukturelle Subsystem* ist wieder weitgehend vom technologischen Subsystem beeinflusst und besteht aus Arbeitseinheiten wie zum Beispiel einzelnen Werken und Abteilungen. Mit derartiger Gruppierung der Aufgaben hängt die Bestimmung des Arbeitsablaufes zusammen, d. h. wie ein Produkt durch den Fertigungsprozess gesteuert wird usw. Das strukturelle Subsystem enthält auch die Arbeitsregeln (wie Beginn und Ende der Arbeitszeit), die Autoritätshierarchie (wer berichtet an wen, wer ist wem gegenüber weisungsbefugt) und solche Regeln und Verfahren, die sich auf Planung, Koordination, Kontrolle und Entscheidungen beziehen. Diese drei Subsysteme – Technologie, Aufgaben und Struktur – hängen offensichtlich eng miteinander zusammen.
Im *sozialen Subsystem* kann man vier Aspekte sehen: die Fähigkeiten und Kenntnisse der Mitglieder der Organisation, die Unternehmensphilosophie und den Führungsstil, ein formelles Subsystem und ein informelles Subsystem. Die Fähigkeiten und Kenntnisse der Mitglieder sind hier mit eingeschlossen, da sie in allen organisatorischen Subsystemen eine Rolle spielen. Während Führungsstil und Unternehmensphilosophie auch als ein zusammenhängender Bereich von Fähigkeiten und Fertigkeiten betrachtet werden können, sollte man sie doch getrennt betrachten, da es beim Entscheidungsprozess und für das Ausmass, in welchem menschliche Wertvorstellung in der Organisation geäussert werden, von so grosser Bedeutung ist. Unter formellen Subsystemen verstehen wir das Personalwesen, wie Stellenbesetzung (Anstellung, Versetzung, Beförderung, Entlassung, Belohnungssystem), das sowohl finanzielle als auch andere Belohnungen umfasst und das System der Leistungsbewertung; das System der Tarifverhandlung und das System organisationsinterner Gerechtigkeit wie z. B. das interne Beschwerdewesen. Das informelle soziale Subsystem besteht aus den nicht formalisierten Handlungen und Interaktionen, es umfasst sowohl abweichendes Verhalten, informelle Koalitionen und Konkurrenzverhalten, Gruppennormen, Gefühle, Einstellungen, Werte und informelle Statuskriterien (siehe Kapitel I/2).
Das Subsystem der System/Umwelt-Beziehungen besteht aus der Sammlung und Beschaffung von Daten (z. B. Marktforschung); Mittelbeschaffung (z. B. Personalrekrutierung und -auswahl und Einkauf); Vertrieb und Absatz des Outputs bzw. den Tausch von Produkten gegen Rohstoffe; Einflussnahme auf die Umwelt (z. B.

Werbung, Öffentlichkeitsarbeit, Umweltschutz) und die Reaktion auf Umweltanforderungen. Dieser letzte Aspekt hat sich in letzter Zeit als entscheidend für das Leben der Organisation herausgestellt. Einige Gründe dafür sind z. B. Gesetzesvorgaben für die Personaleinstellung, Sit-ins in den Universitäten, Dienst nach Vorschrift von Angestellten und Beamten, politische Demonstrationen, Firmenbesetzung, Konsumenten-Boykotte usw. Die Art, wie diese System/Umwelt-Probleme gehandhabt werden, kann weitgehende Konsequenzen auf den Erfolg, die Gesundheit oder die Lebensfähigkeit einer Organisation haben.

## Systemtheoretische Folgerungen

Die obige Diskussion der Systembegriffe und die systemorientierte Betrachtung von Organisationen führt zu verschiedenen Verallgemeinerungen über die OE. Erstens können *systemweite Veränderungen durch Einflüsse auf irgendein Subsystem verursacht werden, da alle Subsysteme voneinander abhängig sind.* OE-Interventionen müssen daher auf einer Diagnose aller Konsequenzen und aller möglichen Alternativen, die für den Berater und die Klienten offenstehen, basieren. [39]
*Zweitens werden OE-Massnahmen zur Verbesserung von irgendwelchen oder allen Subsystemen gewöhnlich durch eine Intervention in das soziale und strukturelle Subsystem eingeleitet.* Das heisst, die Gefühle und Einstellungen der Mitglieder werden angetippt und mit den von ihnen erkannten Problemen der Organisation in Verbindung gebracht, und bei diesem Vorgang werden gleichzeitig die Kommunikation und vielleicht auch die Autorität und das Kontroll-Subsystem geändert. Dies kann oft nur durch eine vorherige Änderung der Unternehmensphilosophie oder des Führungsstils erreicht werden.
Als dritte Verallgemeinerung können wir sagen, *dass eine unmittelbare Wechselwirkung zwischen dem sozialen und dem strukturellen Subsystem besteht.* Z. B.: Sobald die Gruppenmitglieder die Normen, die ihre Arbeitsweise bestimmten, zu verstehen beginnen, werden ihre Kommunikationen und wahrscheinlich auch ihre Entscheidungsprozesse beeinflusst. Sobald ein Manager für Gefühle empfänglich wird und sie versteht, fängt die Autoritätsstruktur an, sich zu verlagern. Umgekehrt wird es auf Seiten der

Untergebenen nicht folgenlos bleiben, wenn ein Manager seinen Kommunikations-Stil dahingehend verändert, dass er sich zunehmend in Frage stellen lässt und sich ernsthaft um Verständnis bemüht.
Die vierte Verallgemeinerung besteht darin, *dass gewöhnlich eine direkte oder indirekte Konfrontation der Ziel- und Aufgaben-Subsysteme sowie des technologischen Subsystems und dem der System/Umwelt-Beziehungen stattfindet, wenn die ersten OE-Interventionen sich auf das soziale und strukturale Subsystem richten.* Die Ziele der Bereiche oder der Organisation werden dabei oft überprüft und in Teamentwicklungssitzung geändert. Bei den im Kapitel I/1 aufgeführten Beispielen wurden in den ersten drei Fällen organisatorische Ziele erwähnt *(Probleme in einem Unternehmen, Ein Schulprojekt* und *Neue Wege in einer Unternehmensabteilung).*
Ausserdem wird das Subsystem der System/Umwelt-Beziehungen häufig Gegenstand von OE-Massnahmen. Im Beispiel 1 fand eine Beurteilung der Kundenbeziehungen statt. Bei einigen OE-Programmen werden die entscheidenden Personen, die sich mit Intersystembeziehungen befassen, zusammengebracht, damit sie mit der Hilfe eines aussenstehenden Dritten die gemeinsamen Probleme lösen können. Leute von der Produktion und vom Verkauf einer Unternehmung können beispielsweise mit wichtigen Vertretern einer Abnehmerorganisation zusammentreffen.
Obwohl normalerweise keine weitgehenden technologischen Veränderungen direkt durch OE-Interventionen vorgenommen werden, so können doch die Reaktionen der Mitglieder auf Probleme in der Arbeitssituation zu einer Veränderung des technologischen Systems führen. Im ersten Beispiel des 1. Kapitels erstreckte sich die Handlungsplanung beispielsweise auch darauf, das Verarbeitungsverfahren von Kundenbeschwerden zu verändern. Im Beispiel 3 (Neue Wege in einer Unternehmensabteilung) umfasste die Handlungsplanung die Einrichtung direkter Telefonverbindungen zwischen den einzelnen Fabriken, um die Kommunikation zu beschleunigen.
Indirekt wird auch das Aufgaben-Subsystem in OE-Programmen immer modifiziert. Im 5. Beispiel *(Ein neuer Werkleiter)* wurden allein dadurch, dass die unteren Manager in Konferenzen zusammenkamen, ihre Aufgaben und die Natur ihrer Stelle verändert, d. h. ihre Entscheidungs- und Planungskompetenzen

wurden dabei erweitert. Noch unmittelbarer wird das Aufgaben-Subsystem oft dadurch geändert, dass die Gruppenmitglieder ihre gegenseitigen Erwartungen klären. Diese geschah im 2., 3. und auch im 4. Beispiel *(Organisationsveränderung in einem Indianerstamm)*.

OE-Programme sind also vielleicht umfassender und totaler im Sinne der Gestalt-Theorie, als dies bisher anerkannt wurde. Zum Beispiel genügt es nicht zu sagen, dass sich OE auf Human Relations oder *zwischenmenschliche Beziehungen* konzentriert, es sei denn, dass durch den Stil des Beraters oder die Bedürfnisse des Klienten die Bemühungen auf diese Gebiete beschränkt bleiben.

Bezeichnend für diesen *Gestalt*-Ansatz ist die Frage, die oft von OE-Beratern während der Datensammlung gestellt wird: Wo sehen Sie Hindernisse bei der Ausführung der Arbeit in der von Ihnen gewünschten Weise? Die Antworten können sich auf jede der in Abbildung 8 aufgeführten Subsysteme beziehen. Jedoch sollten wir dabei die Einstellung der Befragten berücksichtigen: Wenn hinreichend aufklärende Vorarbeit geleistet wurde, so wird der Berater eher als jemand betrachtet, der zu organisationsinternen Veränderungen anregt und deren Durchführung begleitet als ein Experte für technologische Veränderungen.

Um schliesslich noch auf eine andere Begriffsgruppe einzugehen, *Offenheit, Feedback* und *Verständnis* sind direkt mit dem Ausmass der *System-Offenheit* verbunden. Während Organisationen relativ offene Systeme sind, vergleicht man sie beispielsweise mit einem in sich geschlossenen Druck- oder Leitungssystem, so unterscheiden sie sich doch wesentlich in dem Ausmass, in dem wichtige (oder potentiell wichtige) Informationen allen Mitgliedern und Teilbereichen zugänglich sind. Eine zentrale Frage im Leben der Organisation ist demnach das Mass, in dem die Mitglieder der Organisation uneingeschränkt Informationen über die verschiedenen organisatorischen Subsysteme austauschen dürfen und das Mass, in dem solche Kommunikation erleichtert werden. *Diese Frage berührt den Kern der OE; wenn man die Nützlichkeit einer OE-Strategie untersuchen will, so muss man die Nützlichkeit einer Erweiterung des Umfangs an Informationen, der von den Mitgliedern als Entscheidungsgrundlage benutzt wird, prüfen. Da nun vollständigere Information und grösseres Verständnis zu stärkerer gegenseitiger Beeinflussung führen, läuft dies auf die Frage hinaus, ob die entscheidenden und einflussreichen*

*Personen die wechselseitigen Einflüsse innerhalb der Organisation erweitern wollen.*

Nebenbei gesagt, auf einer anderen Ebene besteht die Frage nach der *Qualität* der System-Offenheit und der Qualität der Feedback-Mechanismen. Besonders muss man sich dabei fragen: In welchem Masse soll die OE-Bemühung wirklich auf Zusammenarbeit aufgebaut sein? Je geheimer oder einseitiger die Bemühungen, desto gezwungener werden sie, und je offener und partizipativer, desto zwangloser und lebensfähiger wird ein OE-Programm sein. Aber Offenheit kann entweder konstruktiv oder destruktiv wirken. Sind die Feedback-Mechanismen förderlich oder eher einengend und hinderlich?

Es ist klar, dass sowohl das Ausmass als auch die Qualität der System-Offenheit in OE-Programmen wichtig sind, wie wir dies im Laufe des Buches immer wieder betonen.

Das Systemkonzept, das einer der Hauptannahmen der OE darstellt, deutet eine Interdependenz der Elemente und eine identifizierbare Einheit bzw. Gestalt an.

Organisationen können als Zusammenhang von Subsystemen betrachtet werden, die in dynamischer Interdependenz stehen: die Subsysteme des Ziels, der Aufgabe, der Technologie, das soziale Subsystem, das der Strukturen und der System/Umwelt-Beziehungen. Begriffe wie System/Umwelt-Beziehungen (Interface), Entropie, Feedback und Offenheit sind für das Verständnis der Organisationen und für eine Strategie der Verbesserung nützlich. Zum Beispiel sind die Fragen nach dem Ausmass und der Quantität des organisatorischen Feedback-Mechanismus wichtig.

Die meisten OE-Programme konzentrieren sich zuerst auf das soziale und strukturelle Subsystem, d. h. auch die Systeme der Kommunikation und des Feedback und auf die Gefühls- und Einstellungselemente des informellen Systems. Diese treten jedoch auch als Mittel bei der Lösung von Problemen in allen organisatorischen Subsystemen in Erscheinung. Der OE-Prozess bewirkt interdependente Veränderungen im sozialen und strukturellen Subsystem und meistens auch in allen anderen organisatorischen Subsystemen. Der OE-Berater bemüht sich in erster Linie um eine Steigerung der Problemlösungskapazitäten in bezug auf diese einzelnen Subsysteme; er vermeidet es, in die Rolle eines allwissenden Experten versetzt zu werden.

# 5. Aktionsforschung und Organisationsentwicklung

Ein Modell, das den meisten OE-Tätigkeiten zugrunde liegt, ist das Aktionsforschungsmodell, ein auf Daten basierendes, Problemlösungsmodell, das die Schritte der wissenschaftlichen Untersuchungsmethode umfasst. Aktionsforschung besteht aus drei Vorgängen: aus dem Sammeln von Daten, dem Feedback der Daten an die Klienten und der Handlungsplanung aufgrund der Daten.[41] Aktionsforschung ist gleichzeitig eine *Methode* des Problemlösens, ein Modell oder Paradigma und ein Problemlösungs*prozess*, eine Reihe von Tätigkeiten und Ereignissen.
Wir untersuchen in diesem Kapitel das Aktionsforschungsmodell aus zwei Gründen: erstens scheint die Bedeutung des Aktionsforschungsmodells als Grundlage der OE noch nicht hinreichend anerkannt zu sein; und zweitens scheint es über die Natur der Aktionsforschung einige Missverständnisse zu geben. Wir werden diese beiden Themen in diesem Kapitel behandeln. Wir werden Aktionsforschung als Prozess und auch als Methode behandeln und auf ihre Geschichte und die verschiedenen Arten eingehen. Abschliessend werden wir die Rolle und die zweckmässige Anwendung der Aktionsforschung in der OE behandeln.

## Aktionsforschung als Prozess

Aktionsforschung kann als ein Prozess beschrieben werden, d. h. als eine fortlaufende Reihe von Handlungen und Ereignissen. Wir definieren Aktionsforschung folgendermassen: Aktionsforschung ist der Prozess der systematischen Sammlung empirischer Daten über ein System in bezug auf dessen Ziele und Bedürfnisse; aus dem Feedback dieser Daten an das System und aufgrund zusätzlicher Hypothesen werden Aktionen zur Veränderung einzelner Systemvariablen entwickelt; durch erneute Datensammlung werden die Ergebnisse dieser Aktionen überprüft und ausgewertet. Diese Definition beschreibt Aktionsforschung aus der Perspektive der Handlungselemente, aus denen der Prozess besteht: Zuerst wird eine Zustandsbeschreibung der Organisation vorgenommen;

aufgrund bestimmter Annahmen und Hypothesen über den momentanen Zustand werden Veränderungsmassnahmen entwickelt. Diese Massnahmen bestehen normalerweise aus der Änderung einiger Variablen des Systems, die vom Aktionsforscher kontrolliert wird (dies bedeutet oft, dass neue Wege, die von den bisherigen abweichen, beschritten werden). Später wird dann ein zweites Bild aufgenommen, das die Wirkungen der Massnahmen auf das System zeigt. Diese Schritte decken sich mit den vorher beschriebenen OE-Interventionen zur Verbesserung des Funktionierens einer Organisation.

Mehrere Autoren haben von der Wichtigkeit gesprochen, Aktionsforschung als einen Prozess zu sehen. Stephen Corey, der schon früh die Anwendung der Aktionsforschung in der Erziehung befürwortete, erklärte: „Der Prozess, durch den Berater versuchen, ihre Probleme wissenschaftlich zu studieren, um ihre Entscheidungen und Tätigkeiten zu leiten, zu korrigieren und zu beurteilen, ist von einer Reihe von Leuten als Aktionsforschung bezeichnet worden." [42]

An einer anderen Stelle definiert Corey den Begriff mehr im Sinne eines praktischen Werkzeugs: „Aktionsforschung in der Erziehung ist eine vom Praktiker unternommene Forschung zum Zweck der Verbesserung seiner Praktiken." [43] In einer Studie des Tremont Hotels in Chicago beschrieben William F. Whyte und Edith L. Hamilton ihre Arbeit wie folgt:

> „Woraus bestand das Projekt? Es war ein Aktionsforschungsprogramm für das Management. Wir entwickelten einen Prozess, bei dem die Ergebnisse der Human Relations-Forschung zur Veränderung des Organisationsverhaltens abgewandt wurden. Dabei ist das Wort *Prozess* wichtig, da es sich nicht um eine einmalige Angelegenheit handelte. Das Projekt erforderte das fortlaufende Sammeln und Analysieren von Human Relations-Daten und das Feedback der Ergebnisse an die Organisation, um dadurch das Verhalten zu ändern." [44]

Diese Studie von Whyte und Hamilton ist ein besonders überzeugendes Beispiel der Rolle, die Aktionsforschung bei der Verbesserung der Organisation spielt. Obwohl die Studie in den Jahren 1945 bis 1946 unternommen wurde – als der Begriff *Organisationsentwicklung* noch nicht geprägt war – würde man sie heute als OE-Programm bezeichnen, obschon sie ausschliesslich auf einem Aktionsforschungsmodell basierte.

Abbildung 9:

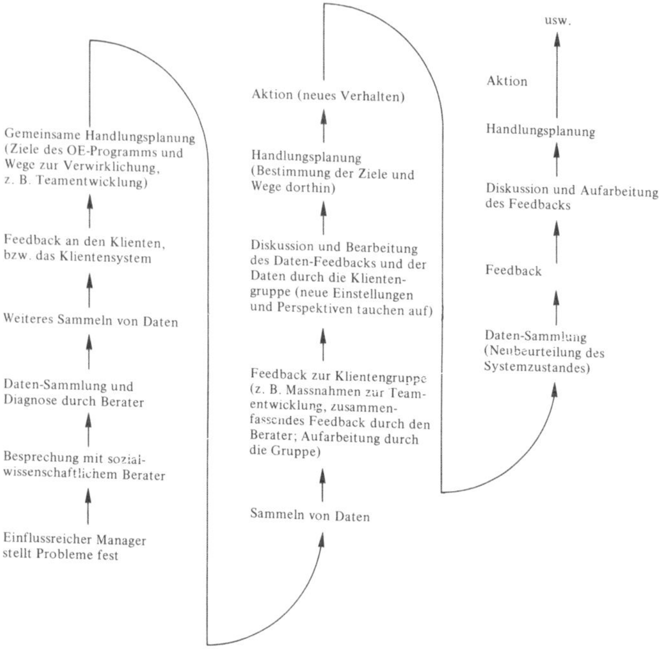


In der Abbildung 9 zeigt French ein Diagramm des Aktionsforschungsprozesses mit Hinblick auf die Organisationsentwicklung.[45] Dieses Diagramm macht die wiederholende oder zyklische Natur des Prozesses deutlich. French erklärt das Modell folgendermassen:

> „Die Hauptaspekte des Modells sind *Diagnose, Datensammlung, Feedback an das Klientensystem, Aufarbeitung der Daten, Handlungsplanung und Handlungsdurchführung.* Die Reihenfolge ist normalerweise zyklisch, mit der Betonung auf neuen oder schwierigeren Problemen, sobald die Klientengruppe sich an wirkungsvollere Zusammenarbeit gewöhnt hat."[46]

Aktionsforschung ist in zweierlei Hinsicht ein Prozess: Es ist eine Reihenfolge von Ereignissen und Massnahmen *innerhalb* jedes Schrittes (Datensammlung, Feedback und Aufarbeitung der Daten und daraus sich ergebende Aktionen); und es ist ein *Zyklus* von Wiederholungen dieser Schritte, wobei manchmal dasselbe Problem in mehreren Zyklen und manchmal mehrere Probleme im selben Zyklus behandelt werden. Beide Aspekte verweisen auf den Prozesscharakter der Aktionsforschung.

## Der Aktionsforschungsansatz

Aktionsforschung kann auch als eine Problemlösungsmethode betrachtet werden, womit ihre Nützlichkeit als Modell, Anleitung oder Musterbeispiel angedeutet ist. Auf diese Weise angewandt, kann Aktionsforschung folgendermassen definiert werden: Aktionsforschung ist die Anwendung der wissenschaftlichen Ermittlung von Tatsachen und des wissenschaftlichen Experimentierens auf praktische Probleme, die Lösungsmassnahmen sowie die Zusammenarbeit und Mitwirkung von Wissenschaftlern, Praktikern und Laien erfordern. Wenn man Aktionsforschung so betrachtet, ergeben sich weitere wichtige Eigenschaften.
Aktionsforschung wurde als ein Modell bei früheren Programmen der Organisationsveränderung bei mehreren Erdölraffinerien zugrunde gelegt. Herbert Shepard, einer der Sozialwissenschaftler, die mit diesem Programm beschäftigt waren, definiert Aktionsforschung folgendermassen:

> „Das Aktionsforschungsmodell ist ein normatives Lernmodell oder ein Modell für geplante Veränderung. Es geht von folgenden Annahmen aus: Menschliches Handeln sollte zielorientiert sein, mögen die Ziele dabei auch vage sein. Ebenso sollte jedem menschlichen Handeln ein Plan zugrunde liegen, es sollten Pläne gemacht werden, auch wenn die Wege zum Ziel immer ungenügend bekannt sind. Das Handeln selber sollte schrittweise erfolgen, und nach jedem Schritt sollte ein Blick auf den neuen Zustand geworfen werden. Dieser Blick kann zeigen, ob das Ziel realistisch ist, ob es näher gekommen oder weiter weggerückt ist und ob es geändert werden sollte. Durch eine solche Untersuchung der Tatsachen kann die gegenwärtige Situation beurteilt werden, und diese Information kann zu-

sammen mit der Information über das Ziel beim Planen des zweiten Schrittes mitverwendet werden. Die Bewegung auf ein Ziel hin besteht aus einer Reihe von solchen Zyklen, Planen – Handeln – Untersuchen – Planen". [47]

Shepard illustriert seine Vorstellung des Aktionsforschungsmodells durch das in Abbildung 10 gezeigte Diagramm. [48]

Abbildung 10: Aktionsforschungsmodell

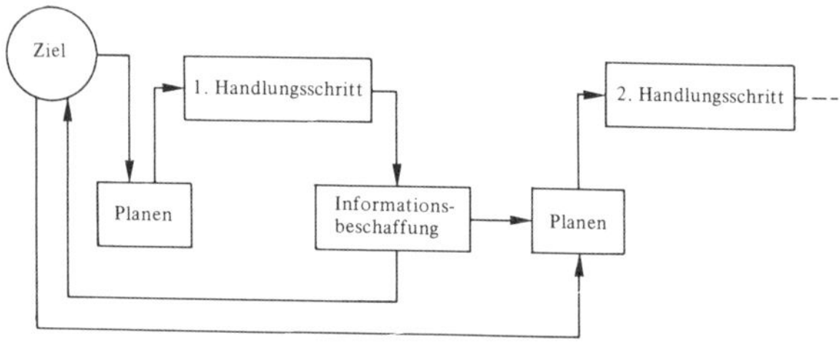


Shepard geht auf die Beziehungen zwischen Zielen, Planen und Handeln in diesem Diagramm besonders ein, und wir halten diesen Punkt für besonders wichtig. Shepard wie auch French betonen, dass Aktionsforschung eine Art der Forschung darstellt, die unmittelbar mit Handeln und Eingreifen verbunden ist; ausserdem ist diese Forschung zielorientiert, d. h. auf gegenwärtiges und zukünftiges Handeln ausgerichtet. Bei der Aktionsforschungsmethode übernimmt der OE-Berater eine bestimmte Rolle, wie Shepard zeigt:

> „In dieser Rolle hilft er dem Manager sowohl bei der Planung seiner Handlungen als auch beim Verfahren der Informationsbeschaffung, so dass dieser aus den Ergebnissen lernen kann, damit er ein wirksamerer Manager wird, realistischere Ziele setzt und bessere Wege des Organisierens entdeckt. In diesem Sinne sorgen Forschungsberater für die weitere Auswertung des Programms. Sie helfen den Managern, ihre Probleme als Experimente zu formulieren." [49]

Wenn man Aktionsforschung als Problemlösungsmethode betrachtet, weist sie folgende Eigenschaften auf: der normative Charakter dieses Modells, die zentrale Bedeutung der Ziele und den Unterschied zwischen der Rolle des Beraters und der des Klienten. Zwei weitere Eigenschaften verdienen auch erwähnt zu werden: erstens die Elemente des Aktionsforschungsmodells, die es mit der wissenschaftlichen Methode der Untersuchung verbinden, und zweitens die Kooperationsbeziehung zwischen Wissenschaftlern, Praktikern und Laien, die man oft als einen Bestandteil der Aktionsforschung findet.

Das Muster der problemorientierten Untersuchung, das sowohl als Modell der wissenschaftlichen Methode als auch als Modell der Aktionsforschung dient, wurde zuerst vom Philosophen John Dewey in seinem Buch *How We Think* eingeführt.[50] Er identifizierte die folgenden fünf Phasen des reflektierenden Denkens: Anstoss, gedankliche Vertiefung, Hypothesenbildung, Folgerungen und Hypothesenüberprüfung durch Aktion. Diese Methode der Problemlösung wird folgendermassen in die wissenschaftliche Methode umgewandelt: Zuerst steht der Wissenschaftler einem *Problem* oder einer *Schwierigkeit* gegenüber oder einer *neuen Idee,* die er verstehen will (Deweys Phase des Anstosses). Er identifiziert das Problem und denkt darüber nach (Phase der gedanklichen Vertiefung) und erreicht den Punkt, an dem er eine *Hypothese* über das Problem formulieren kann (Eine *Hypothese* ist eine Annahme über die Beziehungen zwischen zwei oder mehreren Phänomenen, in der Regel bezeichnet als *Ursache* und *Wirkung*). Im nächsten Schritt überdenkt der Wissenschaftler die *Konsequenzen der Hypothese.* Der letzte Schritt besteht aus *Beobachten, Prüfen oder Experimentieren,* um zu sehen, ob die Beziehung zwischen den zwei in der Hypothese ausgedrückten Phänomenen bestätigt oder widerlegt wird.[51]

Diese Schritte der wissenschaftlichen Methode sind mit den von Corey beschriebenen Schritten der Aktionsforschung identisch: Die wesentlichen Elemente eines Aktionsforschungsplanes sind:

1. Die Identifikation eines Problembereiches und das Interesse eines einzelnen oder einer Gruppe an einer Problemlösung.
2. Das Auswählen eines Problems und das Formulieren einer Hypothese oder Voraussage, das schliesst ein Ziel und ein Verfahren der Zielverwirklichung ein. Dieses spezifische Ziel muss im Zusammenhang mit der Gesamtsituation betrachtet werden.
3. Das sorgfältige Aufzeichnen von Handlungen und eine zunehmende Aussagefähigkeit darüber zu ermitteln, inwieweit das Ziel erreicht worden ist.

4. Das Erreichen von allgemeinen Schlüssen (aufgrund der Beweise) auf die Beziehung zwischen den Handlungen und dem gewünschten Ziel.
5. Das fortlaufende Testen dieser Verallgemeinerungen in weiteren Aktionen.

Wenn das angegangene Problem viele Menschen betrifft oder wenn durch das Experiment viele Menschen mitbetroffen werden könnten, so sollten diese in die Aktionsforschung eingeschaltet werden. Daraus entsteht dann eine *kooperative* Aktionsforschung. [52]

Für die Anwendung der Aktionsforschung auf ein typisches Organisationsproblem sei hier ein Beispiel dargestellt: Angenommen, die wöchentlichen Mitarbeiterbesprechungen sind unproduktiv, viele Mitglieder sind abwesend; andere zeigen sich wenig interessiert; es werden nicht viele Gedanken ausgetauscht und allgemein wird zugegeben, dass diese Besprechungen nicht produktiv sind. Stellen Sie sich nun vor, dass Sie der Manager sind, der für die Mitarbeiter und die Besprechungen verantwortlich ist, und der die Besprechungen produktiv und nützlich gestalten will. Dem Aktionsforschungsmodell folgend würden Sie zunächst Daten über den *gegenwärtigen Zustand* sammeln. Wenn die Daten beispielsweise andeuten, dass die Besprechungen allgemein unbeliebt sind und für unproduktiv gehalten werden, so würden Sie im nächsten Schritt die Gründe des Problems zu finden suchen. Dann würden Sie eine oder mehrere Hypothesen formulieren, aus denen Sie Schlussfolgerungen ableiten, aufgrund derer die Hypothesen geprüft werden können. Nehmen wir einmal an, dass sich die folgenden vier Hypothesen ergeben (Beachten Sie besonders, dass eine Aktionsforschungs-Hypothese aus zwei Aspekten besteht: einem Ziel und einer Aktion oder einem Verfahren der Zielverwirklichung):

1. Die Besprechungen werden produktiver, wenn ich die Gesprächsthemen von den Mitarbeitern anregen lasse, anstatt die Tagesordnung selbst festzusetzen.
2. Die Besprechungen werden produktiver, wenn die Mitglieder wechselweise den Vorsitz einnehmen, anstatt den Vorsitz immer mir zu überlassen.
3. Die Besprechungen werden produktiver, wenn wir uns zweimal statt einmal in der Woche treffen.

4. Bisher habe ich die Besprechungen im nüchternen Geschäftston durchgeführt. Vielleicht wären sie produktiver, wenn ich erstens den Ton und den Rahmen der Diskussionen auflockere, zweitens mehr Diskussionen ermutige, drittens bei den Diskussionen sorgfältiger zuhöre und viertens in der Diskussion offener reagiere.

Jede dieser Aktionsforschungs-Hypothesen hat ein Ziel (grössere Produktivität der Besprechungen), und jede schliesst eine Aktion oder ein Verfahren der Zielverwirklichung ein. Zusätzliche Arbeit ist nötig, um das Ziel und die Aktionen genauer zu bestimmen; dann würden die Hypothesen systematisch durch Anwendung getestet, und ihre Wirkung würde durch weiteres Sammeln von Daten beurteilt.

Eine weitere besondere Eigenart der Aktionsforschung ist die Zusammenarbeit zwischen den Personen im System, den Klienten und den Personen, den Beratern bzw. den Forschern. Havelock definiert Aktionsforschung zum Beispiel als „die Zusammenarbeit von Forscher und Praktiker bei der Diagnose und Beurteilung praktischer Probleme . . . Diese Zusammenarbeit versieht den Praktiker und sein System mit wissenschaftlichen Daten über seine eigenen Vorgehensweisen und schafft ihm so eine Möglichkeit der Selbstkontrolle". [53]

An einer anderen Stelle beschreibt Havelock die kooperative „Handlungskontrolle" (action inquiry), die

> „der Aktionsforschung ähnlich ist. Allerdings legt dieses Modell mehr Gewicht auf Dienstleistung gegenüber dem System des Praktikers und Teamarbeit von Forscher und Praktiker. Dieses Team arbeitet zusammen bei der Zieldefinition in allen Phasen der Untersuchung und bei den Strategien der Veränderung . . ." [54]

Fast alle Autoren betonen den Kooperationscharakter der Aktionsforschung; einige sehen darin den Hauptgrund für die Wirksamkeit des Modells. [55]

Man nimmt allgemein an, dass Menschen dazu neigen, eine Sache zu unterstützen, bei deren Erschaffung sie mitgeholfen haben. Diese Ansicht deckt sich weitgehend mit dem kooperativen Aspekt des Aktionsforschungsmodells und bringt den Praktiker und Forscher in gleicher Weise dazu, mit den Mitgliedern des Klientensystems zusammenzuarbeiten. Aus einem solchen Standpunkt ergibt sich, dass die Mitglieder des Klientensystems und die Forscher die zu lösenden Probleme gemeinsam definieren sollten, dass sie die Methode des Datensammelns bestimmen sollten, dass die die situationsgerechten Hypothesen definieren sollten und dass sie die Folgen der durchgeführten Aktionen beurteilen sollten. Wir glauben, dass dieses kooperative Element der Aktionsforschung bei der OE wichtig ist, und wir werden ihm im nächsten Abschnitt besondere Beachtung schenken.

## Geschichte, Anwendung und Formen der Aktionsforschung

John Dewey übertrug die wissenschaftliche Methode der Problemlösung in eine Sprache, die Praktiker und Laien verstehen konnten, und diese ursprünglichen Ideen wurden einige Jahre später in die Aktionsforschung übernommen. Der Beginn der Aktionsforschung kann auf zwei voneinander unabhängige Quellen zurückgeführt werden: Die eine davon war John Collier, ein Praktiker und die andere war Kurt Lewin, ein Wissenschaftler. John Collier war von 1933 bis 1945 Beauftragter für Indianerfragen. Seine Aufgabe bestand darin, Probleme zu diagnostizieren und Programme zur Verbesserung der Rassenbeziehungen vorzuschlagen. Collier fand, dass das Verändern der Rassenbeziehungen ein sehr schwieriger Prozess war und dass der Vorgang die Zusammenarbeit des Wissenschaftlers (Forschers), der Verwaltungsvertreter (Praktiker) und der Klienten erforderte.

„Das siebente Prinzip würde ich das erste und letzte nennen: dass nämlich Forschen und immer wieder Forschen beim Programm wesentlich ist und dass auf dem ethnischen Gebiet die Forschung als Werkzeug zum Handeln benutzt werden kann, das alle anderen Werkzeuge unterstützt und das tatsächlich das Hauptwerkzeug sein sollte. Aber wir stellten uns eine besondere Art der Forschung vor, mit besonderen Bedingungen. Wir wollen Untersuchungen machen, die von den Problemzentren, in welchen sich Massnahmen aufdrängten, direkt angeregt wurden. Da nun Massnahmen naturgemäss nicht nur aus einem, sondern aus mehreren Spezialgebieten abgeleitet werden, muss die Forschung integrativ vorgenommen werden. Die Ergebnisse müssen vom Verwalter und vom Laien praktisch angewandt und daher aufgrund von Erfahrungen kritisiert werden. Deshalb und weil die Untersuchungen sich auf ihre eigenen Probleme beziehen, müssen Verwaltungsvertreter und Klienten schöpferisch an der Forschung teilnehmen." [56]

Collier nannte diese Art der Forschung *Aktionsforschung.* Wirksame Massnahmen erfordern eine Erforschung wichtiger praktischer Probleme, und die Lösungen müssen anwendbar und angemessen sein. Die Durchführung eines guten Handlungsplans erfordert auch die Kooperation der Klienten. Aktionsforschung schien diese verschiedenen Erfordernisse in sich zu vereinen.

Die andere Hauptquelle der Theorie und Praxis der Aktionsforschung ist der Sozialpsychologe Kurt Lewin. Er beschäftigte sich intensiv mit der Anwendung sozialwissenschaftlicher Kenntnisse auf soziale Probleme. Seit etwa 1946 unternahmen Lewin und seine Studenten Aktionsforschungs-Projekte auf vielen Gebieten der Sozialwissenschaft. Er wandte die Prinzipien der Aktionsforschung auf die Beziehungen zwischen Gruppen an und auf die Veränderung von Essgewohnheiten. Lippitt und Radke wandten diese Instrumente auf ein breit angelegtes Gemeinwesensprojekt an. Bavelas arbeitete an einem Aktionsforschungs-Projekt zur Ausbildung von Managern. Coch und French wandten das Modell an, um den Widerstand gegen Veränderungen in einer Fabrik zu studieren. [57]

Lewins Arbeit mit Sozialarbeitern, die um die Beseitigung von Vorurteilen bemüht waren, führte ihn zum Schluss, dass die Praktiker unbedingt die Hilfe der Forschung benötigten. Seine Antwort auf dieses Bedürfnis war Aktionsforschung. Nur durch Untersuchungen konnten die Praktiker Normen schaffen, mit denen sich der Fortschritt messen liess. Er sagte über dieses Problem:

> „Wenn in einem Bereich objektive Massstäbe und Erfolgskriterien fehlen, dann kann kein Lernen stattfinden. Wenn wir nicht beurteilen können, ob eine Tätigkeit uns vorwärts oder rückwärts geführt hat, wenn wir kein Kriterium für die Beurteilung der Beziehung zwischen Aufwand und Erfolg haben, dann hindert uns nichts daran, die falschen Schlussfolgerungen zu ziehen und die falschen Arbeitsgewohnheiten zu ermutigen. Realistische Aufzeichnung von Tatsachen und Beurteilung sind die Grundlage des Lernens. Sozialforschung sollte als eines der wichtigsten Elemente bei der praktischen Verbesserung von Intergruppenbeziehungen gelten." [58]

Für Lewin und seine Mitarbeiter repräsentiert Aktionsforschung die Verbindung zwischen Experiment und Anwendung und gleichzeitig die Verbindung zwischen Wissenschaftlern und Praktikern. Lippitt erklärt zum Beispiel im Vorwort seines Buches über das Gemeinwesenprojekt: „Das Zusammenbringen der Fähigkeiten und Kenntnisse von Wissenschaftlern und Praktikern zu einem gemeinsamen Vorhaben ist ein Beispiel der Aktionsforschung." [59]

Viele bemerkenswerte Aktionsforschungs-Projekte sind in der Literatur aufgeführt. [60] Whyte und Hamilton studierten die Wirkungen von Human-Relations-Praktiken in einem grossen Hotel; Elliott Jaques benutzte das Aktionsforschungsmodell zur Veränderung der Kultur in einer Fabrik in England; Cyril Sofer wandte die Methoden in drei verschiedenen Organisationen an, für die er als wissenschaftlicher Berater tätig war; Floyd Mann, Seashore und Bowers wandten die Methoden auf Industriebetriebe an, bei denen der Führungsstil verändert wurde; Shepard, Katzell und andere benutzten Aktionsforschung für ein Programm der geplanten Veränderung in einer grossen Raffinerie; die Untersuchung der Führungsstile und Partizipation durch Morse und Reimer in einer Versicherungsgesellschaft ist auch ein Beispiel der Aktionsforschung; Miles, Hornstein, Callahan, Calder und Schiavo benutzten Aktionsforschung, um den Vorgang der Selbsterneuerung in einem Schulsystem zu untersuchen. Der Erfolg eines guten Aktionsforschungs-Projektes ist beträchtlich: praktische Probleme werden gelöst, es werden Beiträge zur Theorie und Praxis der Sozialwissenschaft geliefert, und das gegenseitige Verständnis zwischen Wissenschaftlern, Praktikern und Laien wird vergrössert. Einzelne Formen der Aktionsforschung legen das Schwergewicht mehr auf eine einzelne Dimension.

Aktionsforschungs-Projekte können auf verschiedene Ziele gerichtet sein, wodurch verschiedene Variationen des Modells entstehen. Lewin schlug zum Beispiel zwei Variationen der Aktionsforschung vor: die Untersuchung der allgemeinen Gesetze und die Diagnose einer spezifischen Situation. [61] Das Studium der allgemeinen Gesetze trägt zur Theorie und Praxis bei und führt zu Verallgemeinerungen über natürliche Phänomene. Die Diagnose einer spezifischen Situation führt zur Lösung von gegenwärtigen praktischen Problemen.

In seinem Aktionsforschungs-Projekt in der Raffinerie deutete Raymond Katzell drei Typen von Situationen an, in denen das wissenschaftliche Beraterteam Feedback-Daten für die Manager lieferte: Bei der ersten Situation stellte sich heraus, dass das Beraterteam zufällig schon Daten gesammelt hatte, die sich später als nützlich erwiesen. In der zweiten Situation wurden Daten in der ganzen Raffinerie systematisch gesammelt, d. h. in gewissen Abständen wurde eine Zustandserhebung vorgenommen. In der dritten Situation wurde intensiv mit einer kleinen Kontrollgruppe gearbeitet, es wurden fortlaufend Daten über verschiedene Themen gesammelt und diese Daten wurden – soweit wie erforderlich – an die Gruppe zurückgegeben.[62] Die zweite Situation wird oft in Programmen gefunden, in denen – in regelmässigen Abständen – Umfragen durchgeführt werden. Dabei können Veränderungen in verschiedenen Teilen der Organisation gemessen werden. Die dritte Situation findet man auch in OE-Programmen, in denen es die Umstände dem Beraterteam ermöglichen, die Handlungsfolgen einzelner kleiner Gruppen ausgiebiger zu erforschen.
Chein, Cook und Harding beschreiben vier Arten der Aktionsforschung: diagnostisch, partizipativ, empirisch und experimentell.[63] Bei der diagnostischen Aktionsforschung begibt sich der Wissenschaftler in eine Problemsituation, er stellt die Diagnose und macht dem Klienten Vorschläge zur Abhilfe. Die Vorschläge sind intuitiv ermittelt, nicht vorher getestet und basieren gewöhnlich auf der Erfahrung oder Kenntnis des Wissenschaftlers. Oft werden die Vorschläge vom Klienten nicht befolgt. Dadurch entstand eine zweite Art der Aktionsforschung, die partizipative Aktionsforschung, in dem alle im Projekt betroffenen Personen von Anfang an bei den Untersuchungen und Interventionen teilnehmen. Diese Teilnahme erleichtert die Ausführung der beschlossenen Veränderungen und sorgt auch für die Anwendbarkeit der vorgeschlagenen Interventionen.
Bei der empirischen Aktionsforschung fertigt der Berater systematische und ausgedehnte Aufzeichnungen seiner Tätigkeit und deren Konsequenzen an. Er führt sozusagen ein Tagebuch für tägliche Eintragungen. Die Grenzen dieser Methode sind die Schwierigkeiten, die sich immer beim Sammeln von diagnostischen Daten ergeben: Die Anzahl der Erfahrungen des Beraters kann für eine Beurteilung der Situation zu gering sein;

die von ihm angetroffenen Situationen können sich so sehr voneinander unterscheiden, dass sie nicht verglichen werden können; seine Situation kann so speziell sein, dass sie keine Verallgemeinerungen erlaubt; die Objektivität zur Beurteilung der eigenen Leistung kann ihm fehlen, und er wird es vielleicht schwierig finden, die Rollen des Forschers und des Beraters gleichzeitig zu spielen.
Eine vierte Art der Aktionsforschung, die *experimentelle,* ist eine kontrollierte Untersuchung der relativen Wirksamkeit verschiedener Handlungsmöglichkeiten. Fast immer kann eine Sache auf verschiedene Weisen erreicht werden. Das Problem besteht darin, den besten Weg zu finden. Dies ist Erforschung von Handlung (Research *on* Action) im engsten Sinne des Wortes.[64]
Diese Autoren deuten an, dass die experimentelle Aktionsforschung vielleicht am meisten zur Förderung der wissenschaftlichen Kenntnisse beiträgt, aber auch gleichzeitig am schwersten auszuführen ist. Die experimentelle Natur des Forschens erlaubt das definitive Testen von Hypothesen, was wünscheswert ist. Es ist jedoch schwierig, die Bedingungen so zu kontrollieren, dass die Hypothesen mehrmals auf die genau gleiche Art getestet werden, wenn der Klient sofortige Antworten auf dringende Probleme verlangt. In solchen Situationen wird die Forschung der situationsbedingt dringlichen Problemlösung untergeordnet.
OE-Praktiker machen gewöhnlich von partizipativer Aktionsforschung Gebrauch, jedoch gelegentlich auch von experimenteller Aktionsforschung. Die partizipative Aktionsforschung deckt sich weitgehend mit der heutigen Praxis der OE, während sich das experimentelle Modell zwar auch deckt, jedoch schwerer anzuwenden ist. In dieser Hinsicht behaupten wir, dass die Praxis der OE in gewisser Beziehung das Ergebnis des experimentellen Aktionsforschungsmodells ist, da bestimmte Arten von Interventionen (Aktionen und Hypothesen) von Praktikern bei der Verbesserung von Organisationen als wirksam beachtet und beibehalten wurden, während andere Interventionen sich als unwirksam erwiesen und aufgegeben wurden.

## Organisationsentwicklung als Aktionsforschung

Der OE-Prozess ist im Grund ein Aktionsforschungs-Programm in einer Organisation zur Verbesserung des Funktionierens dieser Organisation. Wirksame Verbesserungsprogramme werden fast immer auf der Grundlage von Daten vorgenommen, d. h. sie basieren auf systematisch gesammelten empirischen Tatsachen, zum Planen der Intervention, für die Intervention selbst und zur Beurteilung der Intervention. Aktionsforschung liefert eine Methode und einen Prozess zur Erzeugung und Auswertung von Information über das System selbst, wobei die Information dann zur Grundlage des Aktionsprogrammes wird.

Der kooperative Charakter der Aktionsforschung legt den Praktikern sowie den Laien die Wünschbarkeit nahe, die zentralen Bedürfnisse gemeinsam zu bestimmen. Die experimentelle Art der Handlungen bei der Aktionsforschung liefert den Managern eine Reihe neuer Problemlösungsmöglichkeiten, d. h. sie sehen nun Probleme als Ursachen und Wirkungen, und sie sehen die Lösungen von Problemen lediglich als eine Alternative von vielen. Die systematische Datensammlung über einzelne Variablen der Organisationskultur – deren Bedeutung für die Arbeitsqualität auf seiten der Praxis erst allmählich ins Bewusstsein rückt – und die Effektivitätskontrolle organisationsinterner Massnahmen zur Veränderung dieser Variablen schaffen einen neuen Zugang zum Verständnis von Organisationen. All diese Eigenschaften der Aktionsforschung passen in ein Programm zur organisatorischen Verbesserung.

Ihrer Natur nach sind sich Organisationsentwicklung und Aktionsforschung sehr ähnlich. Beide sind sie Varianten der angewandten Sozialwissenschaft, beide sind handlungsorientiert, beide basieren auf Daten, beide verlangen die enge Zusammenarbeit zwischen Mitgliedern und Nichtmitgliedern der Organisation und beide sind problemlösende soziale Interventionen. Aus diesem Grunde glauben wir, dass ein effektives OE-Programm ein Aktionsforschungsmodell implizieren sollte.

## 6. OE-Interventionen: ein Überblick

Der Begriff *OE-Interventionen* bezieht sich auf den Bereich geplanter Aktionsprogramme, an welchen die Klienten und Berater während eines Organisationsentwicklungs-Programmes teilnehmen. Diese Aktivitäten richten sich auf die Verbesserung des Funktionierens einer Organisation, indem sie den Mitgliedern helfen, die *Kultur* der Gruppen und der ganzen Organisation besser zu steuern. Bei den OE-Interventionen handelt es sich um die sich fortwährend entwickelte Technologie – nämlich um die Methoden und Techniken – der Praxis der Organisationsentwicklung. Durch die Kenntnisse der unterschiedlichsten Interventionen und der ihnen unterliegenden Grundideen gewinnt man ein besseres Verständnis der Philosophie, der Annahmen, des Charakters und des Charakters des OE-Prozesses. In den folgenden fünf Kapiteln werden wir über Interventionen sprechen, wir werden die Techniken untersuchen, die bei der Anwendung sozialwissenschaftlicher Theorie und Praxis benutzt werden, um bestehende Systeme zu verändern und zu verbessern.
In diesem Kapitel werden wir die auf Interventionen bezogenen Fragen, Definitionen, Gesetzmässigkeiten und verschiedene Schemen der Klassifikation ansehen. In den Kapiteln II/7 bis II/10 werden wir die Diskussion durch eine Untersuchung des heutigen Inventars von OE-Interventionen erweitern.

### Zur Definition von OE-Interventionen

Der Begriff der OE-Intervention wird unterschiedlich verwendet. Das erklärt sich zum einen durch eine gewisse Begriffsverwirrung und zum andern daraus, dass dem Begriff der Intervention unterschiedliche Bedeutung auf verschiedenen Abstraktionsebenen zukommt. Eine OE-Intervention lässt sich sowohl als etwas erklären, das jemand in bezug auf eine Organisation durchführt als auch durch eine ablaufende Massnahme. Wir ziehen es vor, von einer OE-Intervention als von einer Massnahme zu sprechen, da dies den Aktionscharakter von Interventionen betont. Interventionen sind Ereignisse und Aktivitäten in Organisationen.

Oft gehen Laien und Praktiker von der Vorstellung aus, dass eine Intervention eine Handlung ist, die ein externer Berater für ein Klientensystem durchführt. Diese Definition ist vor allem deshalb unzulänglich, weil sie erstens keine Interventionen von Organisationsmitgliedern ohne Unterstützung durch einen externen oder internen Berater vorsieht und zweitens, weil sie die stattfindende Zusammenarbeit zwischen Klient und Berater in Abrede stellt. In OE-Programmen beginnen Individuen und Bereiche innerhalb der Organisation oft von sich aus Aktivitäten, die ihr eigenes Funktionieren verbessern. Bei diesen Tätigkeiten handelt es sich eindeutig um OE-Interventionen.

Der Begriff wird auch oft als Bezeichnung für eine dem Praktiker zur Verfügung stehende Lernmethode benutzt. Demnach sind alle Methoden, die von Burke und Hornstein als „soziale Technologie der OE"[65] bezeichnet werden, Interventionen in diesem Sinne (diese Methoden stehen sowohl den Klienten als auch den Beratern zur Verfügung). Diese Definition ist wahrscheinlich die gebräuchlichste, und sie ist auch angemessen. Das Instrumentarium besteht aus edukativen Massnahmen, Methoden und Techniken und einigen Empfehlungen und Hinweisen; daneben sind Fragebogen und die Reihenfolge der Beobachtungen und Interviews von Bedeutung usw. Alle diese Dinge können als Interventionen bezeichnet werden, wenn sie zur Verbesserung der Organisation benutzt werden.

Gewöhnlich wird der Begriff auch für die folgenden verschiedenen Ebenen von Aktivitäten verwendet:

- Eine einzelne Aufgabe, wie eine zweistündige Entscheidungsübung.
- Eine Reihe von zusammenhängenden Aufgaben, die sich auf ein Thema oder Ziel bezieht. Beckhards *Konfrontationstreffen* besteht z. B. aus einer Reihe von Aufgaben, die die Hauptprobleme der Organisation sichtbar macht, die Priorität der Probleme bestimmt und die Verantwortlichkeit für das Lösen der Probleme verteilen soll.[66]
- Tätigkeiten, die zwar zusammenhängen, aber doch oft verschieden sein können. Die sogenannten Teamentwicklungsinterventionen bestehen zum Beispiel aus vielen verschiedenen Aktivitäten, die alle die Leistungsfähigkeit des Teams ver-

bessern sollen und die sich entweder auf die Art der Aufgabenerfüllung konzentrieren oder auf die Beziehungen zwischen den Mitgliedern.
- Der Gesamtplan zur Abstimmung und Integration aller Aktivitäten, die eine Organisation innerhalb mehrerer Jahre unternehmen kann (dies wird im allgemeinen als *Interventionsstrategie* bezeichnet oder allgemein als *OE-Strategie*).

Alle diese Definitionen des Wortes *Intervention* sind richtig, doch beziehen sie sich auf verschiedene Ebenen der Abstraktion und können daher manchmal verwirrend wirken.

Um schliesslich unsere Definition des Begriffes zu geben: OE-Interventionen sind eine Reihe strukturierter Aktivitäten, in denen sich ausgewählte organisatorische Bereiche (Zielgruppen oder Individuen) mit einer Aufgabe oder einer Reihe von Aufgaben beschäftigen, wobei sich die Aufgabenziele direkt oder indirekt auf die Verbesserung der Organisation beziehen. Interventionen sind die eigentlichen Antriebsmomente der OE und bringen Veränderungen in Gang.

Der OE-Praktiker ist ein Fachmann in der Theorie und Praxis der Organisationsentwicklung. Er bringt vier Beiträge an die Organisation mit: Eine Reihe von Wertvorstellungen; eine Reihe von Annahmen über Menschen, Organisationen und zwischenmenschliche Beziehungen; eine Reihe von Zielen für sich selbst und für die Organisation und deren Mitglieder und eine Reihe von strukturierten Aktivitäten, die das *Mittel* darstellen, mit dem er seine Werte, Annahmen und Ziele wirksam werden lässt. Diese Aktivitäten bedeuten für uns das Wort *Intervention.*

## Merkmale der OE-Interventionen

Im Zusammenhang mit der Grundvoraussetzung der Organisationsentwicklung sind wir bereits auf einige Aspekte der Bedeutung von OE-Interventionen für den OE-Prozess eingegangen. Vieles, was allgemein über OE gesagt wurde, gilt in gleicher Weise für OE-Interventionen. Oben haben wir die grundlegenden Eigenschaften des OE-Prozesses folgendermassen beschrieben: Der OE-Prozess basiert auf Daten und ist erfahrungsbezogen mit einem Schwergewicht auf Aktion, Diagnose und Zielsetzung, er bezieht sich häufig auf bestehende Teams, ihm liegt eine systemtheoretische Auffassung von Organisationen zugrunde; er ist eine normativ-reedukative Veränderungsstrategie und muss als langfristige Massnahme verstanden werden. In diesem Abschnitt beschäftigen wir uns besonders mit OE-Interventionen, wobei wir sowohl weiterführende Informationen darstellen als auch frühere Überlegungen in neue Zusammenhänge stellen.

OE-Interventionen sind strukturierte Aktivitäten einzelner Zielgruppen. Diese Feststellung ist insofern nicht sehr präzise als man die Aktivitäten auf *bessere* und auch auf *schlechtere* Weise strukturieren kann, um so Lernen und Veränderungen zu ermöglichen. OE-Praktiker verstehen es, die Aktivitäten *besser* zu strukturieren, indem sie die folgenden Punkte beachten:

- OE-Massnahmen sollten so angelegt sein, dass die entscheidenden Leute daran beteiligt sind. Entscheidend sind hier die Personen, die von dem Problem oder der Möglichkeit betroffen werden. Wenn z. B. das Ziel darin besteht, die Leistung der Gruppe zu verbessern, so lasse die ganze Gruppe bei den Aktivitäten mitwirken. Wenn die Beziehungen zwischen zwei Arbeitsgruppen verbessert werden sollen, so lasse beide Gruppen mitwirken. Wenn es darum geht, eine Verbindung zu schaffen, z. B. zwischen der Industrial Relations-Abteilung und einer anderen Gruppe, so ziehe beide Gruppen heran.
  Dieses Vorplanen der Gruppenzusammensetzung ist bei der erfolgreichen Strukturierung der Aktivität notwendig.
- OE-Massnahmen sollten sowohl grundsätzlich problemorientiert als auch auf die konkreten Probleme bezogen durchgeführt werden, die von den Klienten selbst geäussert werden. Den meisten Menschen macht es Freude, Probleme zu lösen und Gelegenheiten zu nutzen, sei es aus dem Wunsch nach fachlicher Kompetenz (vgl. White [67]), einem Streben nach Erfolg (vgl. McClelland [68]) oder aus anderen Gründen. Dies trifft besonders dann zu, wenn die zu bearbeitenden Probleme vom Klienten definiert wurden. Unterstützung und Engagement entstehen von selbst und es lohnt sich auch, wenn Probleme gelöst werden, die vom Klienten selbst als äusserst wichtig bezeichnet werden.
- Es empfiehlt sich bei OE-Massnahmen sowohl die Ziele als auch die Zielverwirklichungsstrategien klar und deutlich zu formulieren, denn nichts entmutigt mehr als nicht zu wissen, wofür man arbeitet und inwiefern die eigene Arbeit der Ziel-

verwirklichung dient. Beide Aspekte lassen sich durch eine sorgfältige Planung von OE-Massnahmen vermeiden.

- OE-Massnahmen sollten mit einer hohen Wahrscheinlichkeit erfolgreicher Zielverwirklichung geplant werden. Auch dieser Punkt enthält die nachdrückliche Empfehlung, dass die Erwartungen der Praktiker und der Klienten realistisch sein sollten. Mehr noch, sobald ein realistisches Ziel erreicht ist, fühlen sich die betroffenen Menschen fähiger und erfolgreicher. Dies bewirkt wiederum eine Steigerung des Anspruchsniveaus, der Selbstwertgefühle und des Gruppenbewusstseins. Wenn die Aufgabe auch schwierig und komplex sein sollte, so sollte sie dennoch durchführbar sein. Und wenn das Ziel nicht erreicht wird, so sollte der Grund dafür gefunden werden, damit man daraus lernen kann.
- OE-Massnahmen sollten sowohl erfahrungsorientiertes als auch kognitiv-theoretisches Lernen umfassen. Der Lernerfolg neuer durch Erfahrung gewonnener Erkenntnisse wird erhöht, wenn dieses erfahrungsorientierte Lernen durch kognitives Material untermauert wird und die Erfahrung so in einen weiteren Rahmen der Theorie und Praxis gestellt wird. Die Erkenntnisse werden so vom einzelnen leichter integriert.
- OE-Massnahmen sollten so angelegt werden, dass die Betroffenen eher angeregt und motiviert werden als dass sie verängstigt und defensiv reagieren, dass sie zusammen lernen und mit den bestehenden Praktiken experimentieren, um so bessere Mittel und Wege zu finden.
- OE-Massnahmen sollten den Teilnehmern sowohl das Lernen einer konkreten Problemlösung als auch das Lernen selbst ermöglichen. Dies kann bedeuten, dass Perioden der Analyse und Reflexion in die Tagesordnung eingeplant werden, damit sich die Teilnehmer ihrer Erfahrungen bewusst werden. Für diese Tätigkeit kann die eine Hälfte und für die Problemlösung die andere Hälfte der Zeit reserviert werden.
- Im Rahmen von OE-Massnahmen sollten die Betroffenen sowohl über Inhalt und Prozess lernen. Der Inhalt bzw. die Aufgabe ist das, woran die Gruppe arbeitet, d. h. die auf der Tagesordnung festgesetzten Themen.

  Der Begriff des Prozesses, wie er hier verwendet wird, bezieht sich auf die Art und Weise, wie die Gruppe arbeitet und auf zusätzliche Begleitumstände. Dies schliesst sowohl die

Gruppenprozesse als auch individuelle Interaktions- und Verhaltensstile ein. Die praktische Beherrschung dieser beiden Gebiete trägt weitgehend zum Erfolg bei.
Wenn die Aktivitäten so strukturiert sind, dass sie sich auf beide Gebiete beziehen, so wird auf beiden Gebieten gelernt.

- OE-Massnahmen sollten so angelegt sein, dass die Betroffenen mehr von ihrer ganzen Persönlichkeit her beteiligt werden, denn als lose Segmente. Dies bedeutet, dass Rollenerwartungen, Gedanken, Einstellungen, Gefühle und Ziele miteinbezogen werden sollten, und zwar all diese Faktoren, nicht nur einen oder zwei davon. In dem Masse, wie es in einer Organisationskultur, die durch ein hohes Ausmass an Differenzierung und Segmentierung gekennzeichnet ist, gelingt, Mitglieder als Persönlichkeiten zu betrachten und zu aktivieren, werden wahrscheinlich auch die Möglichkeiten individueller Selbstverwirklichung zunehmen.

Alle diese Regeln sind integrale Bestandteile von OE-Interventionen und auch der angewandten Theorie der OE. In der Literatur wird die Strukturierung der Aktivitäten wenig behandelt, aber die Kenntnis der Regeln hilft beim Verstehen der Interventionen (die oft geheimnisvoll scheinen) und beim Erlernen der OE-Praxis.
Ein anderer Ansatz zur Charakterisierung der OE-Interventionen wird von Warren Bennis gegeben, wenn er die zentralen Interventionen nach Themen und Funktionen gliedert.[69] Er beschreibt die folgenden Arten von Interventionen:

1. *Diskrepanz-Intervention,* bei der widersprüchliche Tätigkeiten oder Einstellungen untersucht werden;
2. *Theorie-Intervention,* bei der sozialwissenschaftliche Erkenntnis und Theorie benutzt werden, um gegenwärtiges Verhalten und diesem zugrunde liegende Einstellungen zu erklären;
3. *Verfahrens-Intervention,* bei der eine Tätigkeit beurteilt wird, um zu entscheiden, ob die besten Methoden benutzt werden;
4. *Beziehungs-Intervention,* die sich auf die zwischenmenschlichen Beziehungen konzentriert (besonders auf jene, bei denen starke negative Gefühle vorhanden sind) und bei dem die Probleme sichtbar gemacht und behandelt werden;
5. *Experimentelle Intervention,* bei der zwei verschiedene Handlungsprogramme auf ihre Konsequenzen hin getestet werden, bevor endgültig entschieden wird;

6. *Krisen-Intervention,* bei der ein angenommenes oder auftauchendes Dilemma benutzt wird, um eine genaue Untersuchung der Alternativen und der zugrunde liegenden Annahmen zu erzwingen;
7. *Perspektiven-Intervention,* bei der die Aufmerksamkeit über die alltäglichen Anforderungen hinausgeht, damit man sich auf die Vergangenheit, die grossen Zusammenhänge und die Zukunft konzentrieren kann. Dadurch sieht man, ob die gegenwärtige Vorgehensweise noch den Zielen entspricht;
8. *Struktur-Intervention,* bei der strukturelle Ursachen von organisations-internen Schwächen und Schwierigkeiten überprüft werden;
9. *Wertorientierungs-Intervention,* durch die die Organisationskultur und die ihr zugrunde liegenden Traditionen, Praktiken und Verhaltensmuster eingehend überprüft werden.

Die Typologie von Bennis trägt zu einer gründlichen Erklärung der Natur der OE-Interventionen bei und erlaubt eine Klassifizierung spezifischer OE-Interventionen.

Die Natur der OE-Interventionen – der strukturierten Aktivitäten zur Verbesserung von Systemen – ist komplex und vielfältig. Aber gewisse Themen wiederholen sich in vielen Interventionen, die Dynamik des Interventionsvorganges selbst wird allmählich besser verständlich, und der begriffliche Rahmen für den Prozess der geplanten Veränderung wird grösser. Daher stehen heute dem Praktiker wie dem Klienten beträchtliche Kenntnisse über die Natur der OE-Interventionen zur Verfügung. Beispielsweise kann die blosse Entscheidung, an einer OE-Intervention teilzunehmen, an sich schon eine Verbesserung in der Organisation verursachen. Bereits durch die blosse Entscheidung erkennen die betroffenen Mitglieder, dass die Kultur sich ändert, dass neue Ideen und neue Methoden Dinge der Möglichkeit und der Wirklichkeit werden. Dies allein kann bereits eine Verbesserung in die Wege leiten. Unsere Techniken der Beurteilung und unsere Theorien des Interventionsvorganges sind noch nicht weit genug entwickelt, um solche komplexen Wechselwirkungen zu kontrollieren. Dies wird die Aufgabe der Praktiker der Zukunft sein.

## Arten und Ansätze von OE-Interventionen

Wenngleich nicht jedes einzelne OE-Programm alle Interventionsmöglichkeiten umfassen kann, so kann der Praktiker doch auf ein umfangreiches Interventionsmaterial zurückgreifen. Unserer Meinung nach lassen sich folgende Interventionsarten unterscheiden:

- *Diagnostische Aktivitäten:* Datensammelnde Tätigkeiten, durch die der Zustand des Systems oder eines Problems – der Ist-Zustand ermittelt werden. Die Methoden reichen von projektiven Techniken wie beispielsweise Kollagen, bis zu traditionaleren Datenerhebungsmethoden wie z. B. Interviews, Fragebogen, Umfragen, Besprechungen.
- *Teamentwicklungs-Aktivitäten:* Durch solche Tätigkeiten soll die Leistungsfähigkeit von Gruppen innerhalb des Systems verbessert werden. Sie können sich auf aufgabenbezogene Fragen beziehen, wie die bestehenden Arbeitsmethoden, die nötigen Fähigkeiten, die Zuteilung der Arbeitsmittel; oder sie können sich mit den Beziehungen der Mitglieder untereinander und den Beziehungen zwischen Vorgesetzten und Untergebenen beschäftigen. Wiederum ist eine Vielfalt von Tätigkeiten möglich. Ausserdem wird die Verschiedenheit der Gruppen berücksichtigt, wie beständige Arbeitsgruppen, temporäre Projektgruppen und neu zusammengestellte Gruppen.
- *Intergruppen-Aktivitäten:* Durch diese Tätigkeiten soll die Leistungsfähigkeit voneinander abhängiger Gruppen gesteigert werden. Dabei werden gemeinsame Tätigkeiten und der gemeinsame Output beider Gruppen betont, wobei beide Gruppen als ein einziges System betrachtet werden. Wenn es sich dabei um zwei Gruppen handelt, so spricht man von Intergruppen-Aktivitäten; wenn es sich um mehrere Gruppen handelt, spricht man häufig von Feedback durch Widerspiegelung (organizational mirroring).
- *Survey-Feedback-Aktivitäten:* Diese sind mit den oben erwähnten diagnostischen Aktivitäten verwandt und können als ein grosser Bestandteil der diagnostischen Aktivitäten betrachtet werden. Sie sind jedoch wichtig genug, um hier getrennt aufgeführt zu werden. Es werden hierbei die Daten von Umfragen intensiv bearbeitet, um sie als Grundlage eines Handlungsplanes zu benutzen.

- *Edukative- und Trainings-Aktivitäten:* Dabei werden die Fertigkeiten, Fähigkeiten und Kenntnisse der einzelnen verbessert. Es stehen hier verschiedene Tätigkeiten zur Verfügung und verschiedene Methoden sind möglich. Beispielsweise kann eine Person ausserhalb ihrer Arbeitsgruppe unterrichtet werden z. B. wenn die Gruppe lernt, oder in unmittelbarem Zusammenhang zu dieser, z. B. wenn die Gruppe lernt, wie sie zwischenmenschliche Konflikte behandeln soll. Die Aktivitäten können sich auf technische Fähigkeiten richten oder auf zwischenmenschliche Fähigkeiten. Die Aktivitäten können sich auf Fragen der Führung richten, auf die Verantwortungsbereiche und Funktionen der Gruppenmitglieder, auf Entscheidungsprozesse, Problemlösungs-, Zielsetzungs- und Planungsverfahren usw.
- *Strukturell-technologische Aktivitäten:* Diese Tätigkeiten sollen die Leistungsfähigkeiten der technischen und strukturellen Faktoren und Bedingungen verbessern, die sich auf einzelne und Gruppen auswirken. Dabei können erstens neue organisatorische Strukturen versucht und in bezug auf ihre Wirkung auf bestimmte Ziele beurteilt werden und zweitens neue Einsatzmöglichkeiten technischer Mittel für bestehende Probleme entwickelt werden.
- *Prozessberatungs-Aktivitäten:* Hierbei hilft der Berater dem Klienten, die Vorgänge, die sich in der Umgebung des Klienten ereignen, zu erkennen, zu verstehen und zu verarbeiten.[70] Bei diesen Aktivitäten handelt es sich um eine Methode der Beratung, durch die der Klient Einsicht in die sozialen Prozesse in der Organisation gewinnt und durch die er lernt, diese zu erkennen und mit ihnen umzugehen. Besonders betont werden dabei die Kommunikationsprozesse, die Rollen von Führern und Mitgliedern in Gruppen, das Lösen von Problemen und das Treffen von Entscheidungen, die Normen und die Entwicklung von Gruppen, Führung und Autorität sowie Zusammenarbeit und Wettbewerb zwischen Gruppen. Ausserdem soll gelernt werden, wie man Diagnosen stellt und die nötigen Fähigkeiten zur Behandlung dieser Vorgänge entwickelt.
- *Grid-Organisationsentwicklungs-Aktivitäten:* Diese Methode wurde von Robert Blake und Jane Mouton entwickelt; es handelt sich dabei um ein Modell mit sechs Phasen zur Änderung ganzer Organisationen.[71] Interne Ressourcen werden ent-

wickelt, um Programme auszuführen, die drei bis fünf Jahre dauern können. Das Programm beginnt mit einer Verbesserung der individuellen Führungsfähigkeiten, geht dann zur Verbesserung der Gruppen über und befasst sich später mit den Beziehungen zwischen den Gruppen. Die späteren Phasen schliessen die Entwicklung unternehmensweiter Verbesserungsstrategien ein und enden schliesslich mit einer Auswertungsphase, die eine Bilanz der bisher erzielten Veränderungen der Organisationskultur ermöglicht und neue Perspektiven für die Zukunft aufweist.

- *„Neutraler Dritter"-Aktivitäten:* Dabei hilft ein Berater (als neutraler Dritter) zwei Mitgliedern einer Organisation, ihre zwischenmenschlichen Konflikte zu bearbeiten.[72] Die Tätigkeiten basieren auf Taktiken der Konfrontation und auf einem Verständnis der Vorgänge bei Konflikten und der Lösung von Konflikten.
- *Individuenzentrierte Aktivitäten:* Hierbei wird den einzelnen durch den Berater oder andere Mitglieder der Organisation geholfen, Lernziele zu definieren, zu erkennen, wie andere Personen ihr Verhalten sehen, und neue Verhaltensweisen zu erlernen, um Ziele besser zu erreichen. Ein zentraler Faktor ist dabei das urteilsfreie Feedback, das der einzelne von anderen erhält. Ein weiterer Faktor ist die gemeinsame Untersuchung alternativer Verhaltensweisen.
- *Lebensgestaltungs- und Karriereplanungs-Aktivitäten:* Diese helfen den einzelnen, sich auf ihre Lebens- und Laufbahnziele sowie auf die Wege zu diesen Zielen zu konzentrieren. Strukturierte Aktivitäten führen zu einer Darstellung des bisherigen Lebens- und Karriereverlaufs, zur Diskussion der Ziele, zur Beurteilung der Fähigkeiten, zu nötigem zusätzlichem Training und zur Erkenntnis von Stärken und Schwächen.
- *Planungs- und Zielsetzungs-Aktivitäten:* Dies schliesst ein: die Theorie und Erfahrung im Planen und Zielsetzen, im Anwenden von Problemlösungsmodellen, im Planen von Musterbeispielen, im Vergleichen von Ideal-Modell mit der Wirklichkeit der Organisation und ähnliches. Das Ziel ist dabei, die Fähigkeiten auf der Ebene des einzelnen, der Gruppe und der gesamten Organisation zu verbessern.

Diese Interventionen bestehen aus vielen Tätigkeiten und Übungen. Sie alle basieren auf konzeptionellen Unterlagen und

wirklicher Erfahrung mit dem betreffenden Phänomen. Einige der Sätze richten sich auf bestimmte Ziele, Probleme oder Vorgänge. Beispielsweise richten sich die gruppenbildenden Aktivitäten auf bestehende Arbeitsgruppen, während Laufbahnplanungs-Aktivitäten auf einzelne gerichtet sind, obwohl auch das Planen einer Laufbahn im Rahmen der Gruppe geschieht. Einige Interventionen sind problemspezifisch, wie z. B. „Neutraler Dritter" und die Zielsetzungs-Aktivitäten. Einige Aktivitäten sind prozessspezifisch, und zwar spezifisch für ausgewählte Prozesse: Ein Beispiel hierfür sind die Intergruppen-Aktivitäten, in denen die Interdependenz-Beziehungen überprüft werden.
Es gibt bei der OE auch noch andere Interventionen; diese werden in den kommenden Kapiteln diskutiert. Interventionen, wie zum Beispiel das Konfrontationstreffen, die Kraftfeld- und die Rollenanalyse.

## Zur Klassifizierung von OE-Interventionen

Man kann die OE-Interventionen auf verschiedene Weise klassifizieren. Einige sind schon beschrieben worden: die Hauptarten von Interventionen stellen eine Methode dar, die Untergliederung von Bennis eine andere. Wir bringen nun mehrere Übersichten, die die Interventionen unter verschiedenen Perspektiven darstellen. Eine Möglichkeit, sich einen Überblick der OE-Interventionen zu verschaffen, besteht darin, auf der Grundlage der folgenden Fragen eine Interventions-Typologie zu entwickeln.
Richtet sich die Intervention hauptsächlich auf individuelles Lernen, Erkenntnis und Entwicklung von Fähigkeiten oder auf Gruppenlernen? Richtet sich die Intervention auf Inhalts- oder Prozessaspekte (wobei der Inhalt beschreibt, was getan wird, während der Prozess beschreibt, wie es gemacht wird, wie die Menschen zueinander stehen und welche Dynamiken sich dabei entwickeln)? Aus diesen beiden Fragen lässt sich eine Matrix entwickeln, wie sie Abbildung 11 zeigt.
Dieses Schema stellt eine annähernde Klassifizierung verschiedener Interventionen dar; es ist schwierig, jede Intervention eindeutig zuzuordnen, da eine Intervention die Attribute mehr als eines Quadranten aufweisen kann. Die Arten der Interventionen schliessen sich nicht einfach gegenseitig aus; sie können in bezug

Abbildung 11: OE–Interventionen nach den beiden Dimensionen Individuen/Gruppe und Inhalt/Prozess

| | | *Dimension: Individuum/Gruppe*<br>Fokus auf dem Individuum | <br>Fokus auf der Gruppe |
|---|---|---|---|
| Dimensioneninhalt/Prozess | Aufgaben | Rollenanalyse<br>Ausbildung:<br>technische Fähigkeiten, Entscheiden, Problemlösen, Zielsetzen und Planen<br>Karriereplanung<br>Grid-OE-Phase 1<br>(siehe auch unten)<br>Möglicherweise Arbeitsbereicherung und Management by Objectives (MBO) | Strukturell-technologische Veränderung<br>Survey-Feedback<br>(siehe auch unten)<br>Konfrontationstreffen<br>Teamentwicklungssitzungen<br>Intergruppen-Aktivitäten<br>Grid-OE-Phasen 2, 3<br>(siehe auch unten) |
| | Prozess | Lebensgestaltung<br>Prozessberatung und individuenzentrierter Aktivitäten<br>Ausbildung: Gruppendynamik, geplanter sozialer Wandel<br>T-Gruppen (Stranger)<br>„Neutraler Dritter"<br>Grid-OE-Phase 1 | Survey-Feedback<br>Teamentwicklungssitzungen<br>Intergruppen-Aktivitäten<br>Prozessberatung<br>T-Gruppen (Family)<br>Grid-OE-Phasen 2, 3 |

auf Betonung ineinander übergreifen, und die Aktivität kann sich beispielsweise jetzt auf die Aufgabe und später auf den Vorgang richten. Im allgemeinen können jedoch die Interventionen als dem Quadranten zugehörig betrachtet werden, in welchem sie aufgeführt sind. Sie unterscheiden sich sozusagen durch ihre Betonung.

Man kann die Interventionen auch *als Mittel zur Verbesserung der Leistungsfähigkeit einer gegebenen organisatorischen Einheit* betrachten. Welche Interventionen werden gewöhnlich benutzt, um die Effektivität einzelner Organisationsbereiche zu steigern? Dies wird in Abbildung 12 gezeigt. Bei dieser Aufstellung wird deutlich, dass sich viele Interventionen mehreren Kategorien zuordnen lassen.

Abbildung 12: Typologie der OE-Interventionen nach Zielgruppen

| Zielgruppe | Interventionsarten |
|---|---|
| Interventionen zur Steigerung *individueller* Effektivitäten | Lebensgestaltungs- und Karriereplanungs-Aktivitäten<br>Rollenanalyse<br>Individuen zentrierte Aktivitäten<br>T-Gruppen (Sensitivity Training)<br>Ausbildung und Training zur Verbesserung von Fähigkeiten, von technischem Wissen, zwischenmenschlichen Entscheidungs-, Planungs- und Zielsetzungsfähigkeiten<br>Grid-OE-Phase 1 |
| Interventionen zur Steigerung der Effektivität von *Dyaden* und *Triaden* | Prozessberatung<br>„Neutraler Dritter"<br>Grid-OE-Phasen 1, 2 |
| Interventionen zur Steigerung von *Team*- und *Gruppen*effektivität | Teamentwicklung<br>T-Gruppen (Family)<br>Survey-Feedback<br>Prozessberatung<br>Rollenanalyse<br>Teamaufbau-Aktivitäten<br>Ausbildung im Hinblick auf: Entscheiden, Problemlösen, Planen und Zielsetzen in Gruppen |
| Interventionen zur Steigerung von *Intergruppenbeziehungen* | Intergruppenaktivitäten<br>Feedback durch Widerspiegelung<br>Strukturell-technologische Aktivitäten<br>Prozessberatung<br>„Neutraler Dritter"<br>Grid-OE-Phase 3<br>Survey-Feedback |
| Interventionen zur Steigerung der Effektivität *ganzer Organisationen* | Strukturell-technologische Aktivitäten<br>Konfrontationstreffen<br>Strategisches Planen<br>Grid-OE-Phasen 4, 5, 6<br>Survey-Feedback |

Diese Überschneidung und Überlagerung einzelner Interventionen und Aktivitäten in mehreren Klassifikationsbereichen wird auch durch eine Gegenüberstellung von Abbildung 11 und Abbildung 12 sichtbar. Dies mag den Leser vielleicht auf den ersten Blick verwirren, es zeigt jedoch die verschiedenen Anwendungsmöglichkeiten jeder Intervention. Die Redundanz hat vielleicht auch ihre gute Seite, da sie Anwendungsmöglichkeiten anzeigt, die dem Praktiker zwar geläufig sind, die er aber nicht erkennen würde. Einige dieser Möglichkeiten werden besonders in Abbildung 13 sichtbar. Ein weiteres konzeptionelles Schema zur Einteilung der OE-Intervention basiert auf dem Versuch, die zent-

Abbildung 13: Zuordnung von Interventionen zu Veränderungsmechanismen

| Veränderungs-Mechanismen | Aus diesen Veränderungsmechanismen abgeleitete Interventionen |
|---|---|
| Feedback | Survey-Feedback<br>T-Gruppen<br>Prozessberatung<br>Feedback durch Widerspiegelung<br>Einzelne Instrumente der Grid-OE |
| Verändern des Normen- und Wertsystems | Teamentwicklung<br>T-Gruppen<br>Intergruppentreffen<br>Grid-OE-Phase 1–3 |
| Steigerung der Interaktion und Kommunikation | Survey-Feedback<br>Intergruppentreffen<br>„Neutraler Dritter"<br>Feedback durch Widerspiegelung<br>Management by Objectives<br>Teamentwicklung<br>Strukturell-technologische Veränderungen |
| Konfrontation mit Schlichtung und Aushandeln | „Neutraler Dritter"<br>Intergruppentreffen<br>Individuenzentrierte Aktivitäten<br>Konfrontationstreffen<br>Feedback durch Widerspiegelung |
| Ausbildung durch:<br>1. Neues Wissen<br>2. Erwerb neuer Fähigkeiten | Lebensgestaltung und Karriereplanung<br>Teamentwicklung<br>Zielsetzungs-, Entscheidungs-, Problemlöse- und Planungsaktivitäten<br>T-Gruppen<br>Prozessberatung |

ralen, möglicherweise grundlegenden kausalen Mechanismen der Intervention zu bestimmen, d. h. die Dynamik einer Intervention, die wahrscheinlich den Grund für ihre Wirksamkeit darstellt. Das Schema ist etwas umstritten: Verschiedene Autoren könnten verschiedene kausale Dynamiken annehmen. Dies kann teilweise durch die relative Armut an Theorie und Forschung der Intervention erklärt werden. Aber der Praktiker wählt und kategorisiert die Interventionen aufgrund von angenommenen Dynamiken der Veränderung und des Lernens; es könnte daher nützlich sein, ein vorläufiges Schema aufgrund dieser Mechanismen aufzustellen.

Mehrere kausale Mechanismen, die den OE-Interventionen zugrunde liegen, können zu Veränderungen und Erkenntnissen führen. Diese kausalen Mechanismen finden sich in grösserem oder kleinerem Ausmass in den verschiedenen Interventionen; und es ist anzunehmen, dass die Wirksamkeit der verschiedenen Interventionen auf verschiedenen Ursachen basiert. Einige Eigenschaften verschiedener Interventionen, die sich möglicherweise auf das Lernen und die Veränderung beziehen, führen wir hier auf. Sie wurden zur Aufstellung der Abbildung 13 benutzt.

- *Feedback*

  Dabei handelt es sich um das Erfahren neuer Daten über sich selbst, über andere, über Gruppenprozesse oder über die gesamte Organisation. Diese Daten hatte man vorher nicht bewusst beachtet. Als Feedback werden Aktivitäten und Prozesse bezeichnet, die ein objektives Bild der wirklichen Welt reflektieren oder spiegeln. Das Bewusstwerden dieser *neuen Information* kann eine Änderung herbeiführen, wenn das Feedback nicht allzu bedrohend wirkt.

- *Veränderung des Normen- und Wertesystems*

  Oft ändern Menschen ihr Verhalten, ihre Einstellung, Werte usw., wenn sie sich einer Veränderung der Normen bewusst werden, durch die ihr Verhalten teilweise bestimmt wird. Wenn sich daher ein Mensch neuer Normen bewusst wird, so kann diese eine Veränderung herbeiführen, da er sein Verhalten den neuen Normen anpassen will. Das Bewusstsein, dass *ein neues Spiel gespielt wird* oder dass *wir nun nach neuen Regeln spielen,* wird hier also als eine vermutliche Ursache der Veränderung des individuellen Verhaltens angenommen.

- *Steigerung der Interaktion und Kommunikation*
  Eine erhöhte Interaktion und Kommunikation kann schon von sich aus Verhalten und Einstellungen verändern. Homans nimmt beispielsweise an, dass eine Steigerung der Interaktionshäufigkeit zu stärkeren positiven Empfindungen führt. [73] Isolierte Individuen und Gruppen entwickeln nach Murphy [74] leicht bestimmte Formen des Gruppenegoismus. Erhöhte Kommunikation wirkt wahrscheinlich dieser Tendenz entgegen, da der einzelne nun seine Erfahrungen mit denen anderer vergleichen und prüfen kann, ob sie genügend gesichert und von andern geteilt werden.
- *Konfrontation*
  Dieser Begriff bezieht sich auf das Sichtbarmachen und Behandeln von Meinungsverschiedenheiten oder widersprechende Einstellungen, Gefühlen, Werten oder Normen, die der wirkungsvollen Interaktion im Wege stehen. Konfrontation ist ein Vorgang, bei dem aktiv versucht wird, die wirklichen Differenzen zu erkennen, an die Oberfläche zu bringen und sie konstruktiv zu behandeln. Viele Dinge können die Entwicklung und das Lernen verhindern; wenn man sich nicht bewusst mit ihnen auseinandersetzt, so bleiben sie bestehen.
- *Ausbildung*
  Diese Aktivitäten dienen der Anpassung von Kenntnissen und Konzepten, überholten Überzeugungen, Haltungen und Fähigkeiten. Bei der OE richtet sich die Ausbildung gewöhnlich auf eine Verbesserung dieser drei Faktoren in verschiedenen Bereichen: Aufgabenerfüllung, menschliche und soziale Beziehungen, Organisationsdynamik und -prozesse sowie Steuerungsprozesse für Veränderungen. Ausbildung ist eine seit langem anerkannte Veränderungstechnik.

Je nach Intervention wird der eine oder andere Veränderungsmechanismus betont. Eine vorläufige Typologie, die auf den grundlegenden Veränderungsmechanismen basiert, zeigen wir in Abbildung 13. Dieses Schema unterscheidet zwischen Interventionen und zeigt gleichzeitig die in den verschiedenen Aktivitäten gefundenen mehrfachen Schwerpunkte an. Wir fangen erst an, die zugrundeliegenden Veränderungsmechanismen der Interventionen zu verstehen. Mit wachsender Kenntnis wird auch eine grössere Präzision in der Auswahl der Interventionsmöglichkeiten möglich.

Man kann vielleicht so sagen: OE ist zweifellos wirksam; warum sie wirksam ist, weiss und versteht man kaum.

Ein weiteres zweckdienliches Klassifizierungsschema kann man bilden, indem man OE-Interventionen in solche einteilt, die sich auf eine Verbesserung der Gruppen richten (Kapitel II/7), in solche, die sich mit den Intergruppenbeziehungen beschäftigen (Kapitel II/8), in solche, die die gesamte Organisation umfassen (Kapitel II/9) sowie schliesslich in solche, die sich direkt auf persönliche, zwischenmenschliche Prozesse und Gruppenprozesse konzentrieren (II/10). Dieses Schema ähnelt der Typologie, die auf Zielgruppen basiert und in Abbildung 12 dargestellt wird; die *Prozessinterventionen* werden jedoch nicht speziell berücksichtigt.

Schliesslich muss sich der Praktiker noch der vielen Dimensionen jeder Aktivität bewusst sein, nachdem er die verschiedenen Interventionen beherrscht und deren zweckliche und zeitgemässe Eignung versteht. Da er bei jeder Intervention in verschiedene Richtungen vorgehen kann, behält er während seiner Tätigkeit alle Alternativen im Auge. Bei Teamentwicklungssitzungen wird er sich beispielsweise verschiedener Dimensionen bewusst sein, die seinen Input und seine Beiträge beeinflussen. Diese Dimensionen kann man erklären, indem man Fragen formuliert, die der Praktiker sich selbst stellen könnte:

– Wir befassen uns augenblicklich mit dem Verhalten der einzelnen; wie kann diese Lerntätigkeit auf das Lernen für die Gruppe übersetzt werden?
– Wir beschäftigen uns augenblicklich mit Gruppenphänomenen; wie kann diese Lerntätigkeit auf das Lernen für die einzelnen Individuen übersetzt werden?
– Wir konzentrieren uns auf die Aufgabenbereiche und -erfordernisse; wie beziehen sich diese auf prozessbezogene Fragen und auf das Verständnis der Dynamik in der Gruppe?
– Wir haben gerade durch eigene Erfahrung etwas über ein Phänomen gelernt; durch welches theoretische und begriffliche Material würde dieses Lernen unterstützt werden?
– Wir befassen uns mit Fragen und Kräften, die diese Gruppe von aussen beeinflussen; welche Aktivitäten sind am besten dazu geeignet, diese Interdependenz-Faktoren zu meistern?
– Wir behandeln ein altes Problem auf neue Weise; deutet dies eine Veränderung der sozio-kulturellen Normen in dieser Gruppe an? Sind sich die Mitglieder darüber im klaren?

– Wir stellen interpersonelle und Intergruppenkonflikte fest; welche Interventionen eignen sich zur Lösung dieser Konflikte?

In diesem Kapitel brachten wir einen Überblick über die OE-Interventionen, über strukturierte Aktivitäten, bei denen ausgewählte organisatorische Bereiche (Zielgruppen oder einzelne) sich mit einer Aufgabe oder einer Reihe von Aufgaben befassen, wobei sich die Aufgabenziele direkt oder indirekt auf die Verbesserung der Organisation beziehen. Wir diskutierten verschiedene Definitionen der OE-Interventionen. Ausserdem beschrieben wir die Natur der Interventionen und zeigten durch mehrere Klassifizierungen ein Bild der Interventionen aus verschiedenen Perspektiven. Die folgenden Kapitel beschreiben die Interventionen im einzelnen anhand eines Inventars der gebräuchlichen Techniken und Methoden.

# 7. Team-Interventionen

In den Kapiteln II/7 bis II/10 werden wir im einzelnen die Interventionsaktivitäten untersuchen, die zur Entwicklung einer Organisation vorgenommen werden. Dabei handelt es sich um Techniken und Methoden, die dazu geeignet sind, die Kultur der Organisation zu verändern. Die Organisation soll vom Ist-Zustand in den von ihr erstrebten Soll-Zustand versetzt werden, und die Mitglieder sollen in der Lage sein, ihre Praktiken zu verbessern, so dass sie ihre Ziele leichter erreichen können.[75] Der Charakter dieser Interventionen und eine vorläufige Betrachtung der verschiedenen Typen von Methoden haben wir bereits präsentiert. In diesem Kapitel behandeln wir Beschreibungen, Ziele und Mechanismen der verschiedenen technischen Instrumente der OE-Praktiker, die sich auf die Verbesserung der Leistung von bestehenden Arbeitsgruppen innerhalb der Organisation richten.

## Teamentwicklungs-Interventionen

Die wichtigste Gruppe von Interventionen sind wahrscheinlich die Teamentwicklungs-Aktivitäten, deren Ziel eine verbesserte und erhöhte Leistungsfähigkeit der verschiedenen Gruppen in der Organisation ist. Einige Interventionen konzentrieren sich auf die permanenten Arbeitsgruppen (Family Groups), die aus einem Vorgesetzten und seinen Untergebenen bestehen, während andere Interventionen sich auf Projektgruppen richten: auf neu geformte Gruppen, die sich durch Fusionen oder Veränderungen in der Struktur der Organisation ergeben oder auf Ausschüsse usw. Die Teamentwicklungs-Interventionen richten sich typischerweise auf vier Hauptbereiche: Diagnose, Aufgabenerfüllung, Gruppenbeziehungen und Team- und Organisationsprozesse. Diese verschiedenen Schwerpunkte sind auf Abbildung 14 angedeutet.
Zuerst wollen wir verschiedene dieser Interventionen untersuchen, wie sie in einer permanenten Gruppe (Family Group) vorgenommen werden könnten. Die Hauptakteure sind dabei ein Berater (als neutraler Dritter), der Gruppenleiter und die Mitglieder.

Abbildung 14: Arten der Teamentwicklungsaktivitäten

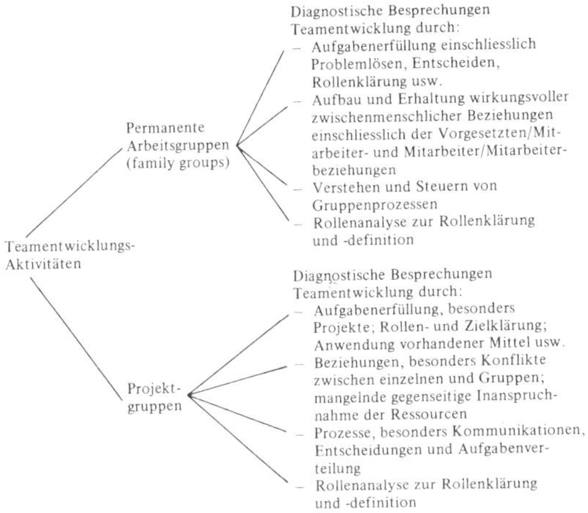


## Teamdiagnose-Workshop

Durch diagnostische Besprechungen in permanenten Gruppen soll die Leistung der Gruppe allgemein kritisiert werden, d. h. es soll bestimmt werden, *in welcher Richtung wir gehen* und *wie erfolgreich wir dabei sind;* zudem sind Probleme aufzuspüren und zu identifizieren, so dass sie später behandelt werden können. Normalerweise diskutieren der Gruppenleiter und der Berater zuerst die Idee, und wenn scheinbar ein Bedürfnis für eine diagnostische Besprechung besteht, wird die Idee der Gruppe vorgelegt. Der Gruppenführer kann die Reaktion der Gruppe durch folgende Fragen ermitteln: Mit welchen Problemen sollten wir uns beschäftigen? Wie gut gelingt es uns, unsere Aufgaben zu erledigen? Wie steht es mit den Beziehungen zwischen den Mitgliedern? Welche Gelegenheiten sollten wir besser nutzen? Welche Dinge machen wir richtig und welche falsch?

Wenn man sich zur diagnostischen Besprechung entschieden hat, wird ein Blick auf die Leistung der Gruppe geworfen, und dann trifft man sich zu einem halb- oder ganztägigen Workshop. Die diagnostischen Daten können auf verschiedene Weise erhoben, d. h. bekanntgegeben werden:

- In einer Besprechung der ganzen Gruppe, zu der alle Mitglieder beitragen und sich zu allen Themen äussern.
- Die Gruppe wird in Untergruppen aufgeteilt, die intensiver diskutieren und dann an die Gesamtgruppe Bericht erstatten.
- In Diskussionen zwischen je zwei Individuen, die ihre Ideen miteinander diskutieren und dann an die Gesamtgruppe berichten.

Nachdem die gesamte Gruppe die Daten gesehen hat, werden die Fragen diskutiert und in Gruppen eingeteilt (z. B. Planungsprobleme, Interdependenz-Probleme oder Zielunklarheiten) und vorläufige weitere Aktionen vorgeschlagen. Als nächster Schritt ist vielleicht eine Teamentwicklungsbesprechung nötig, oder ein Verteilen der Problembearbeitung an verschiedene Projektgruppen, oder eine Reihe anderer Strategien, durch die für die aufgezeigten Probleme korrektive Massnahmen getroffen werden. Dabei sollte allerdings beachtet werden, dass sich die diagnostischen Besprechungen in permanenten Gruppen auf das Erkennen von Problemen richten, die gelöst werden sollen und für die man die entsprechenden Massnahmen unternehmen soll. Allgemein werden diese Massnahmen entweder nach der Besprechung unternommen oder in weiteren Besprechungen durchgeführt.

Durch die diagnostischen Besprechungen kann eine Gruppe sich selbst kritisieren, sie kann ihre Stärken und Problembereiche identifizieren, und alle Mitglieder können bei der Erhebung der nötigen Daten mitwirken. Die Daten bilden dann die Grundlage für zukünftige Massnahmen. Für eine solche Besprechung ist nicht viel Zeit nötig. Halbjährliche diagnostische Besprechungen bieten eine hervorragende Methode der Problemkontrolle. Ein Schlüssel zum Erfolg kurzer diagnostischer Besprechungen ist die Erkenntnis aller Mitwirkenden, dass die Besprechung zur Verdeutlichung von Problemen dient und nicht zu deren Lösung (die Lösung erfordert vielleicht beträchtlich mehr Zeit und Aufwand).

Diagnostische Besprechungen für neu gebildete Gruppen, wie z. B. Projektgruppen oder durch Fusion entstandene Gruppen, sind ihrer Form und Funktion den Besprechungen permanenter Gruppen ähnlich. Sie können allerdings öfter gehalten werden, um neu auftauchende Probleme frühzeitig zu erkennen. Ausserdem ist es bei neu gebildeten Gruppen anzuraten, die diagnostischen Besprechungen mit Problemlösungs- und Teambildungsbesprechungen zu verbinden.

## Teamentwicklungs-Workshop

Der Teamentwicklungs-Workshop soll die Leistungsfähigkeit der Gruppe durch besseres Management der Aufgabenanforderungen, Beziehungen und Gruppenvorgänge verbessern. Die Gruppe richtet die Aufmerksamkeit nach innen, auf ihre eigene Leistung, auf ihr Verhalten und ihre Kultur, um dadurch dysfunktionale Verhaltensweisen zu verringern und funktionale zu verstärken. Die Gruppe kritisiert ihre Leistung, analysiert ihre Arbeitsweise und versucht, Strategien zur Verbesserung ihrer Arbeit zu entwickeln. Manchmal bezieht sich die Besprechung auf eine besondere Frage, beispielsweise die Entwicklung der Gruppenziele im nächsten Jahr. Oft wird der Zweck der Besprechung allgemein durch die Frage ausgedrückt: Wie können wir uns in eine besser funktionierende Gruppe verwandeln?
Der Teamentwicklungs-Workshop wird gewöhnlich vom Gruppenleiter eingeleitet, der von einem aussenstehenden Dritten beraten wird. Die Idee wird dann der Gruppe vorgelegt, um deren Reaktion zu ermitteln. Umgekehrt kann die Gruppe die Idee anregen und dem Vorgesetzten unterbreiten, wenn die Mitglieder ein dringendes Problem erkennen, das untersucht und gelöst werden soll. Der gesamte Workshop erstreckt sich gewöhnlich über drei Tage; er sollte abseits vom Arbeitsort gehalten werden.
Normalerweise unterhält sich der Berater mit allen Mitgliedern und dem Leiter der Gruppe vor der Besprechung. Dabei befragt er sie nach ihren Problemen und ihrer Ansicht über die Arbeitsweise der Gruppe und Arbeitshindernisse, die einer besseren Leistung im Wege stehen. Diese Interview-Daten werden vom Verwalter in Themenbereiche eingeteilt, die er dann der Gruppe am Anfang der Konferenz unterbreitet. Die Gruppe untersucht und diskutiert die Fragen, bestimmt ihre Priorität, untersucht die den Problemen zugrundeliegende Dynamik; sie beginnt Problemlösungen auszuarbeiten und bestimmt die Massnahmen, die die gewünschten Veränderungen herbeiführen sollen. Oft wird später eine weitere Besprechung gehalten, um zu ermitteln, ob die geplanten Massnahmen durchgeführt wurden und die gewünschte

Wirkung erzielten. Soweit also zunächst der Verlauf des Teamentwicklungs-Workshops; im folgenden werden wir uns die Bestandteile genauer ansehen. Der Workshop kann aus einem bestimmten Grund angesetzt werden, wie z. B. der Eintritt eines neuen Mitglieds in die Gruppe, eine Veränderung in der Struktur der Organisation oder um Pläne für das nächste Jahr zu machen; oder der Workshop kann sich vorwiegend der Erhaltung und Steuerung der Kultur und der Vorgänge in der Gruppe widmen. Wenn die Besprechung einem besonderen Zweck dient, sollte man zudem Zeit für eine Untersuchung und Kritik der Gruppenvorgänge reservieren.

Die Daten für die Besprechungen können durch verschiedene Methoden beschafft werden. Oft ist es am besten, wenn sich der Berater mit allen Mitgliedern unterhält und zwanglos Fragen wie die folgenden stellt: Was hindert Ihrer Ansicht nach diese Gruppe daran, eine bessere Gruppe zu sein? Durch dieses Vorgehen werden die Gruppenmitglieder mit dem Berater bekannt, und der Berater kann das Interesse der Mitglieder an der Teambildungsbesprechung beurteilen. Der Berater entscheidet im voraus, ob die Interviewergebnisse vertraulich behandelt werden sollen oder nicht, und er teilt dies den einzelnen Mitgliedern mit. Beide Vorgehen haben ihre Vor- und Nachteile. Wenn die Information z. B. vertraulich gehalten wird, so wird sich der Befragte gewöhnlich auch offener und vertraulicher äussern. Andererseits kann aber eine öffentliche Behandlung der Information auch eine Atmosphäre der Offenheit, des Vertrauens und der konstruktiven Problemlösung schaffen. Wenn die Information vertraulich gehandhabt wird, so sorgt der Berater dafür, dass er die Interview-Ergebnisse auf allgemeine Weise präsentiert, so dass die Quelle der Information anonym bleibt. Auch auf andere Arten können die Konferenzthemen entwickelt werden, wie z. B. durch Teamdiagnose, Workshop oder durch eine Umfrage.

Der Berater präsentiert die Ergebnisse der Interviews in der Form von Problembereichen. Nachdem die Problembereiche allgemein verstanden sind, werden sie von der Gruppe ihrer Wichtigkeit nach geordnet; die wichtigsten Punkte bildet die Tagesordnung für den Workshop. Im Laufe der Besprechungen ergibt sich noch weitere Information über zwischenmenschliche Vorgänge und Gruppenvorgänge; diese wird auch untersucht. Die Gruppe be-

schäftigt sich daher mit zwei Problembereichen: den Problemen der Tagesordnung und den Problemen, die sich aus den Interaktionen zwischen den Mitgliedern ergeben.
Während der Diskussion wichtiger Probleme werden auch Massnahmenalternativen entwickelt. Im allgemeinen werden bei den Teamentwicklungs-Workshops auch Entscheidungen über weitere Problemlösungsverfahren getroffen, und es wird festgelegt, *wer was wann machen wird.*
Wesentliche Variationen der Teamentwicklungs-Workshops sehen auch Zeit für Problemlösungs-, Planungs-, Zielsetzungs- und Konfliktlösungs-Methoden vor. Diese besonderen Aktivitäten werden gewöhnlich durch von der Gruppe geäusserte Bedürfnisse angeregt. Der Berater leistet in der Regel einen kurzen kognitiven Input in der Form eines Vortrags oder Kurzreferats oder er strukturiert die Situation so, dass ein bestimmtes Problem oder ein bestimmter Prozess im Vordergrund steht. Eine Vielfalt von Übungen kann in die dreitägigen Konferenzen eingestreut werden, je nach der Art der identifizierten Probleme oder auftauchenden Gruppenphänomene. (Das vierte in Kapitel I/1 gegebene Beispiel beschreibt einige dieser besonderen Aktivitäten, die sich auf auftauchende Probleme in einer Teambildungssitzung beziehen und deren Lösung erleichtern.)
Abbildung 14 deutet an, dass sich Teamentwicklungs-Workshops auf Probleme der Aufgabenerfüllung und deren Lösung richten können, auf die Untersuchung und Verbesserung zwischenmenschlicher Beziehungen oder auf die Beeinflussung der Gruppenkultur und der Gruppenvorgänge. Es kann sein, dass eine dieser Fragen das Hauptthema der Workshops bildet. Beispielsweise kann die Besprechung als eine Problemlösungsbesprechung gelten, in welcher der Einfluss einer neuen Funktion oder Aufgabe auf die Gruppe untersucht wird. Sogar in diesem Falle wird ein Teil der Besprechung der Überlegung gewidmet, *wie* die Gruppe ihre Probleme löst, d. h. es werden die Gruppenvorgänge kritisiert. Auf diese Weise wird die Gruppe sowohl auf der Ebene der Aufgaben als auch auf der Ebene der Vorgänge leistungsfähiger.

## Rollenanalyse als Intervention

Rollenanalyse Interventionen sollen die Rollenerwartungen und die Rollenverpflichtungen der Gruppenmitglieder klären, um die Leistungsfähigkeit der Gruppe zu verbessern. In Organisationen üben die einzelnen verschiedene und spezialisierte Rollen aus, die sich in bestimmten Verhaltensweisen äussern. Diese Arbeits- und Funktionserteilung ermöglicht die Leistung der Organisation. Oft hat jedoch der Inhaber einer Rolle keine klare Vorstellung des Verhaltens, das andere von ihm erwarten, und ebenso oft versteht weder er noch die andern, was er von den anderen bei der Erfüllung der Rolle erwarten kann. Ishwar Dayal und John M. Thomas entwickelten eine Technik, um die Rollen des Topmanagement einer neuen Organisation in Indien zu klären.[76] Diese Technik eignet sich besonders für neue Gruppen, aber sie kann auch für bestehende Gruppen nützlich sein, in denen Rollenambiguität oder -konfusion besteht. Die Technik beruht auf der Überzeugung, dass eine gemeinsame Bestimmung der Rollenerfordernisse für jedes Mitglied zu einem gegenseitig produktiveren und befriedigenderen Verhalten führt. An der Ausarbeitung dieser Rollenerfordernisse sind alle betroffenen Mitglieder zu beteiligen. Dayal und Thomas nennen diese Aktivität die Rollenanalysetechnik (RAT).

In einer Reihe strukturierter Schritte definieren und beschreiben die Rolleninhaber zusammen mit den Gruppenmitgliedern die Rollenerfordernisse. Die jeweils betrachtete Rolle wird als Fokusrolle bezeichnet. In einer neuen Organisation könnte es wünschenswert sein, alle bedeutenden Rollen zu analysieren.

Der erste Schritt besteht aus einer Analyse der Brennpunktrolle, die vom Rolleninhaber angeregt wurde. Die Rolle, ihr Platz in der Organisation, der Grund für ihre Existenz und ihre Bedeutung für die gesamtorganisatorischen Ziele werden gleichzeitig mit den besonderen Aufgaben der Stelle untersucht. Die besonderen Aufgaben und Verhalten werden auf eine Tafel geschrieben und von der ganzen Gruppe diskutiert. Verhaltensweisen werden hinzugefügt und gestrichen, bis die Gruppe und der Rolleninhaber mit der vollständigen Definition der Rolle zufrieden sind.

Beim zweiten Schritt werden die Erwartungen des Inhabers der Fokusrolle untersucht, d. h. die Erwartungen anderen gegenüber. Der Inhaber schreibt auf, was er von den anderen Rollen erwartet,

die seine eigene Leistung am meisten beeinflussen. Seine Erwartungen, werden dann diskutiert, geändert, ergänzt und von der Gruppe akzeptiert.
Beim dritten Schritt findet man heraus, was die anderen von der Fokusrolle erwarten, d. h. die Mitglieder der Gruppe beschreiben, was sie vom Inhaber der Fokusrolle verlangen und erwarten. Diese Erwartungen der anderen werden dann diskutiert, geändert und von der Gruppe und dem Rolleninhaber akzeptiert.
Nachdem dieser Schritt vollzogen ist, schreibt der Inhaber der Fokusrolle eine Zusammenfassung der Rollendefinition, die dann als *Rollenprofil* bezeichnet wird und die die Ergebnisse aller drei Schritte enthält. Dayal und Thomas beschreiben das Rollenprofil folgendermassen: „Es besteht 1. aus einer Reihe von Tätigkeiten, die sich aus unverzichtbaren und sonstigen Elementen der Rolle ergeben, 2. aus der Verpflichtung der Rolle gegenüber jeder anderen Rolle innerhalb des jeweiligen Kontextes und 3. aus den Erwartungen an diese Rolle von seiten anderer Rollen. Im ganzen betrachtet ermöglicht diese Analyse ein umfassendes Verständnis der *Rollenbereiche* jedes Mitgliedes". [77]
Das geschriebene Rollenprofil wird in der folgenden Besprechung noch kurz überprüft, bevor die nächste Brennpunktrolle analysiert wird. Das akzeptierte Rollenprofil stellt die Rollenaktivitäten des Rolleninhabers dar. Diese Intervention braucht die einzelnen nicht zu bedrohen und kann äusserst lohnend sein. In vielen Fällen sind die gegenseitigen Forderungen, Erwartungen und Verpflichtungen der einzelnen Mitglieder nie offen untersucht worden. Jeder Rolleninhaber wundert sich, warum *die anderen nicht tun, was von ihnen verlangt* wird, während jeder gleichzeitig glaubt, dass er sich richtig verhält. Die kooperative Rollenanalyse und Definition durch die gesamte Arbeitsgruppe kann nicht nur klären, *wer was tun soll,* sondern auch die innere Verpflichtung zu der so geklärten Rolle verstärken.
Nach unserer Erfahrung kann dieses Verfahren abgekürzt werden, wenn die Transparenz und das Verständnis der gegenwärtigen Aktivitäten verschiedener Rolleninhaber bereits hoch sind. Wenn beispielsweise ein Problem der Organisation darin besteht, dass man sich über die Pflichten des Vorstands des Präsidenten oder des Geschäftsleiters nicht klar ist, so kann sich die folgende Reihenfolge von Massnahmen als erfolgreich erweisen. (Diese

Technik wurde im vierten Beispiel in Kapitel I/1 angewandt.) Der Präsident, die Mitglieder des Vorstandes und die führenden Mitarbeiter sollten an der Besprechung teilnehmen.

1. In Anwesenheit des Vorstandes diskutieren der Präsident und seine Mitarbeiter die Frage: Wenn die Vorstandsmitglieder sich auf optimale Weise betätigen würden, wie würden Sie sich verhalten?
2. Während der Diskussion werden die Antworten auf einer Tafel oder einem grossen Bogen Papier sichtbar gemacht; unterschiedliche Auffassungen werden aufgezeichnet.
3. Nach etwa 45 Minuten wird die Liste so modifiziert, dass sie den Konsensus der ganzen Gruppe findet.
4. Dieser Vorgang wird wiederholt, aber dieses Mal hört der Präsident zu, während seine Mitarbeiter und die Vorstandsmitglieder die Frage diskutieren: Wenn der Präsident sich auf optimale Weise verhalten würde, wie würde er sich dann verhalten? Wiederum werden die Antworten während der Diskussion sichtbat aufgeschrieben. Der Präsident antwortet, und es wird versucht, Konsensus zu erreichen.

Wie im Falle der längeren Rollenanalyse hilft dieser Vorgang, die Rollenerwartungen und Rollenverpflichtungen zu klären, und führt oft zu wesentlichen Veränderungen im gesamten Netz der Tätigkeiten des Managements und des Vorstandes. Beispielsweise haben wir gesehen, wie dieses Verfahren dazu führen kann, dass sich der Vorstand nur noch mit der Festlegung der Politik beschäftigt, anstatt sich fortlaufend mit täglichen Ablaufproblemen zu überlasten und die Geschäftsführung dem Präsidenten und seinen Mitarbeitern zu überlassen.

Das gemeinsame Steuern der Gruppenkultur ist ein wichtiger Teil der OE-Programme. Dies basiert auf der Annahme, dass in den heutigen Organisationen der grösste Teil der Arbeit direkt oder indirekt durch Gruppen getan wird. Dies reflektiert auch die Annahme, dass die Kultur der Arbeitsgruppe einen bedeutsamen Einfluss auf das Verhalten des einzelnen ausübt. Gewöhnlich stammt die Technologie und Theorie zur Erklärung und Verbesserung von Gruppenvorgängen aus der Laboratoriumsmethode und aus Untersuchungen im Bereich der Gruppendynamik. Die Bedeutung der formellen Arbeitsgruppe und ihr Einfluss auf das Verhalten und die Empfindungen einzelner ist von verschiedenen Zweigen der Wissenschaft bestätigt worden, beispielsweise von der Kulturanthropologie, der Soziologie, der Organisationstheorie und der Sozialpsychologie. Die Interventionen, die wir in Kapitel II/10 beschreiben werden, sind mit den Aktivitäten der Teamentwicklung, Gruppendiagnose und Rollenanalyse eng verwandt; sie beziehen sich mehr auf Einzelprobleme aber sie beziehen sich ebenfalls auf Kleingruppen.

Wahrscheinlich gäbe es die OE als Disziplin heute nicht, wenn keine Interventionen zur Verbesserung von Intergruppen-Beziehungen (siehe Kapitel II/8) oder zur Verbesserung von ganzen Organisationen (siehe Kapitel II/9) entwickelt worden wären; stattdessen gäbe es nur eine umfangreiche „*Kleingruppen*-Entwicklung". Obwohl die meisten OE-Strategien durch Interventionen in kleine Gruppen eingeleitet werden, und obwohl die fortwährende Beachtung der Leistungsfähigkeit eines Teams eine Grundbedingung für erfolgreiche OE-Massnahmen ist, möchten wir doch unterstreichen, dass eine gesamte Organisation nur dann verbessert werden kann, wenn man über die Stufe der Gruppe hinausgeht.

# 8. Intergruppen-Interventionen

Wenn Spannung, Konflikt oder Konkurrenz zwischen Gruppen besteht, so geschieht es mit grosser Wahrscheinlichkeit häufig, dass jede Gruppe die andere als *Feind* und nicht unvoreingenommen betrachtet; jede Gruppe beschreibt die andere in negativen Stereotypen; Kommunikation und Interaktion zwischen den beiden Gruppen vermindern sich, Gedankenaustausch und Feedback hören auf; die noch verbleibenden Kommunikationen und Interaktionen sind verzerrt und ungenau; jede Gruppe beginnt, sich selbst und ihre Ergebnisse anzupreisen und die andere Gruppe und deren Ergebnisse zu diskriminieren; jede Gruppe denkt und handelt, als ob sie nie Fehler macht und als ob die andere Gruppe nichts richtig machen kann; und manchmal ist es nicht ausgeschlossen, dass eine Gruppe die andere auf irgendeine Weise sabotiert [78]. Die meisten Menschen sind sich der beträchtlichen Intergruppen-Konflikte in Organisationen bewusst, und die meisten Menschen sind sich auch der Verhaltensmuster der Gruppen in solchen Konflikten bewusst. Aber wenige Menschen kennen Wege, die aus dem Konflikt herausführen und dessen Konsequenzen vermeiden.

Verschiedene Strategien zur Verminderung von Intergruppen-Konflikten sind in der Fachliteratur beschrieben worden. Unter anderen wird empfohlen, dass beide Gruppen einen *gemeinsamen Feind* finden, wodurch die Gruppen näher zusammengebracht werden; die Interaktionen und Kommunikationen zwischen den Gruppen zu erhöhen, wodurch Gefühle und Einstellungen positiv beeinflusst werden sollen; ein übergeordnetes Ziel zu finden, das beide Gruppen zu erreichen wünschen aber von keiner Gruppe ohne die Mitwirkung der anderen erreicht werden kann; Mitglieder zwischen den Gruppen auszutauschen und bestimmte Arten von Training einzuführen [79]. Aber sogar die Kenntnis dieser Strategien ist nicht unbedingt sehr hilfreich. Nach wie vor bleibt die Frage bestehen, wie die Mechanismen oder Konfliktreduzierung angewendet werden können und wie dabei zu beginnen ist. In diesem Kapitel untersuchen wir die Verfahren, die zur Verringerung von Intergruppen-Konflikten und zur Verbesserung von

Intergruppen-Beziehungen entwickelt worden sind. Aufgrund der Vielzahl von Intergruppenproblemen in Organisationen kommt diesen Interventionen eine besondere Stellung zu. Darüber hinaus bedeutete die Entwicklung von Verbesserungsstrategien für teamübergreifende Subsysteme ein wichtiger Schritt in Richtung auf eine Veränderung ganzer Systeme.

### Intergruppen-Teamentwicklungs-Interventionen

Der Schwerpunkt dieser Teamentwicklungs-Interventionen liegt auf der Verbesserung der Intergruppen-Beziehungen. Die Massnahmen sollen die Kommunikationen und Interaktionen mit Interdependenzbeziehung verbessern, dysfunktionale Konkurrenz verringern und eine gruppenegoistische Kirchturmspolitik durch ein Bewusstsein für die Notwendigkeit solcher Kooperationsformen ersetzen, die den bestmöglichen Beitrag der beteiligten Gruppen erlauben. Es kommt nicht selten vor, dass beträchtliche Energien für Konkurrenz, Missverständnisse und Irrtümer zwischen Gruppen verschwendet werden. Organisationsinterne Belohnungsstrukturen ermutigen oft solches Verhalten, indem die Erreichung der Gruppenziele in den Vordergrund gestellt wird, anstatt die Erreichung der Gesamtziele. Durch OE-Methoden kann die Zusammenarbeit und Kommunikation zwischen Gruppen verbessert werden, wie wir sehen werden.
Eine Reihe von Massnahmen, wie sie von Blake, Shepard und Mouton entwickelt wurden, kann weitgehend in Situationen angewandt werden, wo die Beziehungen zwischen Gruppen gespannt und offensichtlich feindlich sind [80]. Es handelt sich dabei etwa um folgende Schritte [81]:

*Schritt 1:* Die Führer der beiden Gruppen (oder aller Mitglieder) lernen den Berater kennen. Dieser fragt sie, ob ihrer Meinung nach die Beziehungen zwischen den beiden Gruppen besser sein könnten und ob sie bereit sind, nach Mitteln zur Verbesserung der Beziehung zu suchen. Es kommt zu diesem Zeitpunkt lediglich darauf an, dass sie sich für diese Bereitschaft verpflichten, woraufhin die folgenden Schritte unternommen werden.

*Schritt 2:* Nun beginnt die eigentliche Intergruppen-Intervention. Die zwei Gruppen treffen sich in verschiedenen Räumen und fertigen je zwei Listen an. Auf der einen Liste beschreiben sie ihre Gedanken, Einstellungen und Vorstellungen über die andere Gruppe (wie sich die andere Gruppe verhält, was die eigene Gruppe an ihr stört usw.). Auf der zweiten Liste versucht die Gruppe vorauszusagen, was die andere Gruppe über die eigene Gruppe sagen wird (was der anderen Gruppe nicht gefällt, wie die andere Gruppe die eigene Gruppe sieht usw.). Beide Gruppen arbeiten diese Listen aus.

*Schritt 3:* Die zwei Gruppen treffen sich zum Austausch der Information auf den Listen. Gruppe A liest der Gruppe B vor, wie sie sich die Gruppe B vorstellt und was ihr an ihr nicht gefällt. Dann tut Gruppe B dasselbe. Der Berater stellt die Regel auf, dass jetzt noch keine Diskussion begonnen wird und dass nur Fragen bei Unklarheiten der Liste beantwortet werden sollen. Dann liest Gruppe A ihre zweite Liste, worin sie voraussagt, was Gruppe B über die eigene Gruppe sagen würde, wonach Gruppe B ihre entsprechende Liste vorliest.

*Schritt 4:* Die beiden Gruppen ziehen sich in ihre jeweiligen Räume zurück und erhalten zwei Aufgaben. Erstens diskutieren sie, was sie gerade über sich selbst und die andere Gruppe erfahren haben. Gewöhnlich wird entdeckt, dass viele Meinungsverschiedenheiten und Reibungen auf Missverständnissen und irrtümlichen Vorstellungen beruhen; diese können durch den Austausch der Listen leicht beseitigt werden. Die Differenzen zwischen den Gruppen stellen sich als geringfügiger als angenommen heraus, und man sieht weniger Probleme als man glaubte. Nach dieser Diskussion erhält jede Gruppe eine zweite Aufgabe: eine Liste anzufertigen, in der die noch zwischen den Gruppen zu lösenden Probleme ihrer Bedeutung nach aufgeführt werden. Diese Liste fällt gewöhnlich viel kürzer aus als die ursprüngliche. Jede Gruppe bildet ihre eigene Liste.

*Schritt 5:* Die zwei Gruppen treffen sich wieder und lesen ihre Listen vor. Nach einem Vergleich der Listen fertigen sie zusammen eine neue Liste der Fragen und Probleme an, die gelöst werden sollten. Die Punkte werden ihrer Bedeutung und Dringlichkeit nach geordnet. Es werden Schritte zur Lösung ausgearbeitet und die Verantwortung für die Massnahmen verteilt. Dann wird für die wichtigsten Punkte beschlossen, *wer was wann tut.* Damit ist die Intervention beendet.

*Schritt 6:* Im Anschluss an diese Intergruppen-Teamentwicklungs-Aktivitäten ist es gewöhnlich wünschenswert, dass die Gruppen oder deren Führer sich wieder treffen um festzustellen, ob die geplanten Massnahmen auch wirklich vorgenommen wurden, und um zu sehen, wie die Gruppen die Massnahmen ausführen. Dadurch wird sichergestellt, dass die Impulse aus den Intergruppen-Interventionen Kontinuität erhalten.

Auf dieselbe Weise kann man auch bei grösseren Gruppen vorgehen, die umfassenden Systemen angehören. Nachdem beispielsweise Bewährungshelfer und Polizisten den Wunsch angedeutet hatten, die gegenseitigen Beziehungen zu verbessern, brachten wir einen Abend mit den beiden Gruppen in einer Übung zu, bei der wir uns um besseres gegenseitiges Verständnis bemühten. Zufällig besuchten die Mitglieder der beiden Gruppen zur gleichen Zeit Workshops am gleichen Konferenzort. Wir teilten die vielköpfigen Gruppen einfach in kleinere Untergruppen auf, paarten sie und führten beinahe die gleiche Übung gemäss den oben erwähnten sechs Schritten durch. Vorläufige Empfehlungen wurden im Plenarsaal angeschlagen und konnten während einer folgenden Freizeitveranstaltung von den Teilnehmern eingesehen und diskutiert werden.
Ein hiervon etwas abweichendes Vorgehen wird von Fordyce und Weil beschrieben, aufgrund ihrer Erfahrungen bei der Firma TRW Systems[82]. Bei dieser Version haben sich auch zwei Gruppen dazu entschieden, die gegenseitigen Beziehungen zu verbessern. Sie treffen sich in zwei getrennten Räumen. Jede Gruppe erhält die Aufgabe, die folgenden drei Listen anzufertigen:

1. Eine „*positive Feedback*-Liste", die die Punkte umfasste, die die eine Gruppe an der anderen Gruppe schätzte.
2. Eine „*Beschwerdeliste*", die jene Punkte enthielt, die der einen Gruppe an der anderen missfiel.
3. Eine „*Vorhersage*"*-Liste,* die Voraussagen darüber enthielt, was die jeweils andere Gruppe vermutlich aufschreiben wird.

Die beiden Gruppen treffen sich, und die Gruppensprecher lesen die Listen vor. Fragen beschränken sich auf ergänzende Erklärungen, die Themen selbst werden noch nicht diskutiert.
Nach diesem Schritt bleiben jedoch die Gruppen zusammen, anstatt sich wieder zu trennen und fertigen gemeinsam eine geordnete Hauptliste an, die die grössten ungelösten Probleme in der Reihenfolge ihrer Wichtigkeit aufführt.
Es werden Untergruppen gebildet, die aus Mitgliedern beider Gruppen bestehen. Diese erhalten die Aufgabe, die Themen auf der Hauptliste zu diskutieren und später der gesamten Gruppe darüber zu berichten.
Aufgrund der Information von den Untergruppen, der erfolgten Bearbeitung der Themen und der umfassenden Information beider Gruppen, fertigen die Teilnehmer nun eine Liste von Massnahmen an, durch die sie die Beziehungen zwischen den Gruppen verbessern wollen und verpflichten sich für deren Durchführung. Die Mitglieder, die für die einzelnen Massnahmen verantwortlich sind, werden bestimmt und es wird hierfür ein Terminplan festgesetzt.
Wir haben festgestellt, dass man auf diese Weise auch mit *drei* Gruppen gleichzeitig arbeiten kann, ohne dass die Mitglieder (oder Berater) das Verfahren als zu sehr verwirrend finden. Bei der Beratung der Leitung einer Indianerorganisation empfahlen wir beispielsweise, dass jede der drei Gruppen die beiden anderen Gruppen und auch die eigene Gruppe durch Listen beschreiben sollte und dass die Resultate der Gesamtgruppe vorgelesen werden sollten, d. h. beispielsweise, dass der Stammesrat (als eine der drei Gruppen) gebeten wurde, die folgenden Listen zu erarbeiten:

1. Wie der Stammesrat die Stammesmitarbeiter sieht.
   a) Was uns an den Stammesmitarbeitern gefällt.
   b) Was uns an den Stammesmitarbeitern missfällt.
2. Was unserer (des Stammesrates) Meinung nach die Mitarbeiter über uns sagen werden.
3. Wie der Stammesrat die Mitglieder des Community Action Programm (CAP) sieht
   a) Was uns an den CAP-Mitarbeitern gefällt.
   b) Was uns an den CAP-Mitarbeitern missfällt.
4. Was unserer (des Stammesrates) Meinung nach die CAP-Mitarbeiter über uns sagen werden.

Gleichzeitig entwickelten die Stammes- und die CAP-Mitarbeiter ähnliche Listen, die ihre Auffassungen über die anderen Gruppen und die vermuteten Ansichten der anderen Gruppen über die eigene Gruppe reflektierten. Es hat sich erwiesen, dass diese Arten von Aktivitäten die Beziehung zwischen Gruppen verbessern. Immer wieder zeigte es sich in den verschiedensten Situationen, dass in relativ kurzer Zeit (oft in einem Tag) diese strukturierten Intergruppen-Aktivitäten die Beziehungen zwischen Gruppen verbessern können. Die Intergruppen-Probleme und -Spannungen werden vermindert oder gelöst und Kommunikation und Interaktion zwischen den Gruppen vergrössert.

## Feedback durch Widerspiegelung

Feedback durch Widerspiegelung (organization mirror) ist eine Reihe von Massnahmen, durch die eine bestimmte Gruppe, *die Gastgebergruppe,* Feedback von Vertretern von mehreren anderen organisatorischen Gruppen darüber enthält, wie sie von diesen empfunden und gesehen wird. Diese Intervention soll die Beziehungen zwischen den Gruppen verbessern und die Intergruppen-Leistungsfähigkeit vergrössern. Anders als bei den Intergruppen-Teamentwicklungs-Interventionen nehmen hier drei oder mehr Gruppen teil, wobei die arbeitsablaufverbundenen Gruppen durch Repräsentaten vertreten werden, anstatt dass alle Gruppenmitglieder teilnehmen. Das Ziel besteht darin, der Gastgebergruppe, die den Workshop angeregt hat, zu helfen.[83]

Die Intervention läuft folgendermassen ab: Eine organisatorische Einheit, die bei der Zusammenarbeit mit anderen Gruppen Schwierigkeiten hat, bittet leitende Mitglieder der anderen Gruppen zu einer Konferenz, um deren Meinung über die eigene Gruppe zu erfahren. Der Berater unterhält sich gewöhnlich mit den Teilnehmern vor der Konferenz, um einen Überblick über die Probleme und deren Grösse zu erhalten, um die Teilnehmer vorzubereiten und um etwaige Fragen zu beantworten.

Der Leiter der Gastgebergruppe eröffnet die Konferenz und schafft das nötige Klima: Er bestätigt, dass seine Gruppe wissen möchte, wie sie von anderen Gruppen wirklich gesehen wird. Dann beschreibt der Berater vor der ganzen Gruppe die Resultate seiner vorläufigen Interviews, und die Aussenstehenden bilden ein

„fish-bowl" und diskutieren diese Information (Ein „fish-bowl" ist eine Sitzanordnung, bestehend aus einem inneren Stuhlkreis für Sprechende und einem äusseren Stuhlkreis für Beobachter und Nichtaktive). Der „fish-bowl" erlaubt den Aussenstehenden, über die Gastgebergruppe ungezwungen zu sprechen, während diese sich anhört, was die Aussenstehenden zu sagen haben, und versucht daraus zu lernen. Nun begibt sich die Gastgebergruppe in den „fish-bowl" und diskutiert die neue Information unter sich. Hierbei kann sich eine allgemeine Diskussion entwickeln um sicher zu gehen, dass alle das Gesagte verstanden haben, jedoch werden die aufgedeckten Probleme noch nicht bearbeitet.

Zur eigentlichen Bearbeitung der Probleme werden Subgruppen gebildet, die aus Mitgliedern der Gastgebergruppe und eingeladenen Teilnehmern bestehen. Diese Untergruppen werden gebeten, die wichtigsten Änderungen zu identifizieren, die zur besseren Leistungsfähigkeit der Gastgebergruppe nötig sind. Danach trifft sich die gesamte Gruppe wieder und fertigt eine Hauptliste mit spezifischen Aktionsplänen an, durch die die wichtigsten Änderungen vorgenommen werden sollen. Die gesamte Gruppe hört sich die Zusammenfassung der Untergruppen an. Aktionspläne gewinnen festere Form; die Aufgaben werden verteilt, und es werden Termine zur Aufführung festgesetzt. Damit ist die Intervention des Feedbacks durch Widerspiegelung beendet, aber gewöhnlich wird ein späteres Treffen zum Überprüfen des Erfolges empfohlen.

In kurzer Zeit kann eine Organisation so das Feedback erhalten, das zu verbesserten Beziehungen mit wichtigen arbeitsablaufverbundenen Arbeitsgruppen nötig ist. Die Technik der Spiegelung bietet eine wirksame Möglichkeit des Feedbacks. Allerdings ist es äusserst wichtig, dass die Gastgebergruppe nach der Konferenz die ausgearbeiteten Aktionspläne auch wirklich ausführt.

# 9. Organisationsumgreifende Interventionen

Einige OE-Interventionen sind so umfassend, dass sie als gesamtorganisatorische Interventionen bezeichnet werden können. In der Reihenfolge ihres zunehmenden Umfanges sind die *Konfrontationstreffen,* das *Survey-Feedback* und die *Grid-OE* zu erwähnen. Das Konfrontationstreffen ist umfassend, weil alle Manager einer Organisation gleichzeitig involviert sind. Beim Survey-Feedback werden normalerweise alle Mitarbeiter einer Organisation (oder einer grossen Abteilung) und die Manager befragt; es wird in zwei Phasen vorgegangen. Die Grid-OE kann, im ganzen betrachtet, alle Mitarbeiter auf allen Ebenen umfassen, und ihre zahlreichen Phasen erstrecken sich über mehrere Jahre.

## Das Konfrontationstreffen

Das Konfrontationstreffen wurde von Richard Beckhard entwickelt und ist ein eintägiger Workshop, bei dem alle Manager einer Organisation den Ist-Zustand ihrer Organisation untersuchen[84]. Durch eine Reihe von Aktivitäten erzeugt die Management-Gruppe Information über ihre Hauptprobleme und deren Ursachen; sie entwickelt Aktionspläne zur Lösung der Probleme und setzt Termine zur Ausführung der Pläne fest. Diese Intervention spielt bei der OE eine wichtige Rolle; sie bietet eine schnelle, einfache und zuverlässige Methode zur Schaffung von Daten über eine Organisation und von Aktionsplänen zur Verbesserung der Organisation. Beckhard äussert sich über das Konfrontationstreffen wie folgt:

„Die Erfahrung zeigt, dass es dort geeignet ist, wo

- die Notwendigkeit besteht, dass die gesamte Leitungsgruppe ihre eigene Funktionsweise überprüft,
- nur eine begrenzte Zeit für diese Aktivität zur Verfügung steht,
- die Spitzenleitung den Wunsch hat, die Situation scnellstens zu verbessern,
- die Spitzengruppe fest genug zusammenhält, um sicherzustellen, dass weitergemacht wird,

– seitens der Leitungsspitze ein ernsthaftes Interesse besteht, die Probleme zu lösen,
– die Organisation gerade eine bedeutsame Veränderung durchmacht oder gerade erlebt hat." [85]

Bei dem Konfrontationstreffen werden folgende Schritte angewandt: [86]

*Schritt 1: Schaffung des Klimas* (45 bis 60 Minuten). Der Topmanager eröffnet die Besprechung: er beschreibt die Ziele der Besprechung, betont die Notwendigkeit einer freien und offenen Diskussion aller Fragen und Probleme und bestätigt, dass niemand für seine Meinung bestraft werden wird. Daran schliessen sich normalerweise einige Bemerkungen des Beraters an über die Wichtigkeit der Kommunikation in Organisationen, die Anwendbarkeit des organisatorischen Problemlösens und die Vorteile der Konfrontation und Lösung von organisatorischen Problemen.

*Schritt 2: Sammeln von Information* (eine Stunde). Kleine Gruppen von sieben oder acht Mitgliedern werden gebildet, und zwar möglichst heterogen, so dass jedes Mitglied sich nach Arbeitsbereich und Funktion soweit wie möglich von den anderen unterscheidet. Nur eine Regel wird beachtet: Vorgesetzte und Untergebene dürfen nicht zur selben Gruppe gehören. Das Topmanagement hält gleichzeitig eine getrennte Besprechung. Alle Gruppen erhalten dieselbe Aufgabe:

> Sehe Dich selbst als ein Individuum mit Bedürfnissen und Zielen. Sehe Dich selbst auch als jemand, der sich über die gesamte Organisation Gedanken macht. Welche Hindernisse, Frustration, schwache Verhaltensweisen, unklare Ziele und negative Einstellungen bestehen heute? Welche Art von Bedingungen kannst Du Dir vorstellen, unter denen die Organisation leistungsfähiger werden würde und unter denen das Leben in der Organisation besser würde? [87]

Die Gruppen beschäftigen sich eine Stunde mit dieser Aufgabe; ein Mitglied schreibt die Ergebnisse der Diskussion auf.

*Schritt 3: Austausch der Information* (eine Stunde). Jede Gruppe liest den Bericht ihrer gesamten Ergebnisse der gesamten Gruppe vor; die Berichte werden auf grosse Bogen geschrieben und an den Wänden befestigt. Der Inhalt der Gesamtliste wird, gewöhnlich vom Leiter dieses Treffens, in einige Hauptkategorien eingeteilt, die sich nach der Art des Problems unterscheiden (z. B. Kommunikationsprobleme), nach der Art der Beziehung (z. B. Schwierigkeiten mit dem Topmanagement), oder nach der Art des Bereiches (z. B. Probleme mit der Verwaltung).

*Schritt 4: Bestimmung der Priorität und Planung der Massnahmen* (eine Stunde und 15 Minuten). Dieser Schritt folgt gewöhnlich einer grossen Pause, die dazu benutzt wird, die Listen für jedermann zu kopieren. In einer viertelstündigen Plenarsitzung geht der Leiter dieses Treffens kurz die Liste durch und klassifiziert die einzelnen Stichworte, damit diese jeder auf seiner Liste einzeichnen kann. Danach bilden die Mitglieder funktionelle, bereichsweise Arbeitsgruppen gemäss Organisationsstruktur. Jede Gruppe wird von ihrem Bereichsleiter geleitet. Die Gruppen sollen nun drei Aufgaben ausführen. Zuerst identifizieren und diskutieren sie die Fragen und Probleme in ihrem Arbeitsbereich, sie bestimmen die Priorität der Probleme und planen Sofortmassnahmen zur Lösung derjenigen Probleme, zu denen sie sich vor der gesamten Gruppe zu verpflichten bereit sind. Zweitens identifizieren sie die Probleme, die ihrer Ansicht nach vom Topmanagement dringend gelöst werden sollten. Drittens bestimmen sie, wie sie die Ergebnisse des Konfrontationstreffens ihren Untergebenen mitteilen sollen. Damit endet das Treffen für alle Manager mit Ausnahme der Topmanager.

*Schritt 5: Fortsetzung des Treffens durch das Topmanagement* (ein bis drei Stunden). Das Topmanagement trifft sich, nachdem sich die anderen Teilnehmer verabschiedet haben, um die ersten weiteren Massnahmen zu planen und zu entscheiden, welche Massnahmen aufgrund der heutigen Erfahrungen getroffen werden sollten. Diese Pläne werden innerhalb weniger Tage allen Mitgliedern des Management mitgeteilt.

*Schritt 6: Erfolgskontrolle* (zwei Stunden). Vier oder sechs Wochen später trifft sich das gesamte Management zu einer weiteren Besprechung, um über den Erfolg der geplanten Massnahmen zu berichten.

Dies ist die Reihenfolge der Aktivitäten bei Konfrontationstreffen. Gewöhnlich führen sie zu erstaunlich schnellen Ergebnissen bei der organisatorischen Verbesserung. Beckhard glaubt, dass diese Besprechungen eine schnelle und genaue Methode darstellen zur Diagnose des Ist-Zustandes der Organisation, zur konstruktiven Identifikation und Lösung von Problemen, zur besseren Kommunikation *nach oben* und dass sie das Engagement und die Einsatzbereitschaft des gesamten Management erhöhen.[88] Wir schliessen uns diesem Urteil an.

## Survey-Feedback

Eine wichtige und oft angewandte OE-Massnahme basiert auf dem Vorgang der systematischen Sammlung von Daten über das System und auf dem Feedback dieser Daten an Individuen und Gruppen auf allen Ebenen zur Analyse, zur Interpretation und zum Planen von Verbesserungen. Diese Aktivitäten bezeichnet man als Survey-Feedback, das aus zwei Hauptteilen besteht: aus der Ermittlung von Einstellungen durch Umfragen und einer anschliessenden Besprechung der Befragungsergebnisse.
Eine korrekt angewandte Einstellungsumfrage kann ein wirksames Instrument zur Verbesserung von Organisationen sein. Die meisten Umfragen dieser Art werden jedoch nicht optimal benutzt; die meisten bieten dem Topmanagement höchstens einige Daten zur Änderung von Praktiken oder sie dienen als Index zur Feststellung von Trends. Im Minimalfall werden sie zu den Akten gelegt, ohne dass wesentliche Konsequenzen daraus gezogen werden. Abbildung 15 zeigt einen Vergleich zwischen dem traditionellen Survey-Ansatz und dem Survey-Feedback-Ansatz. Symptomatisch für das mangelnde Wissen über die wirksame Anwendung von Umfragen ist die Tatsache, dass in den meisten Fachbüchern über Personalfragen die Methode des systematischen Survey-Feedback zur organisatorischen Verbesserung nicht erwähnt ist. Falls jedoch die Methode in Fachbüchern erwähnt wird, geschieht dies ganz beiläufig. Unserer Meinung nach ist das Sammeln von Daten nur ein Teil des Vorganges, und das Feedback der Daten ebenso wichtig.

Abbildung 15: Zwei Verfahren zur Verwendung von Einstellungsumfragen (Surveys)

| | Traditioneller Ansatz | Survey-Feedback |
|---|---|---|
| Datensammlung erstreckt sich auf | Arbeiter und eventuell auf deren Meister | alle Mitglieder des Systems oder Subsystems |
| Weitergabe der Daten an | Topmanagement Abteilungsleiter (und vielleicht an die übrigen Mitarbeiter durch die Werk zeitung) | alle, die an der Umfrage teilnahmen |
| Interpretation der Daten erfolgt durch | Topmanagement (gelegentlich) | jeden in seinem Arbeitsteam; durch Workshops, die an der Spitze der Hierarchie beginnen und sich nach unten fortsetzen |
| Externe Interventionsstrategien erstrecken sich auf | den Entwurf des Fragebogens, Durchführung der Befragung, Erstellen eines Schlussberichtes | die Erarbeitung einer gemeinsamen Strategie, den Entwurf des Fragebogens, die Durchführung der Befragung, die Planung des Workshops und seine Durchführung |
| Aktionspläne werden ausgearbeitet durch | Topmanagement (ausschliesslich) | Arbeitsgruppen auf allen Ebenen |
| Erwartbarer Umfrage an Veränderungen und Verbesserungen | niedrig | hoch |

Wie Untersuchungen am Institute for Social Research der University of Michigan zeigten, muss ein Survey-Feedback-Verfahren folgende Schritte umfassen, um einen optimalen Erfolg gewährleisten zu können: [89]

*Schritt 1:* Mitglieder der Führungsspitze der Organisation nehmen an der Vorplanung teil.

*Schritt 2:* Alle Mitglieder der Organisation werden befragt.

*Schritt 3:* Die Daten werden der Topmanagement-Gruppe erklärt und anschliessend den Funktionsbereichen der folgenden hierarchischen Stufen. Floyd C. Mann bezeichnet dies als ineinander übergreifende Folgen von Konferenzen.[90]

*Schritt 4:* Jeder Vorgesetzte leitet mit seinen Mitarbeitern eine Besprechung, in der die Daten diskutiert werden und in der erstens die Mitarbeiter gebeten werden, die Daten zu interpretieren, zweitens Pläne für konstruktive Änderungen gemacht werden und drittens die Weitergabe der Daten an die jeweils nächsttieferen Ebenen geplant wird.

*Schritt 5:* Bei den meisten Feedback-Besprechungen ist ein Berater anwesend, mit dessen Hilfe der Vorgesetzte auch die Besprechung geplant hat und der als Ressource dient.

Die Nützlichkeit des Survey-Feedback erwies sich bei einem vierjährigen Programm in einer grossen Organisation. In der ersten Phase wurden Daten von über 8000 Mitarbeitern der Organisation gesammelt (1948). Vergleichbare Daten wurden zwei Jahre später (1950) in den acht Verwaltungsabteilungen gesammelt, und umfassten 800 Angestellte und 78 Vorgesetzte. Bei dieser zweiten Phase führen vier der acht Abteilungen die oben beschriebenen Feedback-Aktivitäten durch; zwei Abteilungen dienten als Kontrollgruppen, in denen nach einem ersten alle Gruppen umfassenden Treffen nichts weiter unternommen wurde; zwei Abteilungen schieden wegen interner Personalveränderungen aus der Untersuchung aus. Nach zwei Jahren (1952) wurde eine weitere Umfrage durchgeführt. Die Wissenschaftler fanden, dass in den vier Versuchsabteilungen deutlichere, positivere Einstellungsveränderungen der Mitarbeiter stattfanden als in den zwei Kontrollabteilungen[91]. Insbesondere fand man wichtige Änderungen in der Einstellung der Mitarbeiter hinsichtlich 1. ihrer jeweiligen Tätigkeit (Arbeitsinteresse, Bedeutung am Mass von Verantwortung); 2. ihres Vorgesetzten (seine Fähigkeit, Menschen zu führen, Leistungen anzuerkennen, den Arbeitsablauf zu leiten und die eigenen Interessen gegenüber der Firmenleitung zu vertreten);

3. ihrer Entwicklung in der Firma und 4. der Fähigkeit ihrer Gruppe, die Aufgaben zu erledigen [92].
Nach unserer Erfahrung stimmen die Feedback-Workshops in vielen Einzelheiten mit Teamentwicklungs-Workshops überein, jedoch beschäftigen sie sich weniger mit zwischenmenschlichen Fragen. Aber sie befassen sich in der Regel mit dem Führungsstil und Fragen der Kooperation und des Teamworks. Die folgenden zwei Punkte wurden beispielsweise in einem Fragebogen eines der beiden Autoren aufgeführt:

| | *Zustimmung* | | | | *Ablehnung* |
|---|---|---|---|---|---|
| Das Management vernachlässigt solche Dinge, die den Mitarbeiter bei seiner Arbeit beeinträchtigen | +2 | +1 | 0 | -1 | -2 |
| In meiner Arbeitsgruppe wird gut zusammengearbeitet | +2 | +1 | 0 | -1 | -2 |

Dieser Fragebogen enthielt auch Fragen über das *Organisationsklima, Gehälter und Sozialleistungen, Beziehungen zu anderen Einheiten, Kommunikation, Beziehungen zwischen Vorgesetzten und Untergebenen, Anleitung zu besserer Leistung, den eigenen Arbeitsplatz, Belastung durch die Arbeit, Management by Objectives, Gelegenheiten zur persönlichen Entfaltung und zu persönlichem Fortschritt und Training.*
Diese Art von Einstellungsumfrage kann, zusammen mit einer Reihe von Workshops von der obersten bis zur untersten Ebene, zur Schaffung eines Aktionsplanes benutzt werden, und es können Änderungen vieler Variablen in den sozialen, strukturellen, ziel- und aufgabenorientierten Subsystemen einer Organisation bewirkt werden. Wir sind der Meinung, dass dieser Ansatz interessante Möglichkeiten bietet, da er nach den Worten von Baumgartel (die wir bereits in Kapitel I/3 erwähnten), *„sich in umfassender Weise mit dem System menschlicher Beziehungen beschäftigt... und sich mit jedem Manager, Vorgesetzten und Mitarbeiter im Umgebungsrahmen seiner eigenen Tätigkeit, seinen eigenen Problemen und seinen eigenen arbeitsrelevanten Beziehungen befasst"* [93]. Hier liegt der Schwerpunkt der meisten OE-Aktivitäten,

und hier unterscheidet sich OE unter anderem von traditionellen Interventionen in Organisationen.

## Grid-Organisationsentwicklung

Vielleicht das gründlichste und systematischste OE-Programm ist die von Robert R. Blake und Jane S. Mouton entwickelte Grid-Organisationsentwicklung[94]. In einem sechsphasigen Programm, das sich über drei bis fünf Jahre erstreckt, kann eine Organisation systematisch vom Stadium der Untersuchung des Führungsstils und -Verhaltens zur Entwicklung und Verwirklichung eines *idealen strategischen Unternehmensmodells* geführt werden. Das Programm umfasst eine beträchtliche Anzahl von Instrumenten, mit deren Hilfe einzelne und Gruppen ihre schwachen und starken Seiten erkennen können; und es konzentriert sich auf Fähigkeiten, Kenntnisse und Prozesse, die zur Leistungsfähigkeit auf den Stufen Individuum, Gruppe, Intergruppe und der gesamten Organisation nötig sind. Das organisatorische Programm wird von internen Mitgliedern der Organisation durchgeführt, die ein erstes Training in der Grid-OE erhalten haben.
Das Fundament der Grid-OE besteht aus dem Begriff und den Methoden des „Managerial Grid", das ebenfalls von Blake und Mouton entwickelt wurde. Es handelt sich dabei um ein zweidimensionales Schema zur Untersuchung und Verbesserung der Management-Tätigkeiten der einzelnen Manager[95]. Der hierbei verwendete diagnostische Fragebogen enthält zwei Dimensionen: einerseits das *Interesse für Menschen* und andererseits das *Interesse für Produktion.* Die leistungsfähigsten Manager sind diejenigen, die auf beiden Dimensionen hohe Werte erzielen – eine 9.9 Position. Der 9.9 Führungsstil wird folgendermassen beschrieben: „Leistungen werden durch engagierte Menschen vollbracht; wechselseitige Abhängigkeit durch ein gemeinsames Interesse an den Zielen der Organisation führt zu Beziehungen von Vertrauen und gegenseitiger Anerkennung.[96]
Die Beziehungen zwischen dem diagnostischen Managerial Grid-Fragebogen und der Grid-OE erklären Blake und Mouton wie folgt: „Die wesentlichste Bedingung der OE beruht darauf, dass 9.9 Art der Leistung und Führung allgemein von den Managern als die beste Methode zum Erreichen optimaler Leistung anerkannt

wird."[97] Bei der Grid-OE wird der Managerial Grid-Fragebogen das Instrument, mit dem die einzelnen und die Gruppen ihren Stil untersuchen.
Der Nutzen entsteht durch einen gemeinsamen Entschluss zur geplanten Veränderung bestehender Praktiken.
Sozialwissenschaftliche und elementare betriebswissenschaftliche Elemente sind in den sechs Phasen eines Grid-OE-Programmes miteinander verbunden.
Diese Phasen werden folgendermassen beschrieben:[98]

*Vorphase 1:* Bevor eine Organisation (gewöhnlich eine Unternehmung) ein Grid-OE-Programm beginnt, besuchen Manager in Schlüsselpositionen, die später als interne Instruktoren tätig werden, ein Grid-Seminar. In diesem einwöchigen, erfahrungsorientierten Laboratorium werden die Manager mit dem Grid-Ansatz vertraut gemacht; die beurteilen durch Managerial Grid-Fragebogen und das zweidimensionale Schema ihre eigenen Stile; die entwickeln die Teamfähigkeit; sie erlernen das Kritisieren und das Lösen von Problemen: sie verbessern ihre Kommunikationsfähigkeit und sie lernen es, die Kultur einer Gruppe oder einer Organisation zu analysieren. Beim Lernvorgang werden Instrumente benutzt, angemessene Studienaufgaben für Gruppen, Kritik der Leistung von einzelnen und Gruppen und begriffliche Inputs.
Nachdem mehrere Manager ein Grid-Seminar besucht haben, können einige von ihnen auch Kurse für Fortgeschrittene über die Grid-OE-Methode besuchen. Bei einem Grid-OE-Seminar werden die Teilnehmer über das in den Phasen 2 bis 6 benutzte Material unterrichtet. Sie erfahren, worum es sich bei einem Grid-OE-Programm handelt und lernen auch, wie sie das Programm in ihrer eigenen Firma anwenden können.
Ein weiterer fortgeschrittener Kurs ist das OE-Seminar für Instruktoren, bei dem die Teilnehmer lernen, wie man ein internes Grid-Seminar der 1. Phase durchführt. Durch das Training der Manager in den verschiedenen Seminaren erreicht man zwei Dinge: die Manager lernen, wie man ein Grid-OE-Programm in der eigenen Organisation durchführen kann; sie können dadurch auch besser beurteilen, ob der Grid-Ansatz wirklich für ihre Organisation geeignet ist.
Wenn sich die Firma zu diesem Zeitpunkt für ein Grid-OE-Programm entschliesst, so kann zuerst versuchsweise die 1. Phase für

interessierte Manager durchgeführt werden. Wenn dies zufriedenstellend verläuft, kann die Phase auf die gesamte Organisation ausgeweitet werden.

*Phase 1: Das Managerial Grid:* In dieser Phase absolvieren alle Manager der Firma ein Grid-Seminar unter der Leitung von bereits ausgebildeten Managern. Der Schwerpunkt des Trainings ist ähnlich dem oben beschriebenen: Der Managementstil der einzelnen Manager wird beurteilt und die Fähigkeiten des Problemlösens, Kritisierens, Kommunizierens und des Teamworks werden geübt. In dieser Phase lernen die Manager, wie man ein 9.9 Manager wird.

*Phase 2: Team-Entwicklung:* Der Schwerpunkt liegt hier bei den Arbeitsgruppen der Organisation. Das Teamwork soll durch eine Analyse der Kultur, der Traditionen des Teams usw. vollkommener gestaltet werden. Ausserdem sollen die Fähigkeiten des Planens, Zielsetzens und Problemlösens entwickelt werden. Darüber hinaus erhält jeder Manager Feedback über sein eigenes Verhalten und das seiner Gruppe; durch diese Kritik erfährt er, wie die andern seine starken und schwachen Seiten bei der Arbeit im Team beurteilen. Die Arbeit am Teamwork erfolgt im Rahmen aktueller Arbeitsprobleme. Die behandelten Probleme und Fragen sind jene, die in der Gruppe wirklich bestehen. Im Verlaufe der Phase 2 lernen die einzelnen, wie man die Kultur ihrer Arbeitsgruppe studieren und beeinflussen kann.

*Phase 3: Entwicklung der Intergruppenbeziehungen:* In dieser Phase stehen die Beziehungen zwischen den Gruppen im Vordergrund, wobei die vorhandenen äusserst effektiven Beziehungen zwischen Gruppen und Subsystemen angenähert werden sollen. Die Dynamik der Zusammenarbeit und der Konkurrenz zwischen Gruppen wird untersucht. Jede Gruppe definiert für sich, welcher Art die Beziehungen idealerweise sein sollten, und diese Definitionen werden dann zwischen den Gruppen ausgetauscht. Aktionspläne zur Verwirklichung der Idealvorstellungen werden entwickelt und einzelnen Mitgliedern zugeteilt. Unter anderem werden also operationale Pläne ausgearbeitet, um die zwei Gruppen von ihrem Ist-Zustand in einen Zustand idealer Beziehungen zueinander zu bringen.

In dieser Phase bearbeiten jeweils zwei Gruppen die oben erwähnten Themen. Dabei beschränkt sich das Intergruppen-Training auf solche Gruppen, die auch in Wirklichkeit intensiv miteinander zu tun haben. Oft nehmen nur ausgewählte Mitglieder der Gruppen an den Übungen und Aktivitäten teil, und zwar Mitglieder, die ohnehin bei der Arbeit mit der anderen Gruppe zu tun haben.

*Phase 4: Entwicklung eines idealen strategischen Unternehmensmodells:* In dieser Phase wird der Schwerpunkt auf die strategische Planung der Organisation verschoben. Es sollen die Konzepte und Fähigkeiten zur organisatorischen Logik erlernt werden, die zum Erreichen optimaler Unternehmensleistung nötig sind. Das Topmanagement beschäftigt sich mit den Strategieplanungsaktivitäten dieser Phase, wobei ihre Pläne und Ideen zusammen mit anderen Mitgliedern geprüft, beurteilt und kritisiert werden. Die Aufgabe des Topmanagement ist es, ein ideales strategisches Unternehmensmodell auszuarbeiten, das zeigt, wie die Organisation aussehen würde, wenn sie als ausgezeichnet gelten könnte. Die dazu nötigen Fakten und technischen Daten können von allen Mitgliedern der Organisation geliefert werden.
Durch eine Gegenüberstellung idealer organisatorischer Praktiken und Verfahrensweisen mit dem konkret vorhandenen kann das Topmanagement besser erkennen, welche Aspekte der Kultur geändert werden müssen, um optimale Ergebnisse zu erreichen.
In einem Prozess, der ein Jahr dauern kann, entwickeln die obersten Führungskräfte der Organisation das ideale strategische Unternehmensmodell *für ihre besondere Organisation.* Dieses Modell wird in der nächsten Phase verwendet.

*Phase 5: Anwendung des strategischen Idealmodells:* In verschiedenen Schritten versucht nun die Organisation, das in Phase 4 entwickelte Idealmodell zu verwirklichen. Dies läuft auf eine Reorganisation hinaus. Die Firma wird in ihre zentralen Bestandteile aufgeteilt, wie beispielsweise Profizentren, Regionen, Produktionsbereiche usw. Jeder dieser Bereiche bestimmt eine Planungsgruppe, deren Aufgabe darin besteht, einzelne Komponenten dieser Bereiche zu überprüfen, um so herauszufinden, wie die Firma als Ganze stärker sein kann. Jedes Konzept des Idealmodells wird von der Planungsgruppe dem Idealmodell angeglichen werden, mit Hinsicht auf die Auswirkungen auf den eige-

nen Bereich studiert. Zusätzlich wird ein Koordinator für die 5. Phase bestimmt, der den Planungsgruppen Unterstützung geben soll.
Die Planungsgruppen suchen nach Veränderungsstrategien, die eine möglichst weite Annäherung der einzelnen Bereiche an das Idealmodell ermöglichen. Eine weitere Planungsgruppe wird gebildet mit der Aufgabe, eine Firmenleitung zu entwerfen, die leistungsfähig und doch kostensparend operieren würde. Nachdem die Schritte des Planens und Beurteilens beendet sind, kann mit der Umwandlung der Organisation in Richtung Idealmodell begonnen werden.

*Phase 6: Systematische Kritik:* In dieser Phase werden die Resultate des Grid-OE-Programms von der Vorphase 1 bis zur Nachphase 5 gemessen. Durch systematische Kritik, Messung und Beurteilung erkennt man den Grad des Fortschritts, die Art der noch bestehenden Hindernisse und Möglichkeiten ihrer Beseitigung sowie neue Perspektiven. Man beginnt mit dieser Phase, wenn Phase 5 bereits Fortschritte gemacht hat und sich die Organisation bereits auf das Idealmodell hin bewegt. Der Rückblick auf den Ausgangspunkt vor Beginn der Änderungsmassnahmen und die Realisierung der Veränderungen, die in der Firma bis zum gegenwärtigen Zeitpunkt vollzogen wurden, kann neuen Antrieb geben, um sich dem Idealzustand noch weiter anzunähern. Grid-OE ist ein Ansatz zur Organisationsverbesserung, der als umfassend, systematisch und schwierig bezeichnet werden kann. Blake, Mouton, Barnes und Greiner beurteilten eine Reihe von Grid-OE-Programmen und fanden wesentliche organisatorische Verbesserungen, die sich praktisch messen liessen, durch Gewinnsteigerungen, Verminderung der Kosten und des Ausschusses [99]. Auch die Manager erklärten, dass ihre eigene Leistungsfähigkeit und die Leistung der Organisation durch das Programm günstig beeinflusst wurden.

# 10. Interventionen für personale, interpersonale und Gruppenprozesse

In diesem Kapitel beschreiben wir Lernmethoden, die sich auf einzelne, Dyaden, Triaden und Gruppen richten. Das zentrale Thema der Interventionen ist das Lernen der zugrunde liegenden Prozesse. Bei der *Prozessberatung,* die eine wichtige Art von OE-Interventionen darstellt, konzentriert man sich fast ausschliesslich auf die Diagnose und Steuerung der persönlichen, zwischenmenschlichen und Gruppenprozesse. Sachkenntnis auf diesem Gebiet ist für den OE-Praktiker wesentlich. Die Methode des *„Neutralen Dritten"* konzentriert sich auf zwischenmenschliche Konflikte und die Dynamik der Kooperation und Konkurrenz zwischen Dyaden und Triaden. Das Eingreifen in diesen Bereichen erfordert beträchtliche Fähigkeiten. Sensitivity Training, die erzieherische und soziale Methode, aus der sich die Laboratoriumsmethode entwickelte, ermöglicht intensives Lernen über die eigene Person, zwischenmenschliche Beziehungen und Gruppendynamik. Wir betrachten Sensitivity Training als eine wichtige aber nicht ausschliessliche OE-Interventionstechnik. Interventionen auf Lebensgestaltung und Karriereplanung sind weniger prozessorientiert als die anderen in diesem Kapitel diskutierten Interventionen und stellen einen systematischen Ansatz zu einem wichtigen Bereich dar, der bisher wenig Beachtung gefunden hat. Obwohl solche Planungsaktivitäten die Leistungsfähigkeit des einzelnen verbessern sollen, finden sie gewöhnlich im Rahmen kleiner Gruppen statt.

Die in diesem Kapitel diskutierten Interventionen sind wichtig. Auch wenn die OE-Strategie im konkreten Fall nicht die Anwendung aller Interventionen vorsieht, so müssen Klient und Berater doch wissen, unter welchen Umständen sie nützlich sind.

## Prozessberatungs-Interventionen

Die Prozessberatung ist eine Methode der Intervention auf ein bestehendes System. Dabei arbeitet der Berater als neutraler Dritter mit Individuen und Gruppen zusammen, um ihnen beim Verständnis der menschlichen und sozialen Prozesse zu helfen und ihnen zu zeigen, wie man Probleme lösen kann, die sich aus den Ereignissen dieser Prozesse ergeben. Die Methode besteht schon lange und wird von vielen Beratern angewandt. Kürzlich hat Edgar Schein die verschiedenen Praktiken und Prinzipien der Prozessberatung in einem umfassenden und klaren Werk zusammengestellt[100]. In diesem Buch beschreibt er auch die Rolle der Prozessberatung in der Organisationsentwicklung. Die Prozessberatung besteht aus vielen verschiedenen Interventionen; der Berater beschränkt sich nicht auf eine bestimmte Aktivität. Das Hauptziel der Prozessberatung wird von Schein folgendermassen beschrieben:

> „Die Funktion des Prozessberaters besteht darin, der Organisation bei der Lösung ihrer eigenen Probleme zu helfen, indem er ihr die *organisationsinternen Prozesse* verdeutlicht. Ferner erklärt der Berater die Konsequenzen dieser Prozesse und die Mechanismen, durch die die Prozesse beeinflusst werden können. Der Prozessberater sorgt vor allem dafür, dass die Organisation die Fähigkeiten entwickelt, später von sich aus die Funktion des Beraters zu übernehmen. Während der herkömmliche Berater hauptsächlich daran interessiert ist, sein Wissen zu vermitteln, will der Prozessberater vor allem seine Erfahrung und seine Wertvorstellungen weitergeben." [101]

Einige besonders wichtige organisatorische Prozesse sind die Kommunikation, die Rollen und Funktionen von Gruppenmitgliedern, Entscheiden und Problemlösen in der Gruppe, Normen und Wachstum in der Gruppe, Führung und Autorität und Zusammenarbeit und Konkurrenz zwischen Gruppen [102]. Der Prozessberater arbeitet mit der Organisation, gewöhnlich in Arbeitsgruppen, und hilft ihnen, die Fähigkeiten zu entwickeln, die Diagnose und Lösung von anfallenden Prozessproblemen selbst zu übernehmen.
Schein beschreibt die Arten der Interventionen, die ein Prozessberater vornehmen soll:

1. Interventionen zur Festlegung der Agenda und des Beratungsverlaufes, d. h.
   – Fragen, die die Aufmerksamkeit auf zwischenmenschliche Probleme lenken,
   – Phasen der Prozessanalyse,
   – Überprüfung der Agenda und Kontrolle des Verlaufs,

- Spezielle Treffen für die Bearbeitung zwischenmenschlicher Beziehungen,
- Informationsentwicklung über interpersonale Prozesse.

2. Feedback von Beobachtungen oder anderen Daten, d. h.
   - Feedback an Gruppen während der Prozessanalyse oder während der normalen Arbeit,
   - Feedback an einzelne nach Besprechungen oder nach dem Sammeln von Daten.
3. Anleitung oder Beratung einzelner.
4. Strukturierungsvorschläge bezüglich:
   - der Gruppenmitgliedschaft,
   - der Kommunikations- und Interaktionsstile,
   - der Weisungsbefugnis, der Übertragung von Verantwortung und der Autoritätsstruktur [103].

Nach Scheins Ansicht vollführt der Prozessberater die Interventionen meist in derselben Reihenfolge: Festsetzen der Diskussionsthemen, Feedback von Beobachtungen oder anderen Daten, Beratung und Anleitung und, weniger wahrscheinlich, strukturelle Vorschläge. Besondere Empfehlungen für die Lösung wesentlicher Probleme werden nicht gegeben, weil sich nach Schein solche Interventionen nicht mit den grundlegenden Werten des Prozessberatungsmodells vereinen lassen, in welchem der Berater als Resource und nicht als Experte auftritt [104].

Bei den anleitenden und beratenden Interventionen, die entweder als ein Teil der Prozessberatung oder unabhängig gesehen werden können, hat der Berater Stellung zu nehmen zu Fragen von Gruppen oder einzelner wie: Was sollte ich Ihrer Ansicht nach in diesem Falle tun, um meine Leistung zu verbessern? Oder: Nachdem ich nun Verbesserungsmöglichkeiten in bestimmten Bereichen sehe, auf welche Weise kann ich mein Verhalten ändern?

Schein sieht die Rolle des Beraters beim Anleiten und Beraten folgendermassen: „Dann besteht die Rolle des Beraters darin, den vom Klienten genannten Alternativen noch andere beizufügen und dem Klienten zu helfen, die Vor- und Nachteile der verschiedenen Alternativen zu analysieren." [105] Der Berater vertritt also nach wie vor den Standpunkt, dass bei der Beratung von einzelnen wie von Gruppen die wirklichen Verhaltensveränderungen und -verbesserungen vom Klienten bestimmt werden sollen. Der Berater reflektiert und spiegelt zuverlässiges Feedback, er hört sich Alternativen an und schlägt neue vor (oft dadurch, dass er

durch Fragen den Horizont des Klienten erweitert), und er hilft dem Klienten bei der Beurteilung von Alternativen in bezug auf Anwendbarkeit, Bedeutung und Angemessenheit.
Die grundlegende Übereinstimmung zwischen den Theorien der Beratung und der Theorie der Prozessberatung wird von Schein so erklärt: „In beiden Fällen ist es wesentlich, dass dem Klienten geholfen wird, seine Fähigkeit der Beobachtung und der Datenverarbeitung über sich selbst zu verbessern, das Feedback zu akzeptieren und daraus zu lernen und ein aktiver Teilnehmer (zusammen mit dem Berater) beim Identifizieren und Lösen seiner Probleme zu werden." [106]
Das Prozessberatungsmodell ist den Teamentwicklungs-Interventionen und den Intergruppenteam-Entwicklungs-Interventionen ähnlich, jedoch wird bei der Prozessberatung grösseres Gewicht auf Diagnose und Verständnis der Prozessereignisse gelegt. Ausserdem verhält sich der Berater hier im Schwerpunkt mehr direktiv und fragend, indem er die Gruppen zur Lösung ihrer eigenen Probleme bringt.

### Der Berater als „Neutraler Dritter"

Interventionen durch „Neutrale Dritte" können eine Konfliktsituation steuern oder lösen. R. E. Walton hat die Theorie und Praxis des *Neutralen Dritten"* auf eine Weise formuliert, die ihre Rolle im allgemeinen und auch bei der OE definiert. [107] Sein Buch beschäftigt sich mit dem zwischenmenschlichen Konflikt, mit dem Verstehen und Eingreifen, so dass der Konflikt kontrolliert oder gelöst wird. Diese Technik der Einwirkung hat manches mit den in Kapitel II/8 beschriebenen Intergruppen-Beziehungen gemeinsam, aber beim Konflikt zwischen nur zwei Menschen gibt es viele ungewöhnliche Situationen. In diesem Abschnitt werden wir keine spezifischen Interventionen beschreiben, sondern einige Züge von Waltons Theorie erklären.
Eine grundlegende Bedingung für die Intervention eines „Neutralen Dritten" ist die Konfrontation: Die beiden Parteien müssen bereit sein zuzugeben, dass ein Konflikt besteht und dass er die beiderseitige Leistungsfähigkeit beeinflusst. Der Dritte muss wissen, wie, wann und wo er die Taktiken der Konfrontation anwenden muss, damit der Konflikt bearbeitbar wird. Der „Neu-

trale Dritte" muss eine Diagnose der Konfliktsituation stellen können, und Walton beschreibt ein diagnostisches Modell des zwischenmenschlichen Konfliktes, das auf vier Grundelementen aufbaut: die Konfliktthemen, die auslösenden Umstände, die konflikt-relevanten Handlungen der Parteien und die Folgen des Konfliktes[108]. Konflikte sind ausserdem zyklische Vorgänge, und die Zyklen können fördernd, hindernd oder auch selbsterhaltend sein. Um eine gründliche Diagnose stellen zu können, ist es besonders wichtig, den Grund des Konfliktes zu erkennen. Walton sagt hierüber:

> „Ein Hauptunterschied besteht zwischen grundlegenden und emotionalen Konflikten. Bei *grundlegenden Konflikten* handelt es sich um Meinungsverschiedenheiten über Politiken und Praktiken, um Konkurrenz und um sich widersprechende Vorstellungen über Rollen und Rollenbeziehungen. Bei *emotionalen Konflikten* handelt es sich um negative Gefühle zwischen den Parteien, (d. h. Ärger, Misstrauen, Verachtung, Entrüstung, Furcht, Ablehnung)"[109].

Diese Unterscheidung ist für den „Neutralen Dritten" wichtig, da die grundlegenden Konflikte ein problemlösendes und verhandlungsbereites Verhalten zwischen den Parteien erfordern, während emotionale Konflikte eine Umstrukturierung der Empfindungen und ein Bearbeiten negativer Gefühle erfordern. Die Interventionsstrategie des „Neutralen Dritten" besteht aus dem Strukturieren der Konfrontation und des Dialogs zwischen den Parteien. Der Berater sollte viele Faktoren beachten. Walton führt die Bestandteile einer produktiven Konfrontierung wie folgt auf:

1. Motivation und Bereitschaft auf seiten der Beteiligten, den Konflikt zu verarbeiten bzw. zu lösen.
2. Vermeidung allzu grossen Machtgefälles zwischen den Beteiligten.
3. Eine möglichst gleichstarke Konfrontationsbereitschaft und Intensität auf beiden Seiten.
4. Ein ausgewogenes Verhältnis zwischen Differenzierungs- und Integrations-Phasen (es muss genügend Zeit verfügbar sein, um sowohl negative Gefühle als auch ambivalente bzw. positive Gefühle aufzuarbeiten).
5. Schaffung von Bedingungen, die eine Gesprächsoffenheit begünstigen; Normen können dabei als Strukturierungshilfe gelten.

6. Eindeutigkeit der kommunikativen Symbole und Sicherstellung gegenseitigen Verständnisses.
7. Ein ausgewogenes Spannungsverhältnis in der Situation, das die Teilnehmer nicht überfordert. [110]

Die meisten dieser Bestandteile bedürfen keiner Erklärung, aber die Phasen der Differenzierung und Integration sollten etwas erläutert werden. Während der differenzierenden Phase des Konfliktes klären die Parteien die Unterschiede, durch die sie voneinander getrennt werden, und trennen ihre negativen Gefühle heraus; in der integrierenden Phase suchen die Parteien ihre Gemeinsamkeiten zu definieren, positive Gefühle oder Ambivalenzen zu entdecken und gemeinsame Ziele herauszustellen.

Der „Neutrale Dritte" beeinflusst diesen Vorgang direkt oder indirekt, indem er den Dialog zwischen den Parteien im Gang hält. Beispiele direkter Interventionen wären Interviews mit den Parteien vor einem Konfrontationstreffen, Mithilfe beim Aufstellen der Agenda, Einwirken auf den Gesprächsverlauf und Übernahme der Schiedsrichterrolle. Beispiele für weitreichendere Interventionen durch „Neutrale Dritte" wäre die Ermöglichung von Begegnungen auf neutralem Boden, die Einhaltung von Zeitgrenzen für die Interaktion usw.

Die Interventionen einer Drittpartei in zwischenmenschlichen Konfliktsituationen erfordern einen besonders fähigen Fachmann oder einen ausserordentlich fähigen Laien, der die Dynamik der Konflikte versteht. Wer sich auf dem Gebiet menschlicher und sozialer Prozesse nicht hinreichend auskennt, sollte in dieser Weise nicht intervenieren.

## Sensitivity-Training

Sensitivity-Trainings-Laboratorien waren der Ausgangspunkt der frühen OE-Bemühungen. Heute werden sie weniger als Interventionen verwendet, aber sie sind immer noch ein wichtiger Teil von OE-Massnahmen. Die verminderte Anwendung von Sensitivity-Training (bzw. T-Trainingsgruppen) ist nicht in erster Linie durch mangelnde Wirksamkeit oder Eignung für OE begründet, sondern darauf zurückzuführen, dass man heute Teamentwicklung und Prozessberatungsinterventionen vorzieht. T-Gruppen bewähren sich immer noch als ausgezeichnete Lern- und Änderungsinterventionen für die individuelle Selbsterfahrung.

Eine T-Gruppe ist ein unstrukturiertes Seminar für zehn bis zwölf Teilnehmer und einen Trainer, der eher als Katalysator der Gruppe dient. Die dabei diskutierten Themen entstehen in dem Masse aus der Interaktion der Teilnehmer, als diese sich um eine Gestaltung der Gruppensituation bemühen. Handlungen, Reaktionen und Interaktionen und die damit verbundenen Gefühle bilden die Daten für die Gruppe. Gewöhnlich dauert das Seminar drei Tage bis 14 Tage. Kognitive Inputs über zwischenmenschliche Beziehungen, über die Theorie der Persönlichkeit und über Gruppendynamik sind Teil des Programms. Aber das Hauptinstrument des Lernens ist die Gruppenerfahrung.

Die in einer T-Gruppe gesammelten Erfahrungen können individuell durchaus unterschiedlich sein, aber gewöhnlich wird festgestellt, dass die Teilnehmer lernen, ihre zwischenmenschlichen Beziehungen besser zu handhaben, dass sie mehr über sich selbst erfahren, dass sie sehen, wie andere auf ihr Verhalten reagieren und dass sie mit der Dynamik der Gruppenbildung, der Gruppennormen und des Gruppenwachstums vertraut werden. Benne, Bradford und Ronald Lippitt führen die Ziele der Laboratoriumsmethode wie folgt auf:

1. Eines der für den Teilnehmer erwünschten Ergebnisse ist eine gesteigerte Bewusstheit und Sensitivität für emotionale Reaktionen und Ausdrucksweisen bei sich selbst und bei anderen.
2. Ein anderes erwünschtes Ziel ist eine grössere Fähigkeit, die Folgen seiner Handlungen durch Beachtung eigener und fremder Gefühle wahrzunehmen und aus ihnen zu lernen. Der Akzent liegt auf der Entwicklung von Sensitivität für die vom Verhalten anderer ausgehenden Hinweise und auf der Fähigkeit, Feedback für das Verständnis des eigenen Verhaltens zu nutzen.
3. Die Trainer versuchen, auch zur Klärung und Entwicklung persönlicher Wert- und Zielvorstellungen anzuregen, die mit einer demokratischen und wissenschaftlichen Sicht der Probleme sozialen und persönlichen Entscheidens und Handelns übereinstimmen.
4. Ein weiteres Ziel ist die Ausbildung von Begriffen und theoretischen Einsichten, die als Instrumente zur Verknüpfung persönlicher Werte, Ziele und Absichten mit Handlungen dienen

können, die mit diesen inneren Faktoren und mit den Erfordernissen der Situation übereinstimmen. Eine wichtige Quelle brauchbarer Konzepte sind die Ergebnisse und Methodologien der Verhaltenswissenschaften.

5. Alle Laboratoriumsprogramme begünstigen die Erzielung effektiveren Verhaltens gegenüber der Umwelt des Teilnehmers. Das begriffliche Lernen, die Zielsetzung, die Klärung der Wertvorstellungen und sogar die erlangte gültige Selbsterkenntnis sind oftmals der Entwicklung der für den Ausdruck in aktuellen sozialen Handlungsbezügen notwendigen Fertigkeiten weit voraus. Aus diesem Grund stellen Laboratoriumsprogramme normalerweise auf die Entwicklung von Verhaltensfähigkeiten ab, um eine bessere Integration von Absichten und Handlungen zu fördern. [111]

Die Trainingsgruppe ist ein eindrucksvolles Lernlaboratorium, wo der einzelne Einsicht in die Bedeutung und Folgen seines eigenen Verhaltens gewinnt, wo er die Bedeutung und die Folgen des Verhaltens anderer Teilnehmer erkennt, wie auch die Dynamik und die Vorgänge des Gruppenverhaltens. Diese Einsichten gewinnt er gleichzeitig mit einer erhöhten Fähigkeit, Diagnosen zu stellen und mit einzelnen und der Gruppe wirksamer umzugehen. Die Trainingsgruppe kann daher den einzelnen befähigen, ein leistungsfähiges Mitglied der Organisation zu werden.

Trainingsgruppen können bei der OE auf verschiedene Weise angewandt werden, aber sie eignen sich am besten dazu, wichtige Mitglieder der Organisation mit Gruppenmethoden vertraut zu machen. Ferner eignen sie sich dazu, die einzelnen auf einen gemeinsamen Stand in bezug auf individuelle Dynamik und Gruppendynamik zu bringen. Weiter kann die Trainingsgruppe auf verschiedene Weisen zusammengestellt werden, je nach gewünschtem Ergebnis, so gibt es beispielsweise „cousin laboratories", die aus Mitgliedern derselben Organisation bestehen, die jedoch keine direkten Arbeitsbeziehungen miteinander haben und sich vielleicht auch nicht einmal kennen. Eine andere Zusammenstellung wird als „cluster-lab" bezeichnet. Dabei wird die Gruppe auch aus verschiedenen Teilen der Organisation zusammengestellt, aber jede Gruppe enthält Untergruppen von einzelnen, die auch an ihrem Arbeitsplatz zusammenarbeiten. So könnte eine Trainingsgruppe von zwölf Mitgliedern aus drei Untergruppen von je vier Personen bestehen, die in der Organisation arbeitsmässig mit-

einander zu tun haben. Eine andere Variation ist die „Family T-Group", bei der eine vollständige Arbeitsgruppe gemeinsam ein Sensitivitäts-Training absolviert [112]. Schliesslich können einzelne Mitglieder einer Organisation ein „stranger lab" besuchen, das sich aus Mitgliedern anderer Organisationen zusammensetzt.
Viele Leute meinen, OE bestehe darin, dass alle Mitglieder einer Organisation an einem Sensitivitätstraining teilnehmen. Diese Meinung ist falsch. Die Trainingsgruppe ist nur eine von vielen Techniken des OE-Praktikers. Während Laboratoriumstraining in einzelnen Situationen angebracht ist, bildet es nicht den Schwerpunkt der OE.

### Lebensgestaltung und Karriereplanung

Zielbewusstes Handeln ist für die Leistungsfähigkeit des einzelnen genauso wichtig wie für die Leistungsfähigkeit der Organisation. Eine Reihe von Interventionen konzentriert sich auf die Lebensgestaltung und Karriereplanung der einzelnen, und ermöglicht ihnen eine gezielte Selbstverwirklichung. Die Interventionen richten sich auf Vergangenheit, Gegenwart und Zukunft. Die Aufgaben werden von den einzelnen ausgeführt und dann in kleinen Gruppen diskutiert. Die Reihenfolge der Schritte befähigt die Mitglieder, die folgenden Fragen in den Griff zu bekommen:

1. Eine Einschätzung der bisherigen Lebensgestaltung und Karriereplanung, unter Berücksichtigung von Höhepunkten, besonders wichtigen Ereignissen, Wahlmöglichkeiten, Stärken und Schwächen.
2. Eine Formulierung der Ziele in bezug auf den in der Zukunft gewünschten Lebensstil und die berufliche Laufbahn.
3. Ein realistischer Plan, der zu diesen Zielen führt, d. h. die Ziele werden genau beschrieben, die dazu erforderlichen Schritte werden bestimmt, die eine Kontrolle des Fortschritts ermöglichen.

Normalerweise werden Lebensgestaltung und Karriereplanung gemeinsam durchgeführt, da das Planen der beruflichen Laufbahn ein Teil der Lebensplanung ist. Eine Reihe von Übungen zur Lebensgestaltung und Karriereplanung ist nachstehend aufgeführt. Herbert A. Shepard wird allgemein als der Urheber dieser Übungen anerkannt, und die Rolle dieser Interventionen bei OE-Programmen ist auf ihn zurückzuführen.

Übung zur Lebensgestaltung

*Teil 1*

1. Ziehe eine horizontale Linie; diese stellt Deinen Lebenslauf dar, mit allen Erfahrungen und zukünftigen Erwartungen.
2. Zeichne Deinen gegenwärtigen Standort auf der Linie ein.
3. Entwickle eine Bestandesaufnahme Deines Lebens, die für Dich wichtige Ereignisse der folgenden Art umfasst:
   a) Höhepunkte in Deinem Leben,
   b) Dinge, die Du gut machst,
   c) Dinge, die Du schlecht machst,
   d) Dinge, die Du am liebsten nicht mehr machen würdest,
   e) Dinge, die Du gerne besser machen möchtest,
   f) Höhepunkte, die Du Dir wünschst,
   g) Werte (z. B. Macht, Geld usw.), die Du erreichen möchtest,
   h) Dinge, die Du am liebsten gleich beginnen würdest.
4. Diskussion in Untergruppen.

*Teil 2*

1. Schreibe, innerhalb von 20 Minuten, Deinen eigenen Nachruf.
2. Setzt Euch zu Paaren zusammen und schreibt eine Lobrede auf Euren Partner (20 Minuten).
3. Diskussionen in Untergruppen [113].

Es gibt auch weitere Methoden, die den einzelnen zum Nachdenken über seinen Lebenslauf und seine Karriere anregen und die Daten zur Diskussion in kleinen Gruppen schaffen. Fordyce und Weil beschreiben z. B. die folgenden Schritte [114]: Zuerst werden die Mitglieder der kleinen Gruppen gebeten, eine Kollage anzufertigen, eine symbolische Darstellung des eigenen Lebens aus Materialien wie alten Zeitschriften und Zeitungen usw.; diese Kollagen werden dann zur späteren Diskussion an den Wänden aufgehängt. Zweitens schreibt jeder einzelne zwei Briefe wie sie in den folgenden Anweisungen beschrieben werden:

Stelle Dir nun vor, dass Du in zehn Jahren sterben wirst. Schreibe einen Brief, in dem Dein bester Freund einem anderen guten Freund über Dich und Dein Leben berichtet. Wie *möchtest Du gern* in diesem Brief beschrieben werden?

Danach stelle Dir vor, dass Du nächste Woche in einem Autounfall um das Leben kommen wirst. Schreibe daraufhin einen entsprechenden Brief. Was würde er wahrscheinlich über Dich sagen? [115]

Anschliessend diskutiert die Gruppe die Kollagen und Briefe jedes einzelnen, so dass jeder Gelegenheit hat, Feedback von den anderen Mitgliedern über ihre Reaktionen zu erhalten. Gleichzeitig erfährt jedes Mitglied mehr über die anderen. Dieser dritte Schritt des offenen Austauschs bereitet die Teilnehmer auf den nächsten Schritt vor, bei dem ein ähnlicher Lebenslauf geschrieben wird (wie oben erwähnt wurde). Nach der Anfertigung dieses Lebenslaufs fertigt jeder Teilnehmer eine Verlaufsbeschreibung seiner bisherigen beruflichen Tätigkeit aus:

Welche Aspekte meiner Arbeit und meiner bisherigen Karriere gefallen mir am besten, welche am wenigsten? Worin bestehen vermutlich meine besten Fähigkeiten, Anlagen und Talente, die ich bei meiner Tätigkeit anwenden kann? Welche Art von Belohnung erwarte ich von meiner Arbeit – Geld, Status, Anerkennung, Zugehörigkeit zu einem Team usw.? In welche neuen Positionen möchte ich gelangen? Welche neue Fähigkeiten brauche ich dafür? Diese Inventare werden innerhalb der Gruppe ausgetauscht und diskutiert. Zuletzt arbeitet jeder Teilnehmer einen Aktionsplan aus, der zu den vorher identifizierten Zielen führt.

Lebensgestaltungs- und Karriereplanungsaktivitäten können an einem Tag durchgeführt werden, oder manchmal kann man eine ganze Woche investieren, um Material über die eigene Person zu sammeln, die Daten individuell und in der Gruppe zu analysieren, klare Ziele zu formulieren und Aktionspläne zum Erreichen der Ziele auszuarbeiten. Diese Aktivitäten haben für die Mitglieder der Organisation eine grosse Bedeutung und sind besonders für solche Mitglieder nützlich, die ihrer Ansicht nach in der Routine steckengeblieben sind, die eine Änderung ihrer Laufbahn beabsichtigen oder die selten über ihren eigenen Lebensstil und ihre Laufbahn nachgedacht haben.

In den Kapiteln II/7 bis II/10 haben wir die Interventionstechniken betrachtet, die zur Verbesserung der organisatorischen Leistungsfähigkeit angewendet werden. Diese Beschreibung der meisten heutigen Interventionstechniken soll nicht nur eine Einsicht

in die verschiedenen OE-Aktivitäten vermitteln, sondern auch den Charakter des OE-Prozesses besser verständlich machen. Das Instrumentarium der OE enthält strukturierte Aktivitäten zur Verbesserung der individuellen Leistungsfähigkeit (durch Anleitung und Beratung, „Neutraler Dritter" bei interpersonellen Konflikten, Lebensgestaltungs- und Karriereplanungs-Aktivitäten und Trainingsgruppen). Es enthält ferner Aktivitäten zur Verbesserung der Leistungsfähigkeit von Gruppen (Teamentwicklungs-Interventionen, teamdiagnostische Workshops, Prozessberatung, Feedback durch Widerspiegelung und Rollenanalyse). Es enthält auch Interventionen zur Verbesserung der Intergruppen-Leistungsfähigkeit (Intergruppen-Teamentwicklungs-Interventionen, Feedback durch Widerspiegelung) und es enthält Interventionen zur Veränderung der gesamten Organisation (Survey-Feedback-Aktivitäten, Grid-OE- und Konfrontationstreffen).
Wenn diese Interventionen auf einer realistischen Diagnose und entsprechender Vorbereitung beruhen und wenn sie systematisch und strategisch aufgeführt werden, so können sie zu einer wesentlichen Verbesserung der Organisation beitragen.

# 11. Voraussetzungen erfolgreicher Organisationsentwicklung

Wir möchten den 2. Teil des Buches damit abschliessen, dass wir die Bedingungen diskutieren, die zum optimalen Erfolg des OE-Prozesses beitragen. Theorie, Forschung und Erfahrung deuten an, dass sich erfolgreiche OE-Bemühungen auf im folgenden beschriebene Weise entfalten und durch bestimmte Eigenschaften gekennzeichnet sind. Umgekehrt stellt sich bei erfolglosen Bemühungen gewöhnlich heraus, dass diese Eigenschaften entweder fehlerhaft waren oder vernachlässigt wurden. Die folgenden Bedingungen und Phasen betrachten wir als wichtig für erfolgreiche OE-Bemühungen:

1. Problembewusstsein in der Führungsspitze und die Erkenntnis, dass die Sozialwissenschaften bei der Lösung dieser Probleme eine wesentliche Rolle spielen.
2. Die Notwendigkeit eines externen OE-Beraters.
3. Legitimation durch die Führungsspitze und deren Beteiligung.
4. Verwendung des Aktionsforschungsmodells.
5. Die Notwendigkeit von Anfangserfolgen.
6. OE als Unternehmungsphilosophie.
7. Anknüpfung an bisherige Veränderungsmassnahmen.
8. Einbeziehung der Personalpolitik.
9. Entwicklung interner Problemlösekapazitäten.
10. Management des OE-Prozesses.
11 Verlaufs- und Erfolgskontrolle.

## Problembewusstsein in der Führungsspitze

Am Anfang erfolgreicher OE-Bemühungen besteht ein starker Drang nach Verbesserungen, spürbar jedenfalls beim Topmanagement oder einem organisatorischen Teilbereich, sowohl von innen als auch von aussen. Mit anderen Worten: Die Manager fühlen ganz entschieden, dass die Zustände nicht optimal sind. Dies ist eines der besonderen Merkmale erfolgreicher OE-Bemühungen, wie sie von Greiner in seiner Studie von 17 OE-Programmen identifiziert wurden, von denen er 11 als *erfolgreich* und 6 als *weniger erfolgreich* bezeichnete [116]

> „Die Organisation, und besonders das Topmanagement, steht unter beträchtlichem innerem und äusserem Druck nach Verbesserungen, schon lange bevor es zu einer direkten Massnahme einer organisatorischen Veränderung kommt. Leistung und/oder Moral sind niedrig. Das Topmanagement scheint nach einer Lösung seiner Probleme zu suchen." [117]

Wir glauben jedoch, dass OE-Bemühungen auch dann erfolgreich sein können, wenn eine Organisation weniger Schwierigkeiten hat als im eben zitierten Beispiel. Nach unserer Erfahrung kommt es vor allem auf das Gefühl an, dass die Dinge besser sein könnten. Unserer Meinung nach kann einem OE-Projekt eine wichtige Funktion zur Selbsterneuerung und -Kontrolle zukommen.

### Die Notwendigkeit eines externen OE-Beraters

Eine zweite wichtige Bedingung in den frühen Phasen einer OE-Bemühung ist die Einführung eines sozialwissenschaftlichen externen Beraters, der mit einem Topmanager die organisatorischen Probleme bespricht. Obwohl wir nicht die Möglichkeit unterschätzen wollen, dass ein Mitglied der Organisation anfangs diese Rolle spielen kann, so wird sich in den meisten Fällen doch kein Mitglied mit der nötigen Ausbildung und Autorität finden, das eine führende Change Agent-Rolle ohne externe Hilfe ausüben kann. Der externe Berater ist weniger den organisationsinternen Zwängen unterworfen, er kann in bezug auf seine Karriere mehr riskieren, und er ist wahrscheinlich besser ausgebildet.

### Legitimation durch die Führungsspitze und deren Beteiligung

Erfolgreiche OE-Bemühungen müssen jedoch nicht unbedingt auf der höchsten Ebene beginnen, obwohl dies der Idealfall ist. Wichtig ist, dass eine einflussreiche Person an der Spitze eines Bereiches die Anwendbarkeit der Sozialwissenschaften zur Lösung von Problemen seines Bereiches erkennt und dass sein Vorgesetzter die Durchführungen von Voruntersuchungen und

Vorversuchen unterstützt. Nach Bennis ist eine Absicherung durch die nächsthöhere Ebene notwendig [118].
Während sich OE-Bemühungen innerhalb eines Bereiches entfalten, wird eine Unterstützung durch weitere Personen ausserhalb des Bereiches unumgänglich nötig. Das den Bereich umgebende informelle soziale System neigt entweder zum Widerstand oder zur Unterstützung. Um das letztere zu erreichen, sollten die entscheidenden Leute in anderen Bereichen und auf höheren Ebenen der Organisation laufend über die Ziele, Aktivitäten und allgemeinen Ergebnisse der Bemühungen informiert werden. Um wieder Bennis zu zitieren: „Es kann schwerwiegende Konsequenzen haben, wenn die vom OE-Programm betroffenen Menschen nicht involviert, informiert und unterrichtet sind." [119] Schliesslich bedeutet dies, dass die Unterstützung und das Engagement des Topmanagements nötig werden.
Eine Vorbedingung für jegliche OE-Bemühungen ist natürlich die Erkenntnis der Anwendbarkeit der Sozialwissenschaften, bei kurzfristigen wie bei langfristigen Programmen. Diese Erkenntnis kann auf verschiedene Arten erreicht werden, wie z. B. durch Lektüre, durch das Besuchen eines Seminars oder Workshops, durch Laboratoriumstraining, durch Diskussion mit Kollegen in einem Berufsverband oder durch die Begegnung mit einem Berater, der bereits auf irgendeine Weise für die Organisation tätig ist. Die Erkenntnis kann auf kognitiver und/oder empirischer Ebene erreicht werden. Auf der empirischen Ebene kann beispielsweise ein Manager nach Teilnahme an einem Workshop Möglichkeit zur Verbesserung der Sitzungen mit seinen Mitarbeitern erkannt haben. Als direkter Weg könnte ein externer Berater eingeführt werden, der einen kurzen Workshop oder ein Minilaboratorium durchführt, um das Klientensystem beispielsweise kurz mit der Dynamik einer Teambildungsbesprechung bekanntzumachen. Bedingung hierfür ist, dass zuerst jemand den möglichen Nutzen einer solchen Vorarbeit erkannt hat.

### Die Verwendung des Aktionsforschungsmodells und die Notwendigkeit von Anfangserfolgen

Die ersten Bemühungen des Beraters können dem Wunsch nach eher traditionellen Interventionen entsprechen, wie nach einer

Einstellungsumfrage oder einer Überprüfung der Personalpolitik und der Personalpraktiken. Der Ansatz des Beraters wird jedoch bald den Charakter der Aktionsforschung annehmen, obwohl der Berater die entsprechende Terminologie nicht gebraucht. Dies geschieht mit der Zustimmung und dem Engagement der Schlüsselperson der Organisation.

Auf diese Weise taucht ein drittes Merkmal auf: Das Aktionsforschungsmodell, das aus der Vordiagnose, der Datensammlung, dem Feedback und der Handlungsplanung besteht, wird möglicherweise operationalisiert, entweder durch einen Teamentwicklungs-Workshop oder durch eine Survey-Feedback-Aktivität. Diese Initialinterventionen stellen sich als nützlich heraus, und zusätzliche Nachfragen um Hilfe kommen von anderen Bereichen oder von Unterbereichen der Organisation. Greiner beschreibt den Prozess kurz:

> „Der neue Mann mit Unterstützung des Topmanagements schaltet mehrere Ebenen der Organisation in kollaborative, untersuchende und problemlösende Diskussionen ein, um die gegenwärtigen organisatorischen Probleme zu identifizieren und zu erklären.
> Die Lösungen und Entscheidungen werden entwickelt und geprüft und in kleinem Rahmen einer Prüfung unterworfen, bevor man versucht, den Rahmen der Veränderungen auf grössere Probleme oder auf die gesamte Organisation auszudehnen.
> Die Initiativen zur Veränderung verbreiten sich mit jedem Erfolgserlebnis und mit zunehmender Unterstützung durch das Management werden sie langsam und nachhaltig in die Lebensweise der Organisation aufgenommen." [120]

Auf diese Weise verpflichtet sich das Topmanagement nicht unwiderruflich auf ein fünf- oder zehnjähriges Programm, sondern unternimmt das OE-Programm schrittweise, zusammen mit dem Berater. Jeder Erfolg führt zum nächsten Schritt, und jedesmal weitet sich die zeitliche Perspektive.

## OE als Unternehmungsphilosophie

Für den langfristigen Erfolg von OE-Massnahmen halten wir es für äusserst wichtig, dass unrealistische Vorstellungen aufgelöst werden und dass die OE-Technologie verstanden wird. Dies bedeutet, dass grosser Wert darauf gelegt werden muss, die Annahmen, die Theorie und die grundlegenden Praktiken der OE klar und sichtbar zu machen. Die meisten Menschen möchten nicht manipuliert oder zum Handlungsobjekt gemacht werden, besonders nicht auf geheimnisvolle Weise. Der externe Berater, und letztlich auch die internen OE-Praktiker, müssen laufend die Rolle von Ausbildern spielen, die ihr Wissen allen Mitgliedern zugänglich machen. Im Idealfall entwickelt sich ein Klima, das den Mitgliedern zusätzliche Gelegenheiten und Alternativen bietet und in dem die Mitglieder die Anwendung der sozialwissenschaftlichen Kenntnisse äusserst nützlich finden. Mit anderen Worten: Ein Schwerpunkt jedes OE-Programmes muss auf der Möglichkeit zur persönlichen Entfaltung und auf der Verbesserung der Leistungsfähigkeit von einzelnen und Gruppen liegen.

### Anknüpfung an bisherige Veränderungsmassnahmen

Ein weiteres Merkmal erfolgreicher OE-Massnahmen besteht darin, dass interne und externe Berater offen anerkennen, dass viele Postulate der OE und der Sozialwissenschaften weitgehend mit den bereits bestehenden besseren Managementtechniken der Organisation übereinstimmen. Ein Manager drückte sich einmal so aus: „Ich bin viele Jahre ein sehr erfolgreicher Manager gewesen. Ich habe mich ziemlich erfolgreich darum bemüht, ein partizipatives und offenes Klima in meiner Organisation zu schaffen. Nun kommen die Leute aus der Personalabteilung und die OE-Berater und predigen dieselben Dinge, die ich seit Jahren praktiziert habe, und das ärgert mich." Ein erfolgreiches OE-Programm braucht solche Manager als Verbündete und wertvolle Stützen und nicht als Menschen, die sich vor den Kopf gestossen fühlen.
Fragen, die sich darum drehen, wer Fachmann ist und wer nicht, und der Streit über die Bedeutung von Worten verschwinden gewöhnlich, sobald die erfolgreiche OE-Bemühung heranreift. Wenn die in den verschiedenen Phasen des OE-Programmes erlernten Fähigkeiten beginnen, die Kultur der Organisation zu durchdringen und das Aktionsforschungsmodell in der Organisation zunehmend verwendet wird, verschwindet der Unterschied zwischen Beratern und Nicht-Beratern, zwischen OE und wirksamem Mana-

gement mehr und mehr. Es ist jedoch weiterhin wichtig, dass die Mitglieder der Organisation eine gemeinsame Sprache sprechen und sich gegenseitig in bezug auf die Grundlagen der OE verstehen, wie z. B. Aktionsforschung, die Verwendung autonomer Arbeitsgruppen usw.

## Einbeziehung der Personalpolitik

In grösseren Organisationen mit eigenen Personalabteilungen und -vertretungen ist es zum langfristigen Erfolg von OE-Aktivitäten nötig, dass diese Abteilungen direkt einbezogen werden oder zumindest die Massnahmen unterstützen. Der Leiter dieser Abteilung hat hauptsächlich die Funktion, ein Instrumentarium des Personalwesens zu entwickeln und anzuwenden, und ihm sind die Spezialisten für Ausbildung, Lohn- und Gehaltsfragen und Personaleinstellung unterstellt.
Wir sprechen hier natürlich von einer Rolle der Arbeitgeber/-Arbeitnehmer-Beziehungen, die sich nicht nur auf die Durchführung kollektiver Lohnverhandlungen beschränkt. Obwohl OE-Massnahmen die Beziehungen zwischen Management und Gewerkschaften auf ein Klima der Problemlösung hin bewegen können, so kann es doch passieren, dass die zentralen Verhandlungspartner einer Organisation für längere Zeit sich in einer Weise auseinandersetzen, bei der es nur Sieger und Besiegte geben kann. Eine Veränderung dieser Situation ist nur dann möglich, wenn das ganze Organisationsklima entsprechend geändert wird. Wir haben jedoch von einem „labor-relations-director" eines grossen multinationalen Konzerns gehört, dessen Weitsichtigkeit erfolgreiche Verhandlungen mit den Gewerkschaften das Klima vieler Abteilungen in Richtung auf einen partizipativen und problemlösenden Führungsstil auf allen Stufen verändert hat. Auf dem Gebiet der Arbeitnehmerbeziehungen ist diese Veränderung hauptsächlich durch neue kollektive Arbeitsverträge erreicht worden, die viele traditionelle Beschränkungen der Arbeitsfunktionen beseitigt haben und nun die Durchführung von Aufgabenbereicherungsaktivitäten erlaubten. Weiter wurden Lohnerhöhungen von Produktivität und Kosteneinsparungen abhängig gemacht. Im Bereich der Führung wurde die Veränderung durch verschiedene OE-

Aktivitäten erreicht, wie durch Teamentwicklung, Survey-Feedback und Management-Workshops.
Schliesslich scheint es uns wichtig zu sein, dass alle Mitarbeiter im Personalbereich einschliesslich der Lohn- und Gehaltsabteilung beim OE-Programm mitwirken. Da interne OE-Gruppen oft als Katalysatoren bei schnellen organisatorischen Umwandlungen wirken, ist bei ihnen die Versuchung gross, dass sie sich als die guten Leute sehen und die Mitglieder der Personalabteilung die schlechten oder leistungsschwachen, wie wir dies noch im Kapitel III/2 diskutieren werden. Jeglicher Konflikt zwischen einer separaten Organisationsgruppe und der Personalabteilung sollte identifiziert und gelöst werden. Solche Spannungen können ein jedes Programm zum Misserfolg führen. Aber auch beim Fehlen eines ernsten Konfliktes sind die Berater zweifellos auf Unterstützung all derer angewiesen, deren Zuständigkeitsbereich sich auf die Organisationsmitglieder erstreckt.
Die OE-Massnahmen müssen vereinbar sein mit Personal-, Auswahl-, Beförderungs-, Entlöhnungs- und Beurteilungssystemen und anderen formalisierten Faktoren des sozialen Subsystems; wir werden darauf im einzelnen im Kapitel III/1 zurückkommen. Beispielsweise wird eine erhöhte Leistung von einzelnen und Gruppen vermutlich nicht lange anhalten, wenn die finanziellen und laufbahnmässigen Belohnungen ausbleiben. Das Management sollte also die Dinge in der System-Perspektive sehen und die wechselseitigen Beziehungen zwischen OE-Bemühungen und dem Instrumentarium des Personalwesens durchdenken.
Diese Übereinstimmung ist bei der Systems Group, einer Untergruppe von TRW, weitgehend vorhanden. Bei diesem Modell sind beispielsweise die leitenden Manager des Personalbereiches zugleich interne Berater. Diese Spezialisten werden von Linienmanagern unterstützt, die eine besondere Fähigkeit der Beratung bewiesen haben, und sie geniessen auch die Unterstützung externer OE-Berater.[121]

## Entwicklung interner Problemlösekapazitäten

Die Entwicklung interner Ressourcen ist ein wichtiges, oder gar typisches Merkmal erfolgreicher OE-Bemühungen, wie sich dies in den Praktiken von TRW herausgestellt hat. Die laufende Entwick-

lung und Problemlösekapazitäten und der Fähigkeit zur wirksamen Leitung von Konferenzen usw. kommt ohnehin einer OE-Bemühung gleich. Mit anderen Worten: Die Organisation macht sich die Kenntnisse des Beraters zu eigen und baut auf ihnen auf. Wir sprachen darüber bereits in unseren Bemerkungen über den offenen und edukativen Charakter der OE.
Im Idealfall, wie im Fall des TRW-Modells, werden Mitglieder der Personalabteilung und einige Linienmanager zur Ausführung von OE-Aufgaben in Zusammenarbeit mit den externen Sozialwissenschaftlern ausgebildet. Besonders in grossen Organisationen übersteigt die Nachfrage nach der Hilfe von Beratern bald deren Verfügbarkeit, oder ihre fortlaufende Anstellung kann teurer werden als festangestellte eigene Mitarbeiter. Eigentlich versucht der externe Berater dann die Abhängigkeit der Organisation von ihm zu vermindern durch die Entwicklung interner Ressourcen, weil erstens dies im Sinne eines erfolgreichen OE-Programmes liegt und zweitens die Kosten oder Verfügbarkeit des Beraters zum Problem werden. Trotzdem sehen wir eine langfristige Rolle für den externen Berater; wir werden darauf noch zurückkommen.

## Management des OE-Prozesses

Eine Reihe von Gesichtspunkten muss bei der Leitung eines OE-Prozesses sorgfältig beobachtet werden, um dessen andauernden Erfolg zu gewährleisten. Diese haben mit der Authentizität zu tun, mit dem Beraterteam und mit den Beziehungen zwischen Klient und Berater, mit Zwang und Freiheit, mit OE-Strategie und mit Koordination.
Die Authentizität ist ein äusserst wichtiges Merkmal erfolgreicher OE-Massnahmen. Der externe Berater, der interne Koordinator oder der entscheidende Vertreter der Organisation müssen gemeinsam von Zeit zu Zeit die Ängste, Bedrohungen und Befürchtungen untersuchen, die sich durch die OE-Bemühung ergeben. Solche Probleme, wie möglicherweise auch allzu hoch gesteckte Erwartungen, müssen in dem Masse aufgearbeitet werden, wie sie entstehen.
Die Notwendigkeit für einen externen Berater ergibt sich nicht nur aus seinen besonderen Fähigkeiten, darüber hinaus kann er der Organisation dazu verhelfen, an den tatsächlich vorhandenen

Problemen zu arbeiten und zur Intensität und Ernsthaftigkeit beitragen, mit der ein OE-Programm durchgeführt wird. Es besteht beispielsweise immer die Gefahr, dass die Organisation anfängt, die blosse Teilnahme an dynamischen Aktivitäten entweder zu belohnen oder zu bestrafen, oder sich lediglich darauf beschränkt, über OE-Massnahmen zu reden, anstatt sie auch durchzuführen. So gesehen kann die Kultur der Organisation zum Selbstzweck werden, ohne dass die eigentlichen Ziele verwirklicht werden. Nicht selten besteht die Gefahr, dass auch der Berater in derartige Scheinaktivitäten einbezogen wird; vor dieser Gefahr können ihn letztlich nur seine eigene professionelle Kompetenz und seine Selbstkritik bewahren.

Im Zusammenhang mit derartigen Scheinaktivitäten kann sich beispielsweise ein Zwang zur Offenheit oder zur Teilnahme an Trainingsgruppen letztlich als dysfunktional erweisen. Wenngleich es nicht immer einfach sein wird, zwischen Überredung und Zwang zu trennen, so sollten sich die OE-Berater und das Topmanagement doch vor allem der nachteiligen Folgen einer Zwangsstrategie bewusst sein, die sich ergeben, wenn die zugrunde liegenden Gefühle bei einem nur scheinbaren Einverständnis verborgen bleiben. Denn unter solchen Umständen geschieht es nur allzuoft, dass das informelle System nicht länger gemeinsam gesteuert wird, dass die Authentizität des Verhaltens und das Vertrauen abnehmen und die Kommunikation an Unmittelbarkeit verliert. All diese Folgen würden den Zielen von OE-Massnahmen diametral entgegenstehen.

Ein derartiger Authentizitätsverlust kann teilweise dadurch vermindert werden, dass die Berater fortlaufend an der Verbesserung ihrer interpersonalen und diagnostischen Fähigkeiten arbeiten, um so der Gefahr zu entgehen, von anderen zu erwarten, was sie selbst nicht zu leisten vermögen. Nach unserer Erfahrung ist es unbedingt notwendig, dass jegliche OE-Beratungsgruppen einschliesslich der internen und externen Berater an ihren eigenen Teambeziehungen laufend arbeiten. Durch eine Vernachlässigung ihrer eigenen Teambeziehungen und Wirksamkeit wird ihr Einfluss auf die Organisation vermindert.

Berater und Klient müssen zusammenarbeiten, um die entstehende Kultur der Organisation zu erkennen und ihr gemeinsames persönliches Reifen zu fördern. In dem Masse wie der Berater um die persönliche Entwicklung seines Klienten bemüht ist, muss der

Klient um die Entfaltung des Beraters bemüht sein. Dies bedeutet beispielsweise, dass der Klient der Berater über die Ereignisse in der Organisation auf dem laufenden halten sollte, auch wenn dies Zeit und Mühe kostet.

Erfolgreiche OE-Massnahmen erfordern auch eine Strategie, die verständlich und sichtbar gemacht werden kann. Während sich die allgemeine Strategie entwickelt, kann man diesen Vorgang durch Diagramme erleichtern, die zeigen, auf welcher Ebene des Lernens sich die Gruppen befinden, wohin sie sich vermutlich entwickeln usw. Es kann sich beispielsweise als nützlich erweisen, dass weitere Teamentwicklungs-Workshops zur Diagnose und Überprüfung des Fortschritts jährlich wiederholt werden oder dass es sich bei steigendem Vertrauen lohnen könnte, sich mehr auf Konfliktverminderung zu konzentrieren und die entsprechenden Techniken zu erlernen. Um es negativ zu sagen: Die konstruktiven Erfolge der ersten OE-Bemühungen können verloren gehen, wenn nicht gleichzeitig ein Plan entwickelt wird, aus dem die langfristige Bedeutung der OE für die gesamte Organisation und ihre Teilbereiche hervorgeht.

Solch eine langfristige Strategie bildet ein wesentliches Merkmal der Grid-OE, die im Kapitel II/9 beschrieben wurde. Die sechs Phasen sind absichtlich so geplant, dass sie aufeinander aufbauen und den Massnahmen eine klare Richtung geben.

Die OE-Strategie, die sich auf das Management Development und andere Programme bezieht, muss geplant und erklärt werden. Ebenso werden Richtlinien für spätere Phasen oder Erweiterungen der OE-Massnahmen benötigt, die unter anderem bestimmen, wer den Kontakt zum Berater aufrecht erhält, ob weiterführende Massnahmen Vorrang gegenüber neuen Massnahmen mit neuen Gruppen geniessen sollen usw. Solche Fragen ergeben sich beim Durchführen jeder OE-Bemühung, und man muss sich mit ihnen auseinandersetzen.

Fragen der Koordinierung und Kontrolle des OE-Programms müssen auch vom internen OE-Koordinator, dem externen Berater und den Klienten behandelt werden. Dies ist besonders bei OE-Aktivitäten in grossen Organisationen relevant. Der Mangel an Koordination kann zu widersprechenden Philosophien und Praktiken führen, und diese wiederum führen zu dysfunktionalen Spannungen zwischen Mitgliedern der verschiedenen Bereiche oder zwischen OE-Spezialisten. Wenn beispielsweise ein Berater die Durchführung von gruppendynamischen Trainingsmassnahmen favorisiert, während diese von einem Berater in einer anderen Abteilung deutlich abgelehnt werden, so kann dies zu unnötigen Diskussionen innerhalb des Systems führen, die von den Beratern im voraus hätten geklärt werden sollen. Auf der anderen Seite kann eine übertriebene Kontrolle eines zentralen Koordinators an sich sinnvolle vorbereitende und weiterführende Aktivitäten zwischen Berater und Klient zunichte machen. Beispielsweise können derartige Barrieren zwischen Klienten und Beratern ein OE-Programm sehr leicht zu einer Art Ein-Mann-Show werden lassen, in der der Berater seine Tricks während eines Teamentwicklungs-Workshops aufführt, im übrigen aber eine kontinuierliche Arbeit mit dem Klientensystem nicht zustandekommt.

Wir empfehlen daher eine auf beiderseitigem Konsens basierende OE-Strategie und eine offene, kontinuierliche Beziehung zwischen Beratern und den Klienten in den verschiedenen organisatorischen Bereichen. Der interne OE-Koordinator sollte sich für eine langfristige, direkte Beziehung zwischen den Beratern und den wichtigsten Klienten in den Teilbereichen der Organisation einsetzen.

### Verlaufs- und Erfolgskontrolle

Schliesslich muss bei einem erfolgreichen OE-Programm das Aktionsforschungsmodell auf den OE-Prozess selbst angewandt werden. Die Resultate müssen fortlaufend überwacht werden: die sich entwickelnden Einstellungen zu dem was vor sich geht, müssen geprüft werden, und es muss festgestellt werden, in welchem Mass die vorher vom Klienten identifizierten Probleme durch den Prozess gelöst werden.

Der Direktor und die Linienmanager der Organisation werden den Erfolg der OE-Massnahmen danach beurteilen, wie weit diese der Organisation bei der Verwirklichung menschlicher und wirtschaftlicher Ziele helfen. Eine deutliche Verbesserung verschiedener Indikatoren aus einem Werk oder einer Abteilung können beispielsweise wichtige Erfolgskriterien des OE-Programmes sein. Wegen der gleichzeitigen Änderung anderer Bedingungen ist jedoch der Beweis von Ursache und Wirkung äusserst schwierig. Sowohl das Messen als auch das Deuten bereiten Schwierigkeiten. Wir glauben jedoch, dass unter anderem von seiten der University of Michigan wesentliche Beiträge zur Datensammlungsphase wie auch zur Messung der Resultate von OE-Bemühungen geleistet wurden. Besonders möchten wir auf Fragebogen hinweisen wie Likerts „Profil organisatorischer Merkmale" [122], durch welche Veränderungen aufgrund von OE-Massnahmen gemessen werden können. Durch den Fragebogen von Likert wird die Meinung der Interviewten über verschiedene organisatorische Dimensionen ermittelt, u. a. über Führung, Kommunikationen und Entscheidungsprozesse. Dabei werden im wesentlichen die von Likert genannten „Kausalen Variablen" (z. B. Erfolgszwänge) und „Intervenierende Variablen" (z. B' Einstellung zur Führung, Höhe der Leistungsziele und Umfang der Zusammenarbeit) gemessen [123]. Der Fragebogen wurde beispielsweise bei der Weldon Company benutzt, um Veränderungen während eines zweijährigen grösseren OE-Programms zu messen. Diese Änderungen wurden wiederum mit Produktivitätskriterien und anderen Zielgrössen in Beziehung gebracht. [124]

Auf weniger anspruchsvolle Weise können durch Umfragen zwei oder drei Monate nach dem Abhalten von Teamentwicklungs-Workshops die OE-Bemühungen oder die Änderungen eines OE-Programms gerechtfertigt werden. Nicht zuletzt sollte auch das, was die Teilnehmer in informellen Gesprächen äussern, nicht unterschätzt werden. Besonders das informierte Urteil der beteiligten Manager ist sehr wichtig. Zum Beispiel fragten wir kürzlich den Vize-Präsidenten eines grossen Konzerns, ob der Teamentwicklungs-Workshop und die OE-Bemühungen in seiner Unternehmung wirkungsvoll gewesen sei und er gab uns zur Antwort, dass diese Massnahmen nachhaltig zur Erhöhung der Offenheit und Authentizität beigetragen hätten. In Verbindung mit einer systematischeren Datenerhebung kommt derartigen Informationen eine nicht zu unterschätzende Bedeutung bei der Beantwortung der Frage zu, worin die Vor- und Nachteile von OE-Massnahmen liegen und ob sie sich als nützlich erweisen.

# III. Zentrale Aspekte und Probleme

## 1. Systeminterne Folgeprobleme

In diesem Kapitel wollen wir die systeminternen Folgeprobleme diskutieren. Die Beteiligten müssen sich darüber im klaren sein, dass die Management-Praktiken in bezug auf viele Subsysteme verändert werden müssen, sofern sie nicht bereits mit den OE-Massnahmen übereinstimmen, wenn zentrale organisatorische Verbesserungen durchgeführt und auf Dauer gestellt werden sollen.

### Feedback

Das umfassende Sammeln von Daten, auch in den Bereichen der Gefühle und Einstellungen, ist ein wesentlicher Bestandteil jeder OE-Bemühung. Daher müssen alle Beteiligten lernen, Feedback auf sinnvolle und konstruktive Weise zu geben und zu verwenden. Sie müssen sich im Geben und Erhalten von Feedback üben, und sie müssen allen Feedback-Systemen Beachtung schenken, von den zwischenmenschlichen Interaktionen über bereichsspezifische Produktions- und Kostenzahlen zu den die ganze Organisation umfassenden Einstellungsumfragen.
Auf der zwischenmenschlichen Ebene wirkt Feedback gewöhnlich am konstruktivsten, wenn eine Reihe von Bedingungen erfüllt sind, nämlich:

- wenn es erwünscht oder erbeten ist;
- wenn es ziemlich bald nach dem Ereignis erhalten wird;
- wenn es spezifisch ist;
- wenn es sich auf die Konsequenzen für die andere Partei bezieht;
- wenn es urteilsfrei ist, indem es die Personen nicht als dumm, nutzlos oder ähnlich abstempelt;
- wenn es mit der Absicht gegeben wird, die Beziehung zu verbessern (anstatt bestrafen zu wollen usw.);
- wenn es privat oder in einer unterstützenden Gruppenatmosphäre vermittelt wird;
- wenn es im Geiste des gegenseitigen Gebens und Nehmens vermittelt wird.

Auf der Ebene der subsystemspezifischen Produktions- und Kostendaten wirkt Feedback dann am nützlichsten

- wenn es direkt an den Manager vermittelt wird, der die korrektiven Massnahmen ergreifen kann, und nicht an das Topmanagement oder Stabsabteilungen;
- wenn es oft genug vermittelt wird, so dass der Manager korrektive Massnahmen planen kann;
- wenn es spezifisch ist, so dass der Manager leicht das Problemgebiet identifizieren kann (dies bedeutet gewöhnlich, dass der Manager beim Entwerfen des Vermittlungssystems mitwirkt).

In bezug auf Einstellungsumfragen wirkt das Feedback gewöhnlich am konstruktivsten

- wenn es von der betreffenden Einheit verlangt wird;
- wenn die Daten der Einheit und das Totalergebnis für die ganze Organisation dem betreffenden Manager gegeben werden, jedoch nicht die Daten über andere Einheiten (direkte Vergleiche mit Gleichgestellten können anfänglich als höchst bedrohlich empfunden werden);
- wenn die Manager und deren Mitarbeiter die den Daten zugrunde liegende Dynamik mit der Hilfe einer dritten Partei diskutieren und Aktionspläne entwerfen (Weitere Merkmale wurden im Kapitel II/8 erwähnt.)

Im allgemeinen erfordert das konstruktive Feedback ein Eingreifen von hinreichender Tiefe, wie im letzten Kapitel beschrieben. Dies bedeutet besonders, dass das Feedback erwünscht ist oder erbeten wird, und dass es direkt der Person oder dem Bereich zugeleitet wird, der die nötigen Massnahmen ergreifen kann.

## Arbeitsstrukturierung

Die Strukturierung der Arbeitsplätze, d. h. bei einer Intervention in das Aufgaben-Subsystem ist schon seit langem eine bekannte Aufgabe von Beratern, besonders seit Frederick Taylor seine Schule des Scientific Management gründete. In letzter Zeit hat sich die Richtung dieser Bewegung verändert, wobei Aufgabenerweiterung und in letzter Zeit vor allem die Aufgabenbereicherung zunehmend an Bedeutung gewinnt. Beide *können* als OE-Interventionen gelten, müssen es jedoch nicht. Sogar einige Nebenergebnisse des Scientific Management, wie z. B. die Arbeits-

vereinfachung, können mit der OE übereinstimmen und als OE-Massnahmen betrachtet werden.
Zur Klärung sollte man unterscheiden zwischen Aufgabenbereicherung oder vertikaler Aufgabenerweiterung und horizontaler Aufgabenerweiterung. Im letzteren Falle werden einfach Tätigkeiten hinzugefügt (Beispiel: Statt einem Kontakt werden drei Kontakte geschaffen), während bei der (vertikalen) Aufgabenbereicherung die planenden und kontrollierenden Elemente der Aufgaben gegenüber den ausführenden Elementen verhältnismässig vergrössert werden (siehe Abbildung 16[1]).

Abbildung 16: Aufgabenbereicherung (Vertikale Aufgabenerweiterung)

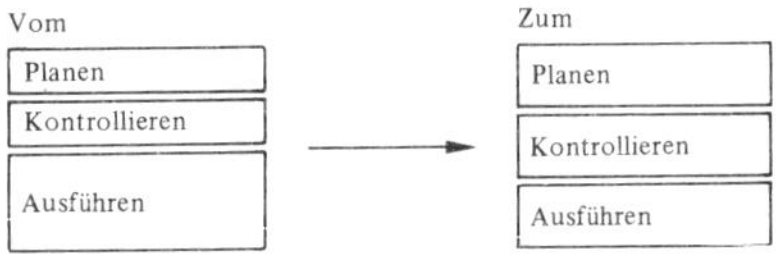


OE-Aktivitäten enthalten einige Merkmale der Aufgabenbereicherung, da der Prozess eindeutig ein zusätzliches untergeordnetes Planen und Kontrollieren herbeiführt, besonders in Gruppen. Paradoxerweise können jedoch die ausführenden Tätigkeiten enger und routinehafter werden. Ein Büroteam kann z. B. die Eliminierung bestimmter unnötig gewordener Arbeiten empfehlen, wodurch die Aufgabenvielfalt und sogar die Komplexität der Stellen reduziert werden.
Bei der Firma Texas Instruments ereignen sich solche Verschiebungen der planenden, kontrollierenden und ausführenden Aspekte durch die Anwendung von Arbeitsvereinfachungstechniken. Dabei treffen sich Vorgesetzte und Mitarbeiter in problemlösenden Besprechungen, in denen untersucht wird, wie unnötige Produktionsschritte beseitigt und die Aufgaben wirksamer gestaltet werden könnten. In diesen Besprechungen entscheiden die Arbeitsgruppen auch, wer welche Aufgaben übernehmen sollte, wobei die Arbeit oft so aufgeteilt wird, dass jedes Mitglied eine Mischung von monotoneren und interessanteren Tätigkeiten erhält. Dieser Prozess wird durch die Teilnahme der Arbeitsgruppe beim Zielsetzen ergänzt[2].

Bei der partizipativen Methode der Aufgabengestaltung wird der Mitarbeiter zu Rate gezogen in bezug auf die Gestaltung seiner Arbeit und deren Beziehung zum umfassenden Aufgaben-Subsystem. Der springende Punkt dabei ist, dass im Gebrauch des Aktionsforschungsmodells und in Zusammenhang mit Teamdiagnose und Planung diese Bemühungen mit OE übereinstimmen und echte OE-Massnahmen darstellen. Massnahmen der Aufgabenbereicherung stimmen jedoch nicht notwendigerweise mit OE überein, wie wir es im 2. Kapitel definiert haben. In diesem Zusammenhang ist es interessant, dass Herzberg und andere fast fordern, dass Aufgabenbereicherung von oben her bestimmt werden *sollte,* ganz im Gegensatz zu den eben beschriebenen Praktiken bei Texas Instruments:

> „Was den Prozess der Aufgabenbereicherung selbst betrifft, so hat sich durch Experimente und Studien herausgestellt, dass die Mitarbeiter beim Entscheid über Änderungen in ihren Aufgaben nicht mitwirken sollten. Die Änderungen scheinen trotzdem wirksam zu sein. Anderseits waren die Ergebnisse enttäuschend, wenn die Mitarbeiter zu Rate gezogen wurden. In einem Falle schlug eine Gruppe von Personalspezialisten kaum 30 kleinere Änderungen vor, während ihre Vorgesetzten über 100 gewichtigere Änderungsmöglichkeiten aufgeführt hatten.
> Scheinbar sind die Mitarbeiter nur teilweise in der Lage, die Gültigkeit der Grenzen ihres Aufgabenbereichs zu testen. Ein Austausch von Ideen ist jedoch zweifellos nützlich, solange es nicht auf eine experimentelle Messung der Wirkung von Aufgabenbereicherung ankommt . . ."[3]

Bevor wir jedoch zum Schluss kommen, dass Herzbergs Experimente wirklich alle so einseitig waren, möchten wir noch die einleitenden Phasen seines Aufgabenbereicherungs-Programmes untersuchen. Mehr gemeinsame Diagnose und gemeinsames Planen kann darin enthalten sein als man zunächst annimmt. In einigen Organisationen kann die Spezialisierung der Aufgaben soweit fortgeschritten sein, dass eine gemeinsame Diagnose des Problems schon seit einiger Zeit im informellen System stattgefunden haben kann.

Wir möchten uns hier nicht über die Erfolge oder Misserfolge der Aufgabenbereicherung und ähnlicher Programme streiten, sondern wir wollen einfach feststellen, dass diese unserer Meinung nach manchmal sehr gut mit der OE übereinstimmen und manchmal sich stark von OE unterscheiden; dass sie manchmal OE-Interventionen darstellen und manchmal nicht. Im allgemeinen kommt es darauf an, welche Prozesse bei ihrer Anwendung gewählt werden.

## Karriereentwicklung und Training

Ein Hauptziel der OE ist es, eine ehrlichere und offenere Kultur in der Organisation zu schaffen und die menschliche Entwicklung zu fördern. Daher sollten Karriere- und Entfaltungserwartungen aller Mitglieder beachtet werden. Mitarbeiter auf allen Ebenen sind stark an diesem Thema interessiert, das mehr und mehr zum offenen Gesprächsstoff wird. Aus diesem Grund sollte wahrscheinlich Gelegenheiten für Beförderung und Versetzung grössere Beachtung geschenkt werden, und es sollte mehr für Ausbildung und Management Development getan werden. Vielleicht sollten auch Möglichkeiten für Lebensgestaltung und Karriereplanungs-Workshops geschaffen werden; einige Organisationen haben mit solchen Workshops experimentiert. Gruppendynamische Laboratorien können natürlich die Fähigkeiten vermitteln, die für OE-Bemühungen nötig sind. Technische Kurse beziehen sich vielleicht nicht direkt auf den OE-Prozess, aber sie können in einem systematischen Programm der Karriereplanung eine wichtige Rolle spielen. Diese Erfahrungen werden jedoch mehr und mehr auf die Bedürfnisse des einzelnen und des Systems zugeschnitten, d. h. in Zukunft wird der Diagnose der benötigten Ausbildung grössere Aufmerksamkeit geschenkt werden und man wird weniger auf standardisierte Programme zurückgreifen.
Eine weitere Veränderung wird sich wahrscheinlich ereignen. Das Klima könnte sich dahingehend verändern, dass die Vorteile des Austritts aus der Organisation offen von Mitarbeitern diskutiert werden, und dass interne Karrieremöglichkeiten mit externen verglichen werden. Dies hat wahrscheinlich zur Folge, dass (wie oben erwähnt) mehr Möglichkeiten für interne Versetzungen geschaffen werden. Im Idealfall könnten neue Abteilungen oder Zweigorganisationen gegründet werden, indem so den Karriereerwartungen der Mitglieder die grössere Aufmerksamkeit geschenkt wird. Theoretisch befreit die Beseitigung willkürlicher Grenzen der Ver-

antwortlichkeit viel Energie, die der Organisation als konstruktiver Beitrag zugute kommen kann.

Als eine weitere Veränderung der Kultur der Arbeitsgruppen wird wahrscheinlich der Selektionsprozess auch im Rahmen der Gruppe geschehen, obwohl höheres Vertrauen unserer Meinung nach eine weitgehende Delegation dieser Funktion erlaubt, vorausgesetzt, dass die Kriterien gemeinsam bestimmt werden. Sicherlich wird man dem Vorgang der Einführung neuer Mitglieder in das System mehr Beachtung schenken, damit dieser so weit wie möglich mit den Annahmen und Werten der OE-Bemühungen in Übereinstimmung gebracht wird. Ein Beispiel hierfür ist das Experiment bei der Firma Texas Instruments, bei dem durch Kleingruppendiskussionen, die mit der Einstellung verbundenen Ängste verringert werden sollten[4].

Hieraus folgt, dass der Austritt aus der Organisation auch mehr Beachtung verlangt. Es wäre widersinnig, sich mit den Erfordernissen der Aufgaben und der Karriere bis zum Pensionsalter zu beschäftigen und die Dynamik der unvermeidlichen Trennung zu vernachlässigen. Kündigungen und Entlassungen stehen Organisationen nicht gleichgültig gegenüber, in denen extensive OE-Bemühungen im Gange sind, ihnen wird vorbeugend und nach erfolgtem Ereignis grosse Aufmerksamkeit geschenkt. Es ist beispielsweise anzunehmen, dass eine ungenügende Leistung offener diskutiert wird, im Hinblick auf die Möglichkeit früher Korrekturmassnahmen, während unterdrückter und unausgesprochener Ärger zu einer plötzlichen Entlassung führen kann.

## Eignungsauswahlverfahren

Die entwicklungsorientierte Philosophie des OE-Prozesses führt bei der Anwendung psychologischer Tests für Auslesezwecke zu einem grösseren Dilemma, besonders beim Beförderungssystem. Auf der einen Seite können bestimmte Tests, wie die Intelligenztests, unter besonderen Bedingungen so aufschlussreich sein, dass sie als zusätzliche Quelle von Daten herangezogen werden können. Auf der anderen Seite kann der Test im Kandidaten das Gefühl hinterlassen, dass er nach geheimnisvollen und willkürlichen Kriterien beurteilt worden ist und dass er ein Gefangener seiner eigenen persönlichen Eigenschaften ist, die nicht geändert werden können.

Der Begriff der Eignungsauswahl (Assessment center), kann der Lösung dieses Dilemmas näher führen. Firmen, die von diesem Konzept Gebrauch machen, geben gewöhnlich dem Kandidaten (normalerweise ein Handwerker, der zum Vorarbeiter befördert werden möchte) eine umfangreiche Testbatterie, ein Interview und lassen ihn an einer Gruppendiskussion teilnehmen. Linienvorgesetzte, die die Diskussion beobachtet haben, erstellen nun eine Rangordnung der Leistung der Kandidaten[5].

Der Dialog, in welchem dem Kandidaten die Ergebnisse mitgeteilt werden und die für ihn anschliessend geschaffenen Entwicklungsmöglichkeiten, formen den „assessment center process" von einem reinen Auswahlverfahren in ein Entwicklungsverfahren um. Wenn beispielsweise das „assessment center" einige Mängel bei der Gruppendiskussion festgestellt hat, so kann ein Mitglied dieses Zentrums dazu Feedback liefern – im Idealfall wird der Kandidat darum fragen – und die Organisation kann dem Kandidaten die Gelegenheit geben, zusätzliche Fähigkeiten zu entwickeln. Ausserdem kann der ganze Vorgang, bei dem sich Kandidaten für die Teilnahme an einem Eignungsverfahren bewerben und um eine Beförderung bemühen können, ein Element der Offenheit und Beweglichkeit im System erzeugen, das normalerweise vielleicht nicht vorhanden wäre. Natürlich besteht auch die Alternative, Stellen mit externen Kandidaten zu besetzen.

Wenn das ganze Verfahren wirklich entwicklungsorientiert sein soll, muss es sich ausführlich mit den Kandidaten und deren Karriere beschäftigen, und das Prozedere muss offen und verständlich sein. Unklarheiten müssen so weit wie möglich erklärt werden, um Misstrauen zu vermeiden und den Lerneffekt zu maximieren. Ausserdem muss die Natur des Dialogs zwischen Vorgesetzten und Mitarbeitern besonders beachtet werden. (Bedeutende Schlüsse zu diesem Thema enthält eine Studie bei der Firma General Electric, auf die wir später zurückkommen werden.)

## Innerbetriebliche Belohnungssysteme

Unserer Meinung nach wirkt eine OE-Bemühung dann auf die Dauer schädlich, wenn sie die Leistung der einzelnen in der

Organisation erhöht, die Gesamtheit der aus dem System erwachsenden Belohnungen jedoch vernachlässigt. Mit anderen Worten: Wenn Verantwortung und Kreativität für die Erreichung der Unternehmensziele in weitem Masse geteilt wird, ohne dass die Belohnungen proportional verteilt werden, so wird das OE-Programm auf lange Sicht nicht unterstützt werden. Die Bedürfnisse und Motive der Inhaber oder der Topmanager einer Organisation unterscheiden sich vermutlich nicht sehr von denen der unterstellten Mitarbeiter, und wahrscheinlich sind sie sogar sehr ähnlich. Je unabhängiger das System wird, desto mehr muss die Übereinstimmung des gesamten Belohnungssystems beachtet werden.
Die Belohnungen für Beiträge der einzelnen wie der Gruppen müssen beachtet werden, unabhängig davon, ob es sich um eine profitorientierte Organisation handelt oder nicht. Es wäre offensichtlich dysfunktional, der Zusammenarbeit zwischen und in Gruppen einerseits grosse Bedeutung beizumessen und dann andererseits Belohnungen einzig aufgrund individueller Leistungen vorzunehmen. In einer gewinnorientierten Organisation könnten andauernde OE-Bemühungen schliesslich zu einer Gewinnbeteiligung und/oder zum Aktienerwerb führen.
Offensichtlich ist Geld nicht die einzige Form der Belohnung, und es sollten auch andere Formen in Betracht gezogen werden, wie Anerkennung und die Gelegenheit zur Interaktion. In einem wahrhaft organischen System würde der Topmanager beispielsweise die entstehenden Gewinne nicht einfach für sich behalten, und ebenso würde er auch nicht versuchen, seine Mitarbeiter von einflussreichen Personen des öffentlichen Lebens zu isolieren oder ihnen die Anerkennung für gute Leistungen vorzuenthalten.

## MBO und Leistungsbewertung

Wenn das System der Leistungsbewertung mit den OE-Bemühungen übereinstimmen soll, so sollte es gleichzeitig partizipativ und transaktional sein. Das bedeutet, dass die wesentlichsten Kräfte der Situation untersucht werden sollten, wie z. B. der Einfluss des Vorgesetzten und der Gruppe auf die Leistung des einzelnen und dass auch die Leistung des einzelnen beurteilt werden soll.
Management-by-objectives (MBO)-Programme können diese Elemente enthalten und würden in diesem Falle als OE-Interventio-

nen bezeichnet, aber solche MBO-Programme können auch sehr autokratisch und nichtpartizipativ durchgeführt werden. In ihren besseren Variationen sehen wir die MBO-Programme als Systeme der gemeinsamen Zielsetzung und Leistungsbeurteilung, die dazu dienen, die Ziele hervorzuheben und die Häufigkeit problemlösender Diskussionen zwischen Vorgesetzten und Mitarbeitern zu vergrössern, und zwar möglichst innerhalb der Arbeitsgruppen. Im Extrem sind die MBO-Programme äusserst einseitige und autokratische Mechanismen, mit denen nichts anderes intendiert wird als die Anpassung an die Anweisungen von oben.
Wir vermuten, dass viele MBO-Programme von Abteilungsleitern oder Personalchefs ohne viel gemeinsame Diagnose eingeführt werden. Ausserdem vermuten wir, dass die meisten MBO-Programme keinen Teamansatz anwenden, dass sie die Interdependenz zwischen den einzelnen Stellen nicht gebührend anerkennen und dass sie das Verhältnis des Vorgesetzten zu jedem einzelnen hervorheben, anstatt eine Untersuchung der Gruppenkultur zu fördern. Einige dieser grundlegenden Mängel wurden von Harry Levinson implizit oder explizit aufgeführt, in seinem treffend betitelten Artikel „Management by Whose Objectives?"[6].
Wenn eine gemeinsame Diagnose das Bedürfnis nach einem MBO-Programm andeutet, dann sollte unserer Meinung nach der Vollzug des Programms die folgenden Punkte vorsehen, um das Programm entwicklungsorientiert und nicht autokratisch zu gestalten:

1. Die Mitarbeiter beteiligen sich wirklich an der Zielsetzung.
2. Ziele und Ergebnisse werden innerhalb der Gruppe besprochen.
3. Problemlösende Dialoge zwischen den Mitarbeitern und zwischen dem Vorgesetzten und einzelnen Mitarbeitern.
4. Fortdauernde konstruktive Beziehungen innerhalb der Gruppe und zwischen Vorgesetzten und Mitarbeitern.
5. Die Beachtung von persönlichen Zielen und Karrierezielen mit der Absicht, diese mit den organisatorischen Zielen zu harmonisieren.
6. Die Entwicklung einer Atmosphäre des Vertrauens innerhalb der Gruppe und der Fähigkeit, Prozessaspekte wahrzunehmen und zu verarbeiten.

Diese Punkte sind in einigen Untersuchungen nachgewiesen worden. Bei der Firma General Electric fand man beispielsweise, dass

Kritik von Seiten des Vorgesetzten abwehrende Haltungen und reduzierte Leistungen verursachte und dass die Leistung sich erhöhte, wenn Vorgesetzter und Mitarbeiter gemeinsam die Ziele setzten. Ausserdem fand man, dass Anleitung zu den täglichen Aktivitäten gehören sollten[7].

## Organisationsinterne Offenheit

Eine Änderung in der Kultur der Gruppe und der Organisation in Richtung auf grössere Offenheit und grössere gegenseitige Rücksichtnahme sollte weitgehend die Klärung vermeintlicher oder wirklicher Ungerechtigkeiten erleichtern. Nach unserer Erfahrung findet dieser Vorgang dann auf eine natürlichere und weniger bedrohende Weise statt. Beschwerden werden wahrscheinlich bereits in der Entstehungsphase erhoben und schnell beigelegt (Übrigens haben wir beobachtet, dass dieses Phänomen und andere mögliche Folgeerscheinungen der OE „mental health" zu fördern scheinen. Wir sehen in der OE eine wirksame Methode zur Erhöhung der „mental health" in Organisationen. Viele OE-Praktiken und -Konzepte stimmen mit der Theorie und der klinischen Erfahrung der beratenden Psychologie überein, wie auch mit einigen Aspekten der Psychiatrie und mit den neuen „community mental health programs".

Wir empfehlen jedoch nicht, die formellen Beschwerdeprozedere abzuschaffen. Solche Prozedere haben ihre berechtigte Funktion: zur Behandlung von Beschwerden und Klagen, zum Schutz der sich Beschwerenden gegen Strafmassnahmen und zur sorgfältigen, systematischen und gewissenhaften Untersuchung der Beschwerden und Klagen[8]. Wir glauben, dass ein formelles Beschwerdesystem wahrscheinlich nötig ist, um den einzelnen vor groben Unregelmässigkeiten in der Kultur der Organisation zu schützen. Was würde beispielsweise geschehen, wenn ein Tabu entstünde, aufgrund dessen die Nützlichkeit eines OE-Programms nicht in Frage gestellt werden darf?

Oder dass unterstellte Mitarbeiter immer offen sein sollen, ohne Rücksicht auf die Folgen, während die Vorgesetzten geheime Pläne haben dürfen? Oder dass man über das Dienstalter nicht sprechen darf, obwohl die Mitarbeiter der festen Ansicht sind, dass bei notwendigen Entlassungen das Dienstalter berücksichtigt werden sollte? Für solche Situationen ist ein formelles Beschwerdesystem notwendig. Es ist zweifellos erforderlich in einem System, dass die Offenheit schätzt und diese durch einen Mechanismus zu schützen sucht.

## Aufwand für OE-Massnahmen

Die Anwendung externer oder interner dritter Parteien in der Rolle von Beratern kostet selbstverständlich Geld. Wenn ein OE-Programm erfolgreich sein soll, so muss die andauernde Überzeugung vorhanden sein, dass die Entwicklung menschlicher Ressourcen ebenso wichtig ist wie die Entwicklung anderer Hilfsquellen. Ein Anzeichen dafür, dass diese Überzeugung fehlt, besteht in der Ansicht, dass die organisatorischen Probleme durch eine einmalige Teambildungsübung gelöst werden können. Die Erfahrung zeigt, dass das Schaffen und Erhalten der von uns beschriebenen Kultur ein ununterbrochener Prozess sein muss.
Ausserdem sollten die Kosten in Form von Anstrengungen und erforderlichen Fähigkeiten nicht übersehen werden. In mancher Beziehung ist die von uns beschriebene Umwelt schwieriger und anstrengender als die in den traditionelleren organisatorischen Kulturen. Teammitglieder finden sich keineswegs einfach damit ab, den Vorgesetzten die Verantwortung für bestimmte Entscheidungen tragen zu lassen, oder bei Misserfolgen einfach nach Sündenböcken zu suchen. Die neuere Kultur enthält in den meisten Fällen die Verpflichtung, alle Faktoren eines Problems zu untersuchen, auch den eigenen Einfluss auf das Problem.
Während also die neue Kultur aufregender und lohnender sein kann, und es gewöhnlich auch ist, so ist sie auch gewöhnlich schwieriger und herausfordernder. Es werden ständig Forderungen an die Mitglieder der Organisation gestellt, um ihre Fähigkeiten im Bereich des sozialen wie des strukturell-technologischen Subsystems zu verbessern.
Ein anhaltendes, erfolgreiches OE-Programm verursacht weitreichende Nebenwirkungen im ganzen System. Besonders müssen beachtet werden: die Struktur und Qualität einer Vielzahl von Feedback-Subsystemen, die Gestaltung der Arbeitsbereiche, die Karriereentwicklung, die Ausbildung, die Personalauswahl, die finanziellen und nicht monetären Belohnungen, die Beurteilung

und Überprüfung der Leistung, die organisatorische Gerechtigkeit und die finanziellen Kosten und benötigten Fähigkeiten. Programme wie Aufgabenbereicherung und Management by Objectives können als OE-Interventionen betrachtet werden, falls sie einer Reihe von Kriterien genügen, u. a. gemeinsame Diagnose und Stärkung des gruppenorientierten Führungsstils erstreben. Im allgemeinen müssen die Verwaltung und die grundlegenden Annahmen einer Vielzahl von organisatorischen Subsystemen (besonders die formellen Aspekte des sozialen Subsystems) mit den OE-Bemühungen übereinstimmen, wenn sich die Organisation auf die Dauer verbessern soll.

## 2. Die Berater/Klienten-Beziehung

In der Beziehung zwischen Berater und Klient bei OE-Aktivitäten kann sich eine Reihe von Fragen ergeben, die entsprechend behandelt werden muss, um unerwünschte Folgen zu vermeiden. Dabei dreht es sich meistens um folgende Fragen: Ob eine Person oder ein System der Klient ist, um Fragen des Vertrauens, um die Beraterrolle und deren Voraussetzungen, um den Kontrakt, um Diagnose als Voraussetzung für Interventionen, um Interventionen und ihre Bezugspunkte, um den Modellcharakter der Beraterrolle, um Aktionsforschung im Zusammenhang mit dem OE-Prozess und um das Problem der Abhängigkeit? Für diese Fragen gibt es zwar keine Patentrezepte, doch möchten wir dazu einige nähere Ausführungen machen.

### Klient und Klientensystem

In der Beziehung zwischen Berater und Klient stellt sich bald die wichtige Frage: Wer ist der Klient? Wir glauben, dass beim ersten Kontakt im Idealfall ein einzelner Manager als Klient auftreten sollte. Aber sobald sich Vertrauen und Zuversicht zwischen diesem Klienten und dem Berater entwickelt, beginnen beide, die Organisation des Managers als Klienten zu betrachten. Im Idealfall entwickelt sich dies schon im ersten Interview. Daraufhin beschäftigt sich der Berater eindeutig mit der Effektivität der verschiedenen organisatorischen Subsysteme und mit der Leistungsfähigkeit und Entwicklung der einzelnen Mitglieder des Klientensystems.
Wir bezweifeln, dass der Berater die Organisation als ganze vertritt, wenn er mit irgendeiner Abteilung arbeitet, doch kann man sich über dieses Thema streiten. Der Berater muss in der Lage sein, die Menschen, mit denen er zusammenarbeitet, zu beeinflussen und eine Beziehung zu diesen zu unterhalten. Er kann jenen nicht helfen, mit denen er nicht direkt zu tun hat. Dies zu versuchen, würde bedeuten, dass er nach einem geheimnisvollen und unausgesprochenen Plan arbeitet, der nur ihm selbst bekannt ist.

Oder wenn der Berater lediglich mit dem oberen Management kollaboriert, läuft er Gefahr, die Beziehungen zu seinen unmittelbaren Klienten zu zerstören. Die Wahrheit kommt schliesslich heraus, und der Berater verliert seinen Einfluss. Sogar wenn er offen zugesteht, dass er im Auftrag des oberen Managements arbeitet, wird sein Erfolg minimal sein, weil er eine von aussen gesteuerte Aufgabe ausführt. Erfolgreiche OE-Bemühungen sind ein Prozess gegenseitiger Beeinflussung und nicht von aussen auferlegte Programme.

Bei einer wirksamen Beratungsbeziehung mit einem Teilbereich wird das ganze System jedoch nicht vernachlässigt. Der fachkundige Berater wird einige Vorstellungen darüber haben, welche Massnahmen der gesamten Organisation zugute kommen und welche nicht. Er wird seine Meinung, seine Besorgnisse gegenüber dem Hauptklienten äussern. Der Hauptklient wird ausserdem in bezug auf das gesamte System der wirkliche Fachmann sein, und in Zusammenarbeit mit dem Berater wird er Mittel und Wege zur Verbesserung des Ganzen suchen. Der springende Punkt ist daher Offenheit. In dem Masse wie der Klient und Berater miteinander umgehen, wird das gesamte System zum Objekt gemeinsamer Anstrengung.

## Vertrauen als Voraussetzung

Bei den ersten Kontakten zwischen Klient und Berater spielt die Entwicklung einer Beziehung des gegenseitigen Vertrauens eine grosse Rolle. Beispielsweise kann der Klient befurchten, dass durch die Interventionen eines Aussenseiters systeminterne Vorgänge ausser Kontrolle geraten. Mitarbeiter machen sich vielleicht Sorgen, dass sie im Sinne der Ziele ihres Vorgesetzten manipuliert werden und dass ihre eigenen Ziele missachtet werden. Diese Art von Problemen bedeutet, dass sich der Berater das Vertrauen erarbeiten muss und dass sich volles Vertrauen nicht sofort einstellen wird.

In ähnlicher Weise kann das Vertrauen, das der Berater dem Klienten entgegenbringt, zunächst minimal sein. Er wird versuchen, die Motive des Klienten zu verstehen und er wird versuchen, weniger sichtbare Motive bewusst zu machen. Wenn beispielsweise der Klient insgeheim hofft, dass durch ein Team-

entwicklungs-Workshop ein leistungsschwacher Mitarbeiter zur Räson gerufen wird, so werden Berater und Klient den Zweck der Teamentwicklung neu überdenken müssen und untersuchen, ob solche Probleme nicht vielleicht auf andere Weise behandelt werden sollten. Auf der anderen Seite kann der Klient in der OE auch ein Mittel zur Erhöhung der eigenen Leistungsfähigkeit und der Leistungsfähigkeit seiner Mitarbeiter sehen sowie auf grosse Anerkennung durch seine Vorgesetzten hoffen, wenn die OE-Massnahmen Erfolg bringen. Das Erkennen solcher Motive und das Untersuchen ihrer Bedeutung in bezug auf wirkungsvolles Verhalten wird das Vertrauen zwischen Berater und Klient erhöhen und den schliesslichen Erfolg der OE-Aktivitäten sicherstellen helfen.
In diesem Zusammenhang sei auch der Mythos erwähnt, der die OE und verwandte Bereiche – besonders das Laboratoriumstraining – umgibt.
Unserer Meinung nach entwickelt sich grösseres Vertrauen und bessere Zusammenarbeit um so eher, je klarer die Annahmen, die Theorie und die Technologie der OE dem Klienten und dem Klientensystem erklärt werden.
In diesem Zusammenhang wird von internen und externen Beratern oft der Fehler gemacht, dass sie in ihrem Enthusiasmus eine Art Utopie verkaufen wollen, anstatt sich auf die Probleme des Klienten zu konzentrieren. Beispielsweise können sie den Eindruck erwecken, dass sie Vertrauen, Offenheit, Kooperation usw. verkaufen. Obwohl dies natürlich gute Dinge sind, sollten sie mehr praktisch im Zusammenhang mit der Lösung der Probleme behandelt werden, die der organisatorischen Leistungsfähigkeit im Wege stehen. Mit anderen Worten: Wird der Berater als nützlich und hilfreich empfunden, dann fordert dies das Vertrauen zwischen ihm und dem Klienten; versucht der Berater hingegen, Philosophien zu verkaufen, wird das Vertrauen eher blockiert.
Im Zusammenhang von Vertrauen und Widerstand stösst man auch auf das Phänomen des „Ich bin o. k. – du bist nicht o. k.". Interne oder externe OE-Berater können durch ihre Begeisterung für eine aufregende Technologie sich selbst unbewusst als Missionare sehen. Sie spielen dann die Rolle des Überlegenen und deuten oft unwillkürlich an, dass die anderen nicht gut oder jedenfalls etwas zurückgeblieben sind. Dadurch entstehen natürlich alle Arten von Problemen des Vertrauens und Widerstands. Menschen wollen normalerweise mit anderen auf gemeinsame Ziele

hin arbeiten, sie wehren sich jedoch dagegen, lediglich umhergeschoben zu werden. Niemand lässt sich allzugern in die Rolle des Unterlegenen drängen. Wer andere in eine solche Rolle drängen will, erntet Misstrauen und Ablehnung. Dies kann nicht nur für den Berater eine Falle darstellen, sondern auch für den übermässig begeisterten Linienmanager.

## Voraussetzungen der Beraterrolle

Klienten versuchen oft, den Berater in die Rolle des Sachverständigen für Fragen wie der Personalpolitik oder der Organisationsstruktur zu schieben. Dies ist teilweise dadurch zu erklären, dass der Klient nicht mit dem Charakter der Prozessberatung und anderer OE-Interventionen vertraut ist. Unserer Meinung nach ist es für den OE-Berater möglich, als Sachverständiger in dem Sinne aufzutreten, dass er dem Klienten eine Liste von Alternativen aufzeigt. Jedoch wird er an Wirksamkeit verlieren, wenn er weitgehend die traditionelle Rolle des Beraters übernimmt und definitive Ratschläge gibt. Der Versuchung zur Übernahme dieser Rolle muss er widerstehen, und wenn dieses Problem auftaucht, muss er seine Rolle dem Klienten gegenüber klarstellen.
Der Berater fällt leicht in die Expertenrolle, wenn er mit übertriebenem Eifer den Klienten zu befriedigen sucht. Der Berater möchte die Beziehung aus verschiedenen Gründen erhalten, wegen seines Rufes, aus finanziellen oder persönlichen Gründen, und er will natürlich als fachkundig betrachtet werden. Er verstrickt sich daher ins Ausarbeiten von Berichten und fixfertigen Anträgen, wodurch seine Wirksamkeit mehr als minimal verringert wird. Es gibt mindestens zwei gute Gründe, warum der OE-Berater die Rolle des Experten meiden sollte. Erstens ist ein Hauptziel einer OE-Bemühung, dem Klientensystem zu helfen, seine eigenen Ressourcen zu entwickeln. Die Expertenrolle zeugt eine Art von Abhängigkeit, die der internen Entwicklung von Fähigkeiten entgegenwirkt. Zweitens ist es in der Rolle des Fachmanns unumgänglich, dass der Berater seine Vorschläge verteidigt. In bezug auf eine einleitende Kontaktbesprechung erwähnt Schein die Gefahr, „dass der Berater in die Rolle des Verkäufers gedrängt wird und dass unter solchen Bedingungen die Probleme nicht mehr erforscht werden können"[9]. Wer sich in die Expertenrolle

drängen lässt und seine Vorschläge verteidigt, neigt dazu, seine operative und entwicklungsorientierte Einstellung zur Verbesserung von Organisationen zu leugnen.
Hingegen ist es wünschenswert oder notwendig, dass der Berater beim Planen eines Workshops, beim Entwurf eines Fragebogens und bei ähnlichen Tätigkeiten konkrete Vorschläge macht. In den ersten Phasen der Beziehung sind solche Vorschläge gewöhnlich sehr nützlich, aber der Berater muss auch bereit sein, Gegenvorschläge von Mitgliedern des Klientensystems zu akzeptieren. Schein drückt dies folgendermassen aus:

> „Der Prozessberater sollte seine Fachkenntnisse in bezug auf den Lernprozess nicht verschweigen; aber er sollte sehr darauf achten, dass er die Rolle nicht mit der eines Fachmanns auf dem Gebiet der Managementprobleme, welche die Organisation zu lösen versucht, verwechselt. Er kann Experte sein, um der Organisation lernen zu helfen, aber kann nicht selbst *organisatorische Probleme lösen* [10].

## Der Anfangskontrakt

Aus der obigen Diskussion ergibt sich die Frage des „psychologischen Vertrages" zwischen Berater und Klient. Die Lösung der Fragen wie, wer der Klient ist, bzw. ob eine versteckte Sorge darüber besteht, wie das OE-Programm sich entwickeln mag und ob der Berater grundlegende Empfehlungen geben wird, sind für den weiteren Fortgang von grundlegender Bedeutung.
Die mehr formalen Aspekte der finanziellen Vergütung sind auch beim ersten Kontrakt wichtig und sollten zur beiderseitigen Befriedigung besprochen werden. Wir ziehen gewöhnlich eine mündliche Vereinbarung über Stunden bzw. Tagesansätze vor, wobei wir das Orientierungsgespräch nicht berechnen, das gewöhnlich in unserem Büro, bei einem Essen oder manchmal telefonisch erfolgt. Danach senden wir dem Klienten eine monatliche Rechnung für die aufgewendete Zeit. Der ungefähre Zeitaufwand wird gemeinsam festgelegt, und beide Parteien können die Beziehung beenden, falls diese nicht zur beiderseitigen Genugtuung ausfällt. Im Falle des internen Beraters wird die ihm verfügbare Zeit ein bedeutender Faktor sein.

Einige Berater berechnen auch die Zeit, die mit Vorbesprechungen verbracht wird. Obwohl wir selbst dies nicht tun, halten wir es für eine vernünftige Praxis, da der Klient während dieser Diskussionen oft wichtige Einsichten in die Natur des Problems gewinnt [11]. Ausserdem verlangen die Vorbesprechungen ebensoviel Fachkunde wie die im Zuge der folgenden OE-Bemühungen stattfindenden Interventionen.

## Diagnose als Voraussetzung für Interventionen

Eine andere Gefahr für den Berater besteht darin, aus Bequemlichkeit ihm bekannte oder von ihm bevorzugte Interventionstechniken anzuwenden, die jedoch der gegenwärtigen Diagnose der Probleme nicht angemessen sind. Beispielsweise kann ein Berater, der ein erfahrener gruppendynamischer Trainer ist, bei einem Teamentwicklungs-Workshop den Teilnehmern ein intensives zwischenmenschliches Laboratorium aufdrängen, während die Fragen des Zielsetzens oder der Rollenerwartung vielleicht viel dringlicher sind. Oder ein Berater könnte sich hauptsächlich auf einige Techniken und Methoden aus seiner Trickkiste verlassen, wenn für solche bildende Interventionen wenig Bedarf besteht und dafür eine Untersuchung des Führungsstils sehr angebracht wäre.

Wir glauben, dass ein Berater seine Fähigkeiten anwenden sollte, dass seine Interventionen jedoch der jeweiligen Diagnose angemessen sein sollten. Je grösser sein Repertoire der Interventionen ist, desto freier ist er beim Stellen einer Diagnose, ohne befürchten zu müssen, die falsche Intervention vorzunehmen. Das Wissen um die komplexen Wechselwirkungen zwischen den verschiedenen organisatorischen Subsystemen ist für eine unvoreingenommene Diagnose ebenfalls wichtig.

## Interventionen und ihre Bezugspunkte

Ausser der Frage der Auswahl von Interventionen aus einem weiten Repertoire besteht die Frage des Bezugspunktes der jeweiligen Intervention. Unter Bezugspunkt verstehen wir das Ausmass, in welchem das formelle System, das informelle System und die eigene Person das Änderungsziel darstellt (Abbildung 17 zeigt einen Vergleich der Bezugspunkte verschiedener Gruppen- oder Organisationsinterventionen)[12]. Nach Harrison ist dieses Kontinuum auf Zugänglichkeit und Individualität begründet. Unter Zugänglichkeit versteht Harrison das Ausmass, in dem die Daten öffentlich zugänglich sind (im Gegensatz zu geheim und privat) und die Leichtigkeit, mit der die Fähigkeit zur Durchführung der Intervention erlernt werden kann. Unter *Individualität* wird das Ausmass verstanden, in dem die Intervention dem Empfinden des eigenen Ichs nahesteht und das Ausmass, in dem die Wirkungen der Intervention im Individuum im Gegensatz zur Organisation erfolgen. Dabei nehmen wir an, dass je mehr man sich auf dem Kontinuum in Richtung des Ichs bewegt, die aktuellen Prozesse zunehmend die Gefühle, die Werturteile und die private oder verborgene Sphäre des einzelnen betreffen und daher um so eher sich nützlich oder schädlich auswirken können. Man benötigt eine sorgfältige Diagnose, um zu bestimmen, wann diese Interventionen angemessen und sinnvoll sind. Wenn sie nicht angemessen sind, können sie destruktiv wirken oder zumindest vom Klienten oder Klientensystem abgelehnt werden.

Um dieses Risiko einzuschränken, schlägt Harrison zwei Kriterien für die Bestimmung des geeigneten Bezugspunktes von Interventionen vor:

> „Erstens *sollte man nicht tiefer als nötig eingreifen, um beständige Lösungen für gegenwärtige Probleme zu erreichen.* Zweitens *sollte man nicht tiefer eingreifen, als die Energie und die Hilfsmittel des Klienten zum Zweck der Problemlösung und der Veränderung es erlauben.*"[13]

Nach Harrison verlangen diese Kriterien, dass der Berater nicht schneller oder tiefer vorgeht, als er von der Kultur des Klientensystems ermächtigt ist und dass er auf der Ebene bewusst empfundener Bedürfnisse bleiben soll[14]. Wir halten diese Richtlinien für vernünftig.

Harrison anerkennt jedoch, und wir stimmen mit ihm überein, dass der Berater ununterbrochen mit dem Dilemma konfrontiert ist, ob er führen und anstossen oder kooperieren und folgen soll.[15] Harrison betont das letztere, aber wir selbst neigen zu einer weniger konservativen Haltung. Wir glauben, dass der Berater gelegentlich und vorsichtig führende Handlungen riskieren sollte, um wirksam zu sein, dass er jedoch diese Risiken minimal

Abbildung 17: Bezugspunkte für unterschiedliche Gruppen- und Organisationsinterventionen

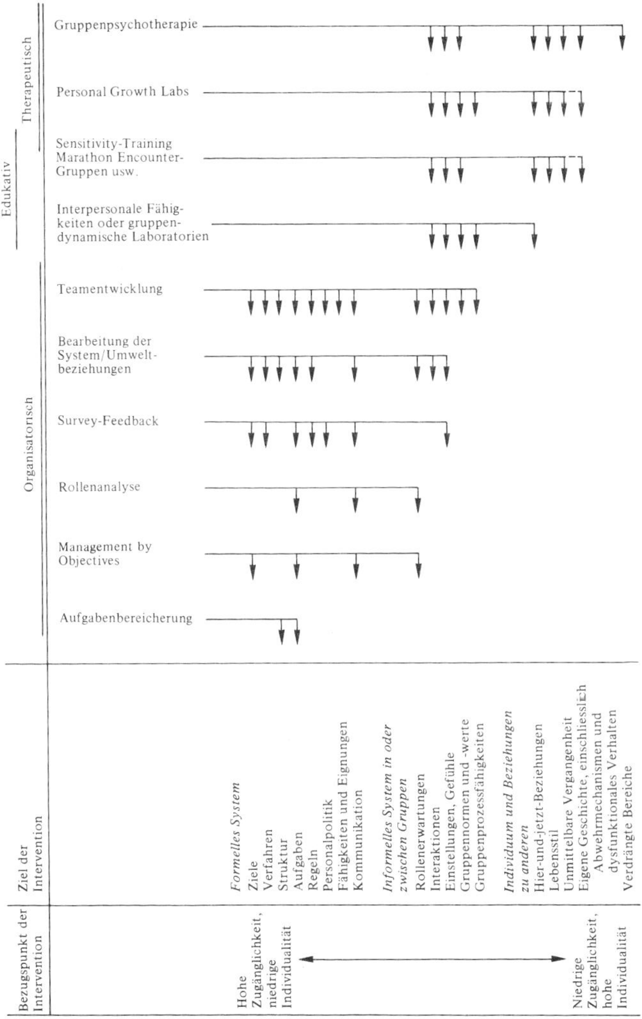

halten sollte. Während er seine Fachkenntnisse in bezug auf Diagnose und Interventionen entwickelt, werden die Risiken hauptsächlich darin bestehen, dass seine Vorschläge abgelehnt werden. Wir stimmen jedoch im wesentlichen mit Harrisons Ansicht überein und halten seine Kriterien für richtig.

## Der Modellcharakter der Beraterrolle

Eine weitere wichtige Frage besteht darin, ob der Berater willens oder in der Lage ist, seine Theorien selbst zu praktizieren. Auf dem Gebiet der Gefühle kann der Berater beispielsweise für ein offeneres System eintreten, in welchem Gefühle als legitim angesehen werden und ihr Äussern zur besseren Problemlösung wichtig ist, während er gleichzeitig seine eigenen Gefühle über die Vorgänge im Klientensystem für sich behält. Dies kann besonders für den weniger erfahrenen Berater zum Problem werden und beeinträchtigt gewöhnlich sein Kompetenzgefühl. Je mehr er lernt, sich seiner eigenen Gefühle bewusst zu sein, desto spontaner kann er sein und desto mehr Möglichkeiten oder Alternativen stehen ihm offen (Aus diesem Grund empfehlen wir eine ausgedehnte Trainingsgruppenerfahrung für OE-Berater). Das Klientensystem ist jedoch nicht geeignet, als Schauplatz zur Behandlung der vom Berater mitgebrachten Probleme zu dienen, obwohl der Berater andererseits auch nicht zu distanziert auftreten sollte, da dies seiner Hilfe an den Klienten hinderlich wäre.
Als ein weiteres Beispiel vorbildlichen Verhaltens sollte der Berater sich klar ausdrücken, d. h. seine Worte sollten mit seinen offenbaren Gefühlen übereinstimmen. Ausserdem sollte er sich über die Bedeutung von Worten klar sein, er sollte alternative Methoden zur Problemlösung vorschlagen, er sollte ermutigen und unterstützen, er sollte auf konstruktive Weise Feedback geben und empfangen, er sollte bei der Formulierung von Fragen helfen, und er sollte eine untersuchende Einstellung vermitteln [16]. Wir möchten damit nicht sagen, dass er ein Genie sein muss – wir möchten lediglich andeuten, dass er zur Maximierung seiner Wirksamkeit das wirksame Verhalten fortlaufend praktizieren und entwickeln sollte, das er im Klientensystem zu entfalten sucht.
Man kann die als Gruppe zusammenarbeitenden Berater oder den Berater mit dem Klienten als einen Mikrokosmos der Organisation

betrachten, die sie zu entwickeln suchen. Erstens muss die Beratergruppe als Beispiel einer wirksamen Einheit auftreten, wenn sie überzeugend wirken will. Zweitens müssen die Berater durch den Vorgang fortlaufender Entwicklung und Erneuerung ihre Wirksamkeit sicherstellen. Drittens bestimmt die Qualität der Wechselbeziehungen innerhalb der Beratergruppe unmittelbar die Qualität der Diagnosen, der Führung der Laboratorien und Workshops und der Interventionen. In bezug auf den letzten Punkt kann man sagen, dass sich ein ungelöster und wachsender Konflikt zwischen zwei Beratern in einem Workshop lähmend auswirken kann. Lediglich dadurch, dass die Kultur der Beratergruppe vernachlässigt wird, können Probleme der Moral entstehen, durch die beim Planen von Konferenzen und bei der Interaktion mit dem Klientensystem die Spontaneität und Kreativität vermindert wird.

## Aktionsforschung und OE-Prozess

Eine damit zusammenhängende Frage besteht darin, ob der OE-Prozess selbst der im Klientensystem stattfindenden Aktionsforschung unterworfen werden soll. Die Frage der Kongruenz ist natürlich wichtig, aber der Erfolg der OE-Bemühungen und die Wirksamkeit der Berater können dadurch gefährdet sein. Wenn keine Feedback-Schleifen in bezug auf die verschiedenen Interventionen und Phasen des OE-Prozesses bestehen, werden weder die Berater noch die Organisation lernen, Interventionen in der Zukunft wirksamer zu gestalten.

Feedback-Schleifen müssen nicht unbedingt kompliziert sein. Einfache Fragebogen oder Interviews können genügen. Beispielsweise erinnern wir uns an eine Besprechung beim Mittagessen mit den Schlüsselpersonen, die an einem Problemlösungsworkshop teilgenommen hatten. Nach mehreren Fragen über die aktuellen Neuigkeiten aus der Abteilung stellte sich heraus, dass durch die Auswahl derer, die zum Laboratorium eingeladen worden waren, Probleme entstanden waren. Dieses Feedback hat uns jedenfalls dazu bewegt, der Vorarbeit mehr Beachtung zu schenken und den Teilnehmern des Laboratoriums dabei zu helfen, wie sie diejenigen wirksam über den Laboratoriumsverlauf und seine Ereignisse informieren können, die nicht daran teilgenommen haben.

Das Problem der Abhängigkeit

Die Aufgabe des Beraters ist es, die Fähigkeiten der Problemlösung und der Erneuerung im Klientensystem zu entwickeln. Er hilft dem Klienten, die problemlösende Rolle selbst zu übernehmen und vermeidet, eine andauernde Beziehung der Abhängigkeit zu schaffen. Es entstehen gewöhnlich keine Probleme, wenn der Berater und der Klient die oben erwähnte Frage der Beraterrolle (expert vs. facilitator) geklärt haben, und wenn der Berater sich dem Grundsatz verpflichtet, dass OE eine gemeinsame Technologie sein soll. Die Rolle des Beraters als „facilitator" bewirkt nach unserer Ansicht weniger Abhängigkeit und mehr Wachstum beim Klienten als die traditionellen Methoden der Beratung; der Grundsatz der gemeinsamen Technologie führt beim Klienten zu schnellerem Lernen.
Die letztere Absicht stimmt mit der Aussage von Argyris überein, dass wenn die Interventionen des Beraters auf Dauer nützlich sein sollten, der Klient freie, informierte Entscheidungsfreiheit haben sollte. Für diese Freiheit der Entscheidung muss sich der Klient über seine Absichten im klaren sein[17]. Der Berater sollte also die Ziele der verschiedenen Interventionen, die Reihenfolge der geplanten Massnahmen usw. ganz offen erklären. Er sollte während seiner Interventionen immer wieder die Rolle des Ausbilders spielen.
Ein Problem, das den Berater persönlich trifft, ist das Dilemma zwischen seinen Bemühungen, die Fähigkeiten des Klienten zu entwickeln und zwischen seinem Wunsch, sich zu engagieren, sich unentbehrlich und zuständig zu fühlen. Unserer Ansicht nach kann das Problem befriedigend gelöst werden. Wir glauben, dass die Hinzuziehung des externen Beraters schrittweise abgebaut werden sollte, sobald die OE-Bemühungen zu reifen beginnen. Eine grosse Organisation könnte mit einem oder zwei Beratern die Beziehung aufrechterhalten, jedoch sollten sie sie weniger oft beanspruchen. Wenn die Berater ihre Fähigkeiten weiter entwickeln, können sich auch weiter innovative Beiträge leisten. Ausserdem können sie als Verbindungsglied zu externen Ressourcen dienen, wie z. B. zu Universitäten und Forschungsgruppen und, was noch wichtiger ist, sie können dabei helfen, dass die OE-Bemühungen auf der höchstmöglichen fachmännischen und ethischen Ebene

bleiben. Ihre Fähigkeiten und Einsichten sollten einen Massstab für die Aktivitäten der internen Berater darstellen.
Eine weitere Dimension des Problems taucht jedoch dann auf, wenn der Berater fühlt, dass sein Beistand nicht länger benötigt wird, wenn vielleicht zu grosse Anstrengungen gemacht werden, um ihn zu beschäftigen. Diese Frage sollte sich der Berater offen stellen, im Interesse des Klienten, um seine eigenen professionellen Ressourcen nicht zu verschwenden und um allgemein im Sinne der OE zu handeln.
Aus dem oben gesagten ergibt sich die Notwendigkeit, dass die Berater und Beratergruppen ein wirksames zwischenmenschliches Verhalten in ihrer Beziehung zum Klientensystem demonstrieren. Dies sollten sie nicht nur, um ihren unmittelbaren Einfluss zu erhöhen, sondern auch um ihre Ausbilderrolle zu erfüllen und als Träger nachahmenswerter Fähigkeiten zu gelten. Mit anderen Worten: Das Verhalten der Berater neigt dazu, den Lernvorgang entweder zu verstärken oder zu blockieren.
Das gewünschte Verhalten kann erreicht werden, indem das Team aus Beratern und Schlüsselpersonen des Klientensystems und die Beratergruppen die Kultur ihrer eigenen Gruppen bewusst und gemeinsam steuern. Dadurch geben die entscheidenden Parteien des OE-Programms im Umgang mit dem gesamten Klientensystem nicht nur ein Vorbild des wirksamsten Verhaltens, sondern sie helfen sich gegenseitig bei der Entwicklung ihrer tempoären Gruppe, und sie fördern ihre eigene persönliche Entwicklung. Dies bedeutet nicht, dass von den Beratern oder vom Berater-Klienten-Team perfektes Verhalten verlangt wird; eine solche Erwartung wäre eine Überforderung. Aber wir glauben, dass sich eine angemessene Betrachtung der Kultur des OE-Prozesses selbst in jeder Beziehung lohnen kann.
Auf breiterer Ebene muss Aktionsforschung auf dem gesamten OE-Prozess angewandt werden. Dies erfordert das Einrichten geeigneter Feedback-Schleifen bei den verschiedenen Elementen und Phasen des Prozesses. Hierin besteht eine weitere Herausforderung an die Beziehung zwischen Berater und Klient; zur wirksamen Überwachung der OE-Bemühungen müssen beide Parteien gut zusammenarbeiten.

## 3. Mechanistische und organische Systeme

Zwei Arten von Organisationen, die *mechanistischen* und die *organischen* sind von Tom Burns und G. M. Stalker beschrieben worden. In diesem Kapitel möchten wir die Bedeutung dieser Begriffe in bezug auf die OE untersuchen. Diese Begriffe werden immer öfter benutzt, und das Verständnis ihrer Bedeutung und der Auswirkungen des einen Systems im Vergleich zum anderen ist sehr wichtig. Diese Begriffe können als Kurzbeschreibung des Klimas oder der Funktionsweise einer Organisation oder deren Teilbereiche verwendet werden, aber sie sollten nicht fälschlicherweise als positive oder negative Qualifizierung verstanden werden. Besonders das Wort *mechanistisch* trägt oft einen negativen Beigeschmack. Im allgemeinen bewirken OE-Massnahmen die Entwicklung *organischer* Merkmale in einer Organisation, aber einige paradoxe Situationen und Abhängigkeiten sollten beachtet werden.

Nach Burns und Stalker befinden sich die beiden Organisationstypen, mechanistische und organische, in ihrer reinsten Form an den entgegengesetzten Enden eines Kontinuums und stellen keine Dichotomie dar [18]. Verschiedene Organisationen befinden sich an verschiedenen Punkten zwischen diesen Polen und können sich auch auf der Linie hin und her bewegen, je nach dem Grad ihrer Stabilität oder der erfolgten Änderungen. Darüber hinaus können sich in einer Organisation beide Typen unter den Teilbereichen finden.

> „Beide Typen stellen eine ‚rationale' Form der Organisation dar, da sie nach unserer Erfahrung beide ausdrücklich und absichtlich geschaffen sein mögen, um die menschlichen Ressourcen einer Firma in den Gegebenheiten angepasster Weise zu nutzen. Es überrascht jedoch nicht, wenn beide Arten Merkmale zeigen, die bisher mit verschiedenen Arten der Interpretation assoziiert wurden. Wir sind der Meinung, dass empirische Erkenntnisse gewöhnlich mehr nach soziologischer Ideologie und weniger nach der funktionalen Eigenheit der Organisation gemäss Aufgaben und Umweltbedingungen gewertet wurden." [19]

Dieses Zitat zeigt, dass Burns und Stalker das Auftreten der einen oder anderen Art von System nicht immer als zufällig ansehen, sondern oft als durch die Bedingungen bestimmt, denen sich die Organisation gegenübergestellt sieht. Ausserdem scheint das Auftreten der einen oder anderen Form auch durch ideologische Präferenzen bedingt zu sein, was eine Falle für übereifrige Anhänger beider Formen darstellen kann.

## Mechanistische Systeme

Burns und Stalker sehen die *mechanistische* Form der Organisation als besonders geeignet für stabile Bedingungen, in denen folgende Merkmale vorherrschen:

1. Ein hohes Mass von Aufgabendifferenzierung und Spezialisierung, genaue Bestimmung der Rechte, Verantwortungen und der anzuwendenden Methoden. Die Rolleninhaber widmen sich mehr der technischen Verbesserung der Mittel im Gegensatz zur Konzentration auf die Gesamtziele der Organisation.
2. Ein hohes Mass an Verlass auf jede hierarchische Ebene bei der Koordination der Aufgaben, der Kontrolle und der Kommunikationen, d. h. jeder Vorgesetzte ist für die Koordinierung der ihm unterstellten Aktivitäten verantwortlich.
3. Eine Tendenz der obersten hierarchischen Führung, den Kommunikationseinfluss zu kontrollieren und die Streuung von Information innerhalb des Systems konservativ zu handhaben (Burns und Stalker geben das Beispiel eines Managers, der *alle* ein- und ausgehende Korrespondenz der Firma selbst kontrollierte).
4. Eine starke Betonung vertikaler Interaktion zwischen Vorgesetzten und Untergebenen, wobei die Aktivitäten der Untergebenen hauptsächlich hierdurch überwacht werden. (Obwohl Burns und Stalker dies nicht erwähnen, besteht auch ein informelles soziales System mit horizontalen Interaktionen zwischen Gleichgestellten, das jedoch unter diesen Bedingungen weithin im Verborgenen bleibt.)
5. Es wird auf Treue zur Organisation und zu den Vorgesetzten bestanden.
6. Grosser Wert wird auf ein internes (local) Wissen und damit verbundene Fähigkeiten und Erfahrungen gelegt im Gegensatz

zum mehr allgemeinen (cosmopolitan) Wissen und damit verbundene Fähigkeiten und Erfahrung[20].

Ein weiteres Merkmal ist nicht ausdrücklich aber vielleicht doch dem Sinne nach im Modell von Burns und Stalker enthalten, und es stellt unserer Ansicht nach ein entscheidendes Merkmal des mechanistischen Systems dar:

7. Ein unmittelbarer und direkter Führungsstil, bei dem die meisten Interaktionen zwischen Vorgesetzten und Untergebenen in der Form von privaten Diskussionen stattfinden und eine minimale oder nicht vorhandene Beachtung der Gruppenvorgänge und des informellen Systems. Die Beziehung zwischen Vorgesetzten und Untergebenen spielt sich in der Form von Befehlen (nach unten) und Berichten (nach oben) ab (siehe Abbildung 18). Wir haben z. B. von Managern gehört, dass ihr Vorgesetzter nie eine Besprechung mit allen seinen direkt unterstellten Mitarbeitern abhielt. Die Mitarbeiter sagten weiter, dass sich die meisten dieser Zweierbesprechungen um Aufgaben drehten, die vom Vorgesetzten initiiert wurden und dass sie vorwiegend in dessen Büro stattfanden.

Abbildung 18: Führungsmuster in einem mechanistischen System

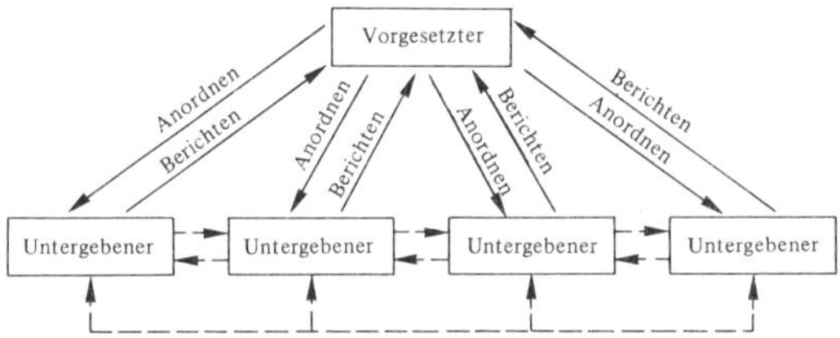


## Organische Systeme

Im Gegensatz eignet sich das *organische* System nach Burns und Stalker für veränderliche Bedingungen und hat folgende Merkmale:[21]

1. Eine fortlaufende Neubewertung der Aufgaben und Aufträge durch Interaktionen mit anderen und Wertlegung auf die Anwendung speziellen Wissens und spezieller Erfahrung, was zur Lösung der *echten* Probleme der Organisation beitragen kann.

2. Ein Netz von Autorität, Kontrolle und Kommunikation, das mehr auf Fachkenntnis und der Verpflichtung zum Gesamtziel beruht, anstatt auf der Allwissenheit des obersten Chefs oder auf der Autorität hierarchischer Rollen. Die Kontroll- und Kommunikationszentren liegen oft bei den Fachkräften mit den entsprechenden Kenntnissen. Die Verantwortung wird auf viele verteilt anstatt eng begrenzt.

Obwohl auch organische Systeme eine soziale Schichtung aufweisen, so besteht diese doch mehr auf der Grundlage von Fachkenntnissen: Gemeinsame Entscheidungen werden oft von den Dienstälteren angeregt, aber im organischen System wird ganz selbstverständlich angenommen, dass die Leitung (d. h. die Autorität) von demjenigen übernommen wird, der sich als am besten informiert und am fähigsten erweist, der also die „beste Autorität" hat. Die Identität des Führenden wird durch Konsens entschieden [22].

3. Kommunikationen sind gewöhnlich viel offener und extensiver, also weniger begrenzt und kontrolliert. (Dies ist im Ansatz von Burns und Stalker eher implizit als explizit enthalten.)
4. Es werden Kommunikationsmuster und Stile favorisiert, bei denen horizontale und diagonale Kommunikationen ebenso erwünscht sind wie vertikale und die eher einen mehr beratenden und informierenden als einen befehlenden als Entscheidungscharakter tragen. Unter *diagonal* verstehen Burns und Stalker die Kommunikation zwischen Personen verschiedenen Ranges und zwischen Gruppen verschiedener Funktion.
5. Grosser Nachdruck wird auf die Verwirklichung der Organisationsziele und des Fortschritts gelegt, weniger als auf Wert, Gehorsam und Abhängigkeit.
6. Grosser Wert wird auch auf technologische und unternehmerische Fachkenntnisse gelegt (cosmopolitan skills). Das wird u. a. durch das Interesse an Verbindungen und Beziehungen deutlich. [23]

Um dieses Modell zu ergänzen, möchten wir schliesslich noch ein Merkmal erwähnen, das unserer Meinung nach in einem wirklich organischen System eine zentrale Rolle spielt:

7. Ein Konzept der Führung, bei dem Beratung und interpersonalen und Gruppenprozessen ein hoher Stellenwert zukommt und bei dem häufiger durch Konsens entschieden wird [24] (siehe Abbildung 19). Es mag symbolisch dafür sein, dass Bes-

prechungen meist nicht im Büro des Vorgesetzten, sondern in geeigneten Räumen abgehalten werden, die den Dialog in der Gruppe fördern.

Abbildung 19: Führungsmuster in einem organischen System

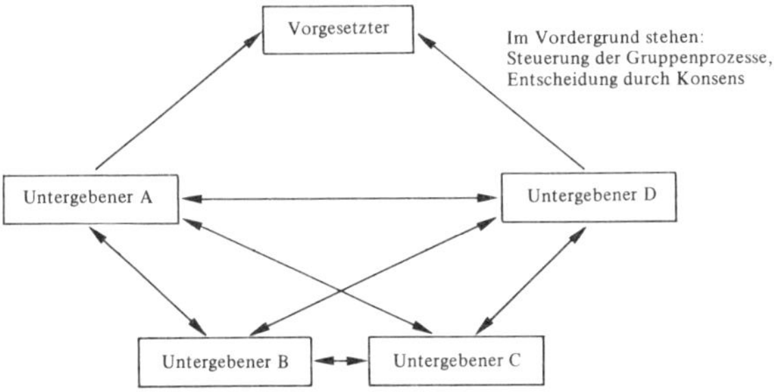


## Kontingenz

Nach unserer Erfahrung neigen OE-Aktivitäten dazu, eine Organisation dem eben beschriebenen organischen Muster entgegenzuführen. Der Grund dafür ist natürlich, dass in einem OE-Programm bewusst versucht wird, die Kultur der Gruppen und der gesamten Organisation gemeinsam zu beeinflussen. Der Grundtenor der OE ist die wirksame Partizipation der Mitglieder, ob wir dies nun Kollaboration, Konsultation oder offene Kommunikation nennen. Dieser Grundtenor durchdringt die meisten Merkmale eines organischen Systems.

Es gibt sich jedoch manchmal das Paradox, dass OE-Massnahmen die mechanistischen Eigenschaften einzelner Dimensionen verstärken, obwohl die OE-Bemühungen auf ein organisches Modell abzielen. Beispielsweise könnte eine Arbeitsgruppe zu dem gemeinsamen Entschluss kommen, dass die Pflichten und Verantwortungen genauer definiert werden sollten oder dass der Vorgesetzte die Zuteilung von Routineaufgaben besser überwachen und koordinieren sollte. In bezug auf die Routineaufgaben hat die Gruppe entschieden mechanistischer zu werden. Ein anderes Beispiel: Eine OE-Bemühung könnte die organischen Merkmale der technischen Abteilung einer Autofabrik verstärken, während die Fliessbandabteilungen im wesentlichen mechanistisch bleiben in bezug auf Aufgabenabgrenzung, obwohl sie vielleicht organischer werden in bezug auf die Mitwirkung der Mitarbeiter bei der Kontrollfunktion.

Es hilft daher nicht, sich ideologisch auf die eine oder die andere Form der Organisation festzulegen. Es gibt zweifelsohne Bedingungen, welche die Eignung des einen oder anderen Systems beeinflussen und eine bestimmte Kombination von Merkmalen der beiden Systeme als sinnvoll erscheinen lassen.

Wir sagten bereits, dass sich nach Burns und Stalker die mechanistische Form der Organisation besser für stabile Bedingungen eignet und die organische Form besser für veränderliche Bedingungen. Joan Woodward fand in ihrer Studie in South Essex in England, dass erfolgreiche Firmen der Massengüterindustrie vorwiegend mechanistischer Form waren, während erfolgreiche Firmen im Bereich der Herstellung hochwertiger Produkte oder im Bereich der Prozessproduktion eher zur organischen Form neigten [25]. In einer weiteren Studie fanden Lawrence und Lorsch, dass die Produktionsabteilungen von sechs Firmen viel formeller strukturiert waren als die Forschungslaboratorien derselben Firmen [26].

Morse und Lorsch unternahmen eine Studie zweier Forschungslaboratorien mit nicht voraussehbaren Forschungs- und Entwicklungsaufgaben, von denen ein Laboratorium leistungsfähiger war als das andere. Sie untersuchten in der gleichen Studie auch zwei Firmen der Verpackungsindustrie, die standardisierte Fabrikate auf automatisierten und schnellen Fliessbändern herstellten, wobei auch hier die eine Fabrik leistungsfähiger war als die andere. Die Studie zeigte, dass bei den leistungsfähigeren Firmen die Struktur und das organisatorische Klima besser aufeinander abgestimmt waren. Im leistungsfähigeren Laboratorium bestanden nach Aussagen der Wissenschaft minimale und flexible Regeln, langfristige Überwachung und Berichterstattung, minimale Kontrolle ihres Verhaltens und weitgehende Teilnahme an Entscheidungen. Im Gegensatz hierzu war das weniger leistungsfähige Laboratorium in jeder Beziehung enger und zurückhaltender, stärker an Regeln gekettet, mehr strukturiert und mehr Entscheidungen wurden an der Spitze gefällt.

Auf den unteren Ebenen der leistungsfähigeren Fabrik gab es umfassende Regeln, Verfahren, Kontrollsysteme und kurzfristige Berichterstattung und Besprechungen – und die Mitarbeiter der untersten Stufen hatten relativ wenig Einfluss auf ihren direktiven Vorgesetzten. Der Einfluss war also auf die höheren Ebenen konzentriert. Im Gegensatz hierzu waren bei der weniger leistungsfähigen Fabrik die Praktiken weniger strukturiert und kontrolliert, mit eher partizipativem Führungsstil.

Beim leistungsfähigen Laboratorium wie auch bei der leistungsfähigen Fabrik fühlten sich die Arbeitnehmer kompetenter und fähiger als ihre Kollegen in den leistungsschwachen Firmen. Die Berater schlossen hieraus, dass die bessere Übereinstimmung zwischen Aufgabe, Struktur und Klima das Gefühl der Kompetenz und Fähigkeit verstärkte, was wiederum die organisatorische Leistungsfähigkeit begünstigte [27]. (Eine Zusammenfassung der Studie findet sich in Abbildung 20.) Morse und Lorsch sind sich der Schwierigkeit von Ursache und Wirkungsbeziehungen bewusst, die darin deutlich werden, ob ein Kompetenzbewusstsein durch die Leistungsfähigkeit des Betriebes bedingt ist oder durch ein Zusammenspiel verschiedener Dimensionen [28]. Tatsache ist, dass eine Reihe von Bedingungen beispielsweise jeweils die beste Struktur, Aufgabengestaltung oder den besten Führungsstil bestimmen kann [29].

Kurz gesagt, der Kontingenzansatz stellt nicht die Frage: Welches System ist besser: das organische oder das mechanistische? , sondern er stellt die Frage in bezug auf die einzelnen Bedingungen. Zum Beispiel:

1. Was ist die beste Kombination von organischen und mechanistischen Merkmalen für eine gegebene Organisation oder Einheit unter den gegebenen Umständen?
2. Unter welchen Umständen ist das organische System dem mechanistischen überlegen und umgekehrt?
3. Welche Dimensionen werden bei gegebener Technologie, Aufgaben und menschlichen Ressourcen durch OE-Interventionen verändert?
4. Unter welchen Umständen ist ein OE-Programm besonders sinnvoll oder erfolgversprechend?

Wir wollen diese letzte Frage im nächsten Kapitel genauer beantworten. Zunächst aber wollen wir auf einige der Bedingungen eingehen, die wir für die Beantwortung der Frage 2 am wichtigsten halten: Unter welchen Bedingungen ist das organische System dem mechanistischen überlegen und umgekehrt?

Abbildung 20: Systembedingungen in vier Organisationen

| Organisationstyp | Aufgaben | Struktur | Klima | Kompetenz Gefühl | Organisationseffektivität |
|---|---|---|---|---|---|
| Fabrik | Voraussehbare Fabrikationsaufgaben | Hoher Strukturierungsgrad und klar definierte Rollen, Pflichten, Beziehungen | Einfluss an der Spitze konzentriert | stärker | hoch |
| Fabrik | | Weniger strukturiert und definiert | Einfluss gleichmässig verteilt | schwächer | weniger hoch |
| Forschungslaboratorium | Nicht voraus bestimmbare Forschungsaufgaben | Geringer Strukturierungsgrad der Rollen, Pflichten, Beziehungen | Einfluss gleichmässig verteilt | stärker | hoch |
| Forschungslaboratorium | | Mehr strukturiert | Einfluss eher an der Spitze konzentriert | schwächer | weniger hoch |

(In Anlehnung an John J. Morse und Jay W. Lorsch, Beyond Theory Y, Harvard Business Review 48, Mai/Juni 1970, S. 61–68.)

Dies ist bedingt durch:

1. *Die Hierarchie:* Je umfassender die Rollenerfordernisse in bezug auf Planung, Koordination, Kontrolle und Entscheidung, je höher die Ebene und damit die Komplexität in diesen Funktionen, desto nötiger sind umfassende Beiträge von verschiedenen Spezialisten und die Prüfung vieler Alternativen. Daraus ergibt sich die Notwendigkeit, Fachkenntnisse anzuerkennen, offene Kommunikationen zu pflegen, Ziele zu klären usw.
2. *Interdependenz:* Je mehr die Rollenausübung mit den selbständigen Handlungen anderer zusammenhängt (diese Bedingung steht mit der vorangehenden in Verbindung), je höher die Interdependenz, desto offener müssen Kommunikationen gehalten werden, desto geeigneter ist der teamorientierte Führungsstil usw.
3. *Fähigkeiten:* die Qualität der menschlichen Ressourcen im System. Je grösser die kognitiven, problemlösenden und zwischenmenschlichen Fähigkeiten der Menschen im System, desto besser wird sich der organische Stil bewähren. Das organische System verlangt mehr von den Menschen (auf allen Ebenen) als die mechanistische Organisationsform.
4. *Fähigkeit für Gruppenprozesse:* je mehr Vorgesetzte und Mitarbeiter Fähigkeiten haben zu kommunizieren, Aufgaben zu erledigen und ein Team zu erhalten. Gruppenprozessfähigkeiten sind besonders im teamorientierten Führungsstil eine Voraussetzung und auch beim wirkungsvollen Funktionieren von Projektgruppen, Ausschüssen usw.
5. *Turbulenz der Systemumwelt:* Je schneller sich die Umgebung der Organisation wandelt, desto wichtiger wird die von der organischen Form geförderte Anpassungsfähigkeit. Burns und Stalker halten diese Dimension für besonders wichtig.
6. *Zeitdruck, Gefahr oder externe Bedrohung:* Beispielsweise kann das organische System vielleicht besser mit einer unsicheren Zukunft fertig werden, aber während einer unerwarteten Krise könne die Organisation zur Annahme äusserst mechanistischer Eigenschaften gezwungen sein, um zu überleben.
7. *Technologie:* das Ausmass, in dem Aufgaben durch Maschinen oder Methoden einer bestimmten Industrie vorbestimmt werden. Die Technologie eines Fliessbandes kann beispielsweise

Aufgaben vorausbestimmen und die wechselseitige Abhängigkeit reduzieren.

8. *Einstellungen und Annahmen über Menschen in Organisationen:* Theorie-X-Annahmen versus Theorie-Y-Annahmen. Ein Set von Theorie-X-Annahmen verträgt sich gewöhnlich nicht mit der Kultur eines organischen Systems. Wenn auf der anderen Seite Führungsspitze oder Mitarbeiter innerlich einem partizipativen oder demokratischen Führungsstil zuneigen, so werden sich solche Werte gewöhnlich leichter mit dem organischen als dem mechanistischen Stil vereinen lassen.

*Mechanistische* und *organische* Organisationen sind einander gegenübergestellt worden als Denkschema für die Beurteilung der Ergebnisse von OE-Aktivitäten. Während die OE-Strategien im allgemeinen dazu neigen, die organischen Merkmale eines Systems zu verstärken, so können sie paradoxerweise auch zu verstärkten mechanistischen Eigenschaften in bestimmten Dimensionen führen, z. B. können sie die Arbeitsteilung auf den unteren Ebenen der Organisation verstärken oder genauere Verfahren herbeiführen.

Theorie und bestimmte Untersuchungen deuten an, dass weder die rein organische Form noch die rein mechanistische Form unter allen Umständen optimal wirkt, sondern dass man Technologie, Aufgaben, Organisationsklima und die menschlichen Ressourcen aufeinander abstimmen muss. Daher können verschiedene OE-Interventionen unter verschiedenen Bedingungen in unterschiedlichem Grade sinnvoll sein. Diese Bedingungen oder Umstände können variieren, je nach: hierarchischer Ebene, wechselseitiger Abhängigkeit, Fähigkeiten und Kompetenz in Gruppenvorgängen, zeitlichem Druck und Schnelligkeit des externen Wandels, Gefahr oder externer Bedrohung, Technologie und Werten.

Der spezifische Charakter der OE liegt jedoch darin, dass die Auffassungen, Gefühle und kognitiven Beiträge der Mitglieder einer Organisation aktiviert werden um ein optimales, entwicklungsfähiges Organisationsdesign zu schaffen, das den besonderen Umständen, denen sich die Organisation und ihre Mitglieder gegenüberstehen, entspricht. Daher sollte sich der Schwerpunkt der OE-Aktivitäten nach den vorhandenen Daten richten – die Aktivitäten sollten kein organisches System aufzwingen. Im Verlauf des OE-Prozesses wird die Organisation jedoch normalerweise einen organischeren Stil entwickeln.

# 4. Die Zukunft der Organisationsentwicklung

Organisationsentwicklung ist einer der bedeutendsten Bereiche der angewandten Sozialwissenschaft, wobei Theoretiker und Praktiker nach Wegen zur Verbesserung der organisatorischen Leistungsfähigkeit und zur Verwirklichung organisatorischer Ideale suchen. Ein beträchtlicher Teil der verhaltenswissenschaftlichen Theoretiker und Praktiker scheint sich der OE zu widmen [30]; OE scheint auch innerhalb der Organisationen mehr und mehr Zeit, Mittel und Personal in Anspruch zu nehmen; die Zahl der Praktiker und Fachverbände vermehrt sich schnell; immer öfter wird OE anderen Veränderungsstrategien vorgezogen (wie beispielsweise Sensitivity-Training, Management by Objectives, Aufgabenbereicherung und Management-Development-Seminaire – zumindest insoweit sie als Einzelmassnahmen durchgeführt werden). Kurz gesagt sieht es so aus, als ob die Zeit der OE gekommen ist. In diesem Kapitel wollen wir OE – eine soziale Erfindung und eine Methode der Veränderung – vom Gesichtspunkt des Weiterbestehens als eine Form der angewandten Sozialwissenschaft untersuchen. Wir glauben, dass einige der Grundlagen und Praktiken der OE ihren beständigen Wert bei der Verbesserung von Organisationen voraussagen.
Unter *Mode* versteht man eine Veränderung der Kleidung, des Verhaltens oder der Sprache von kurzfristiger Beliebtheit [31]. OE wird offensichtlich heute von vielen Sozialwissenschaftlern, Organisationstheoretikern und Organisationen stark favorisiert. Die kritischen Fragen haben deshalb damit zu tun, ob sich die OE unter den angewandten Sozialwissenschaften behaupten kann und ob sie Substanz und fundamentale Qualität hat. Wir wollen hier einige der Vor- und Nachteile der OE untersuchen. Danach wollen wir versuchen, die Frage zu beantworten, ob OE eine vorübergehende Mode ist.

## Vorteile der Organisationsentwicklung

Die OE macht von einer Vielzahl von Modellen, Theorien und Praktiken Gebrauch. Sie bedient sich weitgehend der bewährten Verfahren zur Erhöhung der Leistungsfähigkeiten von einzelnen, Gruppen und Organisationen. OE ist eine Mischung, eine optimale Kombination verschiedener Elemente und bildet als solche das Ergebnis des besten sozialwissenschaftlichen Denkens. Die im Kapitel II/2 diskutierten Grundlagen und Merkmale der OE deuten unserer Meinung nach an, dass wir es hier mit einer soliden Sache zu tun haben. Das Aktionsforschungsmodell, eine Systemmethode zum Verständnis der organisatorischen Dynamik und eine Änderungsstrategie, welche die Kultur in Arbeitsgruppen und Organisationen in den Brennpunkt rückt – alle diese Faktoren tragen dazu bei, die OE wirksamer und sinnvoller als andere vorher benutzte Veränderungsstrategien zu machen. Ausserdem sorgt ein systematischer, geplanter Ansatz unter Anwendung einer umfassenden Verbesserungsstrategie dafür, dass alle geeigneten Aspekte der OE angewandt werden.

Das Aktionsforschungsmodell hilft beispielsweise, den Dingen auf den Grund zu gehen und zielorientiert zu handeln; es dient zur Aussonderung von Alternativen, die den Leistungstest in der wirklichen Welt nicht bestehen. Es ist nicht nur ein gutes Modell zur Verbesserung einer Organisation (mit seiner Betonung der Zielsetzung, des Datensammelns und der Aktionsplanung durch die Mitglieder der Organisation selbst) –, sondern es dient auch dazu die Praxis der OE beweglich und neuen Ideen gegenüber offen zu halten. Wir möchten sagen, dass die Anwendung des Aktionsforschungsmusters auf die Praxis der OE dafür sorgt, dass die OE-Massnahmen den Bedürfnissen der einzelnen und Organisationen angemessen bleiben.

Die Betonung der Kultur von Organisationen stellt einen weiteren Pluspunkt zugunsten der OE dar, was weiteren Erfolg in der Zukunft verspricht. Die Einstellungen, Werte, Überzeugungen und Verhaltensweisen der einzelnen stehen in einem so starken Wechselverhältnis mit der Kultur der Organisation, dass Veränderungen anderer Aspekte des einzelnen, wie Persönlichkeit, physische Umgebung usw. kaum gelingen können, während Veränderungen der Kultur beträchtliche Erfolge bewirken. Aber OE als Prozess anerkennt nicht nur die Bedeutung der Kultur – sie hält auch Mittel zur Analyse und Veränderung der Kultur bereit. Dies sind wirkliche Fortschritte. Die eigene Kultur zu beherrschen, anstatt von ihr beherrscht zu werden, ist ein tiefgreifendes Anliegen. Die OE führt uns diesem Ziel entgegen und sie unterscheidet sich daher von anderen Methoden der Veränderung.

Es scheint historisch bewiesen zu sein, dass andauernde Veränderungen bei einzelnen und Gruppen leichter durch die Arbeit mit bestehenden Gruppen als mit isolierten einzelnen erreicht werden. Diese Erkenntnis hängt zweifellos damit zusammen, dass das Verhalten des einzelnen wesentlich durch die Kultur bestimmt ist. Bei der Laboratoriumsmethode wurde z. B. teilweise versucht, die organisatorische Leistungsfähigkeit zu verbessern, indem man Personen in Schlüsselstellungen an Sensitivity-Trainings teilnehmen lässt. Diese Praxis machte sich in bezug auf organisatorische Veränderungen nur wenig bezahlt. Auf der anderen Seite hat man gefunden, dass die Beeinflussung bestehender Arbeitsgruppen die Leistungsfähigkeit der einzelnen und der Gruppe ganz beträchtlich steigern kann. Da die OE grundsätzlich die Arbeit mit den Gruppen der Organisation betont, scheint sie in dieser Beziehung auf solider Grundlage zu stehen.

Obwohl die OE Veränderungen in einzelnen und Organisationen bewirkt, bringt sie in gewisser Weise auch Stabilität. Die OE ist eine Anwendung wissenschaftlicher Methoden zur Lösung menschlicher, sozialer und organisatorischer Probleme. Das Vorhandensein eines solchen Modells bei Entscheidungen trägt weitgehend zur Stabilität bei. Natürlich erfolgt eine Veränderung, wenn jemand von der gewohnten, willkürlichen Art der Problemlösung zur wissenschaftlichen Methode gebracht wird. Aber Stabilität stellt sich ein, wenn einzelne, Gruppen und Organisationen lernen, diese Methode auf alle Arten von Ereignissen in der Organisation anzuwenden. Eine Änderung findet dann statt, wenn die Konkurrenzbeziehungen und Kompetenzstreitigkeiten zwischen Gruppen durch OE-Programme abgebaut und stattdessen die Intergruppenbeziehungen und deren Leistungsfähigkeit gefördert werden. Aber Stabilität stellt sich ein, wenn die Erkenntnis der Interdependenz zwischen Zielen und Anstrengungen einerseits und die Vorteile der Kooperation sich für die Gruppen bezahlt machen. Wir glauben, dass die OE nicht nur geplante Änderungen bringt, sondern auch Stabilität. Wenn dem so ist, hat OE viel grössere Überlebenschancen.

## Notwendigkeit der Weiterentwicklung

Wir sehen eine Reihe von Möglichkeiten für die Zukunft der OE. Das grösste Hindernis für die OE in ihrer heutigen Form ist wahrscheinlich die Überbetonung der menschlichen und sozialen Dynamik in Organisationen und die Vernachlässigung der aufgabenbezogenen, technischen und strukturellen Aspekte und deren Wechselbeziehungen. Damit soll gesagt sein, dass diese anderen Aspekte zwar nicht ganz vergessen werden, dass aber ein Ungleichgewicht der Anstrengungen besteht und vielleicht auch die Fähigkeiten der Praktiker nicht genügend sind. Bennis äusserte sich zu diesem Punkt in einem Leitartikel des *Journal of Applied Behavioral Sciences* wie folgt:

> „Ich habe bisher noch kein OE-Programm gesehen, das ausser der zwischenmenschlichen Strategie der Intervention auch andere Strategien anwandte. Dies ist eine ernste Feststellung, wenn man bedenkt, dass die meisten entscheidenden Strategien der Änderung in unserer Gesellschaft politisch, rechtlich oder technologisch sind. Wir nennen uns Berater, aber die eigentlichen Veränderungen in unserer Gesellschaft entstanden durch die Pille, die Bombe, das Auto, die Industrialisierung, die Massenmedien und andere Kräfte der Modernisierung." [32]

Während wir eine Reihe von OE-Bemühungen gesehen haben, bei denen die zwischenmenschlichen Interventionen minimal waren und der Schwerpunkt auf dem Zielsetzen und der strukturellen Veränderung lag, so muss man Bennis im allgemeinen Recht geben.

In der Zukunft müssen OE-Spezialisten auf einer Reihe zusätzlicher Gebiete bewandert sein und mit Praktikern aus Bereichen wie Managementwissenschaften, Personal- und Betriebspsychologie, Operations Research und Ingenieurwissenschaften in Kontakt treten, um eine weitere Auswahl von Interventionen zur Verfügung zu haben. Wenn ein solches erweitertes Wissen mit OE-Techniken integriert ist, wird es besonders in der zweiten Phase oder darauffolgenden Phasen eines OE-Programmes bedeutungsvoll, d. h. wahrscheinlich nach dem ersten Zyklus von Diagnose, Daten-Feedback, Diskussion von Problemen und Aktionsplanung. So ist die Übung zur Arbeitsplatzbeschreibung wie sie im 4. Beispiel des 1. Kapitels beschrieben wurde eine

Kombination von OE und der Techniken des Personalmanagements, die in der zweiten Phase des OE-Programmes angewandt wurde.
Während die OE-Praktiker in der Zukunft mehr über Personalmanagement, Ingenieurwissenschaften usw. lernen, werden zweifellos Spezialisten in anderen Gebieten mehr über OE lernen. Daraus sollte sich eine bessere Zusammenarbeit zwischen OE-Spezialisten ergeben, und die Interventionen von Stabsstellen sollten der aus OE-Programmen hervorgegangenen Kultur der Organisation besser entsprechen und sie ergänzen. Eine Gefahr besteht natürlich darin, dass ungenügend qualifizierte Leute die OE-Techniken eifrig anwenden, ohne sie auf die übrigen Ereignisse abzustimmen. Ein zunehmendes Mass derartiger Vorgehensweisen in Organisationen könnte der Zukunft der OE ernsthaft schaden.
Kürzlich erwähnte Burke in einem Vortrag andere Bedenken in bezug auf OE. „OE hat eine Zukunft, wenn wir in der Gegenwart vermeiden können, unausgereifte Formeln anzubieten, wenn wir Strategien zur Lösung plötzlich auftretender Krisen und zum Ausführen langfristiger Programme entwickeln, wenn wir vermeiden, dass OE zu den traditionellen Druckmitteln der Organisation hinzugezählt wird und wenn wir weiterhin das Wertsystem entwickeln und verfeinern, das zur Lebensfähigkeit und Erneuerung von Organisationen benötigt wird." [33] Diese von Burke herausgestellten Punkte sind gleichzeitig Dinge, die es zu vermeiden und Ziele, die es anzustreben gilt. In demselben Vortrag sagt Burke voraus, dass die OE in wachsendem Masse interdisziplinär wird und die Unterstützung von Operations Research-Spezialisten und andern in Anspruch nehmen wird.
Ein weiterer wichtiger Punkt liegt in der konzeptionellen Grundlage der OE-Strategien. OE beschränkt sich auf die Modelle des geplanten sozialen Wandels. OE repräsentiert den Stand des gegenwärtigen Wissens, der jedoch dadurch gekennzeichnet ist, dass zurzeit nur eine begrenzte Anzahl von Modellen für langfristige Veränderungen zur Verfügung steht. Zum Beispiel scheint die OE in ihren Modellen nur einen beschränkten Gebrauch von der Macht in Organisationen zu machen. Aufgrund des Einflusses der Laboratoriumsmethoden drehen sich die den OE-Interventionen zugrundeliegenden Veränderungsmodelle gewöhnlich um Sympathie, Vertrauen und Zusammenarbeit und weniger um Macht, Zwang und interne Konkurrenz [34]. Wir haben nichts gegen

das kooperative Modell, aber wir befürworten die Entwicklung zusätzlicher Modelle, beispielsweise des Kontingenzmodells. Alle diese Modelle müssen sich dann noch in der Praxis in bestehenden Organisationen bewähren. Möglicherweise wird sich bei der Entwicklung von neuen Modellen, die sich mit der Macht in Organisationen befassen, herausstellen, dass die heutige Praxis der OE etwas geändert werden muss. Es scheint uns, dass Beiträge wie Waltons Ansatz des „neutralen Dritten" für die wirksamere Beeinflussung von Machtproblemen in OE-Programmen zusätzliche Modelle bieten [35].

Ein weiteres mögliches Hindernis für die Existenzfähigkeit der OE ist die langfristige und kostspielige Investition von seiten der Klientenorganisation: Die OE-Technologie ist heute hinreichend entwickelt, um in Zusammenarbeit zwischen Klientensystem und Beratern wirkliche organisatorische Verbesserungen zu erreichen, wenn genug Zeit zur Verfügung steht und wenn es sich um ein langfristiges Projekt handelt. OE ist kein schnellwirkendes Allheilmittel für gesamtorganisatorische Verbesserung. Bedeutsame Verbesserungen erfordern zunächst das schrittweise Stabilisieren der komplexen organisatorischen Kultur. Dies ist ein langsamer Vorgang, der viel Energie von seiten aller Beteiligten erfordert.

Weiter können die Zukunftsaussichten der OE auch vom Grad abhängen, in welchem die durch ein OE-Programm veränderte organisatorische Kultur mit der Kultur der verschiedenen externen Einflussbereiche der Organisation übereinstimmt. Unsere Hypothese lautet: je höher die Übereinstimmung, desto grösser ist das Erfolgspotential von OE-Programmen. Wenn z. B. die interne Kultur einer Industrieunternehmung durch Fairness und Gerechtigkeit gekennzeichnet ist, während der vom Unternehmung kontrollierte Teil der Beziehungen zu den Konsumenten eher auf Täuschung und Manipulation basiert, so wird die interne Kultur schliesslich teilweise die gleichen Qualitäten übernehmen. Oder wenn andererseits eine Organisation sich intern zu einer Devise der besonderen Entwicklung bekennt, extern jedoch eine Ausbeutung der Ressourcen betreibt, so wird sich voraussichtlich unter den Mitgliedern der Organisation eine zynische Haltung ausbreiten. Man kann jedoch solche Unvereinbarkeiten auch mit Optimismus betrachten. Durch ein langfristiges OE-Programm können sich die Mitglieder der Organisation mit solchen Fragen auseinandersetzen und die Qualität der externen Beziehungen beträchtlich verbessern.

## Externe Auswirkungen von OE

Bei der Beziehung zwischen OE und der externen Umwelt gibt es unserer Meinung nach einige Faktoren, wahrscheinlich Entwicklungen, die das Interesse an der OE beeinflussen. Allgemein erkennt man jetzt die ernsten Gefahren der Umweltverschmutzung und -ausbeutung, was wahrscheinlich zu einer bewussteren Untersuchung der Qualität des Lebens in Organisationen führen wird. Wir glauben, dass sich die Menschen immer mehr mit der Qualität des organisatorischen Lebens befassen werden, besonders in Organisationen, in denen Menschen ihren Lebensunterhalt verdienen. Wir werden uns in wachsendem Masse darüber klar werden, dass ein wichtiger Zusammenhang zwischen psychischem Wohlergehen einerseits und Führungsstil und Gruppenvorgängen andererseits besteht, und wir werden ähnliche Zusammenhänge finden zwischen physischem Wohlergehen, Motivation und Einstellung gegenüber der Arbeit. Man wird in wachsendem Masse solche organisatorischen Kulturen ablehnen, in denen die menschlichen Ressourcen als relativ passive Masse behandelt werden, die vorwiegend ausgewählt, kommandiert und bewertet werden. Die Menschen wollen eine grössere Kontrolle über ihr eigenes Schicksal ausüben, und ihre Ungeduld mit solchen Kulturen wird sich immer offener zeigen. Das allgemeine Interesse an der Qualität des Lebens in der physischen wie auch in der organisatorischen Umwelt wird, so glauben wir, das Interesse an der OE fördern.
Umgekehrt sollte man sich auch darüber im klaren sein, dass interne OE-Aktivitäten einen wichtigen Einfluss auf das öffentliche Leben ausüben. Wenn beispielsweise ein Marketing Manager gewisse Fähigkeiten im Umgang mit Gruppen entwickelt, so wird er wahrscheinlich auch bei einer freiwilligen Tätigkeit im kommunalen oder kirchlichen Bereich bei der Leitung von Besprechungen und beim Erkennen und Lösen von Problemen mehr Einfluss ausüben. Die Oberschwester eines Krankenhauses, die an einem langfristigen OE-Programm mitgewirkt hat, wird wahrscheinlich auch in ihrem Fachverband einen wichtigen Beitrag leisten. Der Maschinist, der mit Einstellungsumfragen und pro-

blemlösenden Besprechungen Erfahrung hat, kann in seiner Gewerkschaft als Katalysator wirken; er kann helfen, die Versammlungen partizipativer und erfolgsorientierter zu gestalten.

## Hat OE eine Zukunft?

Zu der Frage, ob die OE eine vorübergehende Mode ist, möchten wir drei Punkte in Betracht ziehen. Erstens sind wir davon überzeugt, dass die OE die kommenden Jahre überleben wird, zweitens wird die heutige OE-Technologie zweifellos im Laufe der Jahre von zusätzlichen und geänderten Praktiken ersetzt werden, und drittens wird immer ein Bedürfnis für etwas wie OE bestehen. Die OE entstand weitgehend als Antwort auf die Bedürfnisse der einzelnen und der Organisation nach Verbesserungsstrategien, welche die Ziele der einzelnen und die der Organisation zusammenbringen wird. Dieses Bedürfnis wird immer bestehen.

Wir glauben nicht, dass die OE eine vorübergehende Mode ist. Neue Formen der OE werden sich entwickeln, neue Technologien, neue Konzepte und neue Modelle, durch neue Beiträge von Praktikern und Klienten aus den verschiedensten Situationen. In dem Masse, wie Umfang und Ausmass des verfügbaren Wissens zunehmen, wird sich auch OE ausweiten. OE wird stetig weiterwachsen, in Zusammenarbeit mit Spezialisten aus anderen Disziplinen, wie Organisationstheorie, Operations Research, Personalwesen, Community Development und Mental Health. In den siebziger Jahren wird die OE in wachsendem Umfang von vielen Arten von Organisationen angewandt werden. Langfristige Beziehungen werden zahlreiche Forschungsarbeiten zur Beurteilung der OE ermöglichen und ermutigen. Ausserdem wird die kausale Dynamik der Interventionen intensiver untersucht werden.

Beckhard hat angedeutet, dass das Thema der siebziger Jahre „die aktive und fortlaufende Suche nach organisatorischer Vollendung" sein werde.[36] Augenblicklich scheint die OE die einzige umfassende Technologie zu bieten, mit der sich dieses Ziel erreichen liesse. Tausende von Managern werden sich mit dieser Suche befassen. Viele Menschen werden intuitiv erkennen, dass die OE mit ihren eigenen Absichten, die sie in ihrer Organisation zu verwirklichen suchten, übereinstimmt, mit ihren Absichten, die bis dahin wegen fehlender umfassender Änderungstechnologie scheitern mussten.

Blake und Mouton äussern sich auch optimistisch über die Zukunft der OE [37]. Den Grund dafür sehen sie in der soliden sozialwissenschaftlichen Basis der OE. Auch Bennis hält die OE für zukunftsreich. Er sagt „. . . grundsätzlich ist OE eines der wenigen Ausbildungsprogramme, die ich kenne, die einer Institution die Vitalität verleihen können, mit den unerhörten Wandlungen der Zukunft fertig zu werden." [38]

Wir stimmen diesen Beurteilungen bei.

In ihrer historischen Entwicklung geht OE vorwiegend auf zwei miteinander zusammenhängende Ursprünge zurück: und zwar zum einen an Innovationen, die sich aus den Schwierigkeiten bei der Anwendung der Laboratoriumsmethode zur Verbesserung von Arbeitsteams und grösserer Systeme ergaben, zum anderen aus Ergebnissen des Survey-Feedbacks. Dabei liegt das Aktionsforschungsmodell beiden Ansätzen zugrunde.

Die OE beruht auf einem Satz von Annahmen und Wertvorstellungen über Menschen und Gruppen in Organisationen, über die Natur ganzer Systeme und über die Natur der Beziehung zwischen Berater und Klient; sie ist wesentlich in der Forschung und Theorie der Sozialwissenschaften begründet. Strategien der Intervention von seiten des Sozialwissenschaftlers – OE-Beraters – beruhen gewöhnlich auf dem Aktionsforschungsmodell und konzentrieren sich normalerweise darauf, den Mitgliedern einer Organisation das Problemlösen beizubringen, anstatt ihnen vorzuschreiben, wie die Dinge anders gemacht werden sollten.

Erfolgreiche OE-Bemühungen erfordern fachkundige Interventionen, eine das System umfassende Perspektive, die Unterstützung und Mitarbeit des Topmanagements, eine offene und allen verständliche Technologie, ein Wertsystem und eine langfristige Perspektive. Ausserdem müssen die Veränderungen in den Subsystemen begleitet werden wie z. B. im Beurteilungssystem, Entlöhnungssystem, Anstellungssystem, Lohnverhandlungssystem und Führungssystem.

Die Zukunft von OE-Programmen hängt von vielen Faktoren ab, z. B. davon, inwieweit die OE-Massnahmen die Vorstellungen, Interessen und Erwartungen der Betroffenen adäquat einbeziehen. Andere Faktoren sind: das Ausmass, in welchem

OE-Praktiker innovativ und erfolgreich sind, wenn sie die OE-Massnahmen mit anderen organisatorischen Verbesserungsprogrammen harmonisieren (z. B. mit Aufgabenbereicherung, Arbeitsvereinfachung oder Management by Objectives); das Ausmass, in welchem Theoretiker und Praktiker zusätzliche konzeptionelle Modelle entwickeln und das Ausmass und die Qualität der Forschung über die Wirksamkeit der verschiedenen Interventionsstrategien.

Erfolgreiche OE-Bemühungen beziehen sich gewöhnlich auf das gesamte System, sie sind Vorgänge der geplanten Verbesserung. Sie sind in der Regel keine kurzfristigen Programme, sondern sie bezwecken die Entwicklung der internen Ressourcen einer Organisation, um wirksame Veränderungen in der Zukunft zu ermöglichen. Der eigentliche Schwerpunkt besteht darin, dass sich die Mitglieder der Organisation gegenseitig bei der Entwicklung ihres Potentials helfen und dass den einzelnen sowie den Gruppen eine grössere Anzahl verhaltensmässiger Alternativen eröffnet wird. Die OE ist ausserdem ein kooperativer Prozess zur Beeinflussung der Kultur einer Organisation; es ist nicht etwas, das verordnet werden kann, sondern ein gemeinsamer Prozess von Menschen, die gemeinsam ihre Leistungsfähigkeit verbessern, indem sie ihre gemeinsamen Ziele verfolgen.

# Anmerkungen

## I Einführung in die Organisationsentwicklung

1 Edgar H. Schein: Organizational Psychology, 2. Auflage, Englewood Cliffs N. J. 1970, S. 12–15.
2 Gordon L. Lippitt: Organization Renewal, New York 1969, S. 1.
3 Chris Argyris: Management and Organizational Development: The Path from XA to YB, New York 1971, S. ix.
4 John W. Gardner: Self-Renewal: The Individual and the Innovative Society. New York 1965, S. 1–7.
5 Whyte und Hamilton sehen Gefühle als „die geistigen und gefühlsmässigen Reaktionen, die wir gegenüber Menschen und physischen Objekten haben"; sie bestehen aus drei Elementen: „1. einer Idee von etwas oder jemandem, 2. gefühlsmässigem Inhalt oder Eindruck, 3. einer Tendenz, wieder zu erscheinen, wenn dieselben Symbole auftauchen, die mit ihnen in der Vergangenheit verbunden waren." William Foote Whyte und Edith Lentz Hamilton: Action Research for Management, Homewood Ill. 1965, S. 184.
6 Kroeber und Kluckhohn führen 164 Definitionen von Kultur auf; unsere Definition deckt sich mit ihrer Synthese: „Kultur besteht aus ausgesprochenen oder unausgesprochenen Mustern: aus Verhalten, das durch Symbole erlangt und weitergegeben wird. Sie stellt eine bedeutende Errungenschaft menschlicher Gruppen dar, einschliesslich Kunsterzeugnisse. Der wesentliche Kern der Kultur besteht aus traditionellen (d. h. historisch hergeleiteten und gewählten) Ideen und besonders deren Wertskala Kultursysteme können einerseits als Ergebnisse von Handlungen betrachtet werden, andererseits auch als bestimmende Elemente für weitere Handlungen." A. L Kroeber und Clyde Kluckhohn: Culture: A Critical Review of Concepts and Definitions, New York 1952, S. 291, 357.
7 Diese Abbildung stammt aus einem Beitrag von Stanley N. Herman, TRW Systems Group, anlässlich einer OE-Konferenz die gemeinsam vom Industrial Relations Management Association of British Columbia und dem NTL Institute for Applied Behavioral Science 1970 in Vancouver, Canada, veranstaltet wurde.
8 Unsere Verwendung des Wortes Kultur schliesst die Vorstellung eines „lebenden Systems" von Argyris ein: „. . . die Art und Weise, wie Menschen sich wirklich benehmen, wie sie wirklich denken und fühlen, wie sie wirklich miteinander umgehen. Dies schliesst formelles und informelles Handeln ein." Chris Argyris: Some Causes of Organizational Ineffectiveness within the Department of State, Occasional Papers No. 2. Center for International Systems Research, U. S. Department of State, 1967, S. 2.

9 Warren G. Bennis: A New Role for the Behavioral Sciences: Effecting Organizational Change, Administrative Science Quarterly, 8. September 1963, S. 130.

10 Ebenda, S. 130–134.

11 Vgl. Leland P. Bradford, Jack R. Gibb und Kenneth D. Benne: T-Group Theory and Laboratory Method, New York 1964, S. 3, 81–83 (deutsch: Gruppentraining, T-Gruppentheorie und Laboratoriumsmethode. Stuttgart 1972), und Alfred J. Marrow: The Practical Theorist: The Life and Work of Kurt Lewin, New York 1969, S. 210–214. Für weiteres historisches Material vgl. Leland P. Bradford: Biography of an Institution, Journal of Applied Behavioral Science, 3, April–Mai–Juni 1967, S. 127–143. Über den Einfluss von John Dewey u. a. vgl. Bradford, Gibb und Benne, a. a. O., besonders S. 466. Vgl. auch unser Kapitel über Aktionsforschung. Wir danken Roland Lippitt für seine Mithilfe bei diesem und den beiden folgenden Abschnitten.

12 Aus der Korrespondenz mit Roland Lippitt.

13 Richard Beckhard, W. Warner Burke und Fred I. Steele: The Program for Specialists in Organization Training and Development, S. ii, Bericht des NTL Institute for Applied Behavioral Science, Dezember 1967, und John Paul Jones: What's Wrong with Work? in: Wath's Wrong with Work? , New York 1967, S. 8. Nach Angaben von Ronald Lippitt veranstaltete er schon 1945 mit Leland Bradford ein „three-level training" im Freedman's Hospital in Washington, D. C., „um zusammenhängende Veränderungen in allen Teilen desselben Systems zu bewirken". Lippitt berichtet auch, dass Leland Bradford schon sehr früh auf der Basis des „multiple entry"-Konzeptes arbeitete, das weitgehend mit den heutigen Bemühungen der OE übereinstimmt.

14 Gilbert Burck: Union Carbide's Patient Schemers, Fortune, 72, December 1965, S. 147–149. Für McGregor's Bericht vgl.: Team Building at Union Carbide in: Douglas McGregor: The Professional Manager, New York 1967, S. 106–110.

15 Viele historische Einzelheiten in diesem und den drei folgenden Abschnitten sind der Korrespondenz mit Herbert Shepard entnommen. Auch Robert Blake trug einzelne Punkte dazu bei.

16 Aus der Korrespondenz mit Robert Blake und Herbert Shepard. Für weitere Hinweise auf Murray Horwitz und Paul Buchanan sowie Kommentare von Michael Blansfield über die innovative Mitwirkung vgl. Herbert A. Shepard: Teilnehmende Beobachtungen in: Bradford, Gibb, Benne, Gruppentraining. Stuttgart 1972. S. 412–415.

17 Vgl. Robert Blake und Jane Srygley Mouton: The Instrumented Training Laboratory, in: Irving R. Weschler und Edgar M. Schein (Hrsg.): Selected Readings Series Five: Issues in Training, Washington D. C., 1962, S. 61–85. In diesem Kapitel erwähnen Blake und Mouton wichtige Beiträge von Muzafer und Carolyn Sherif zu frühen Intergruppen-Experimenten. Auch Beiträge von Frank Cassens der Firma Huble Oil and Refinery in den frühen Phasen des Esso–Programms werden erwähnt.

18 Aus der Korrespondenz mit Robert Blake.

19 Ebenda.
20 Ebenda.
21 Jane Srygley Mouton und Robert R. Blake: University Training in Human Relations Skills, Selected Reading Series Three: Forces in Learning, Washington D. C., 1961, S. 88–96, zuerst in Group Psychotherapy 10, 1957, S. 342–345.
22 Aus der Korrespondenz mit Shepard und Blake.
23 Bruck: Union Carbide's Patient Schemers, S. 149.
24 Harry D. Kolb: Introduction, in: An Action Research Program for Organization Improvement, Ann Arbor 1960, S. i. Der Ausdruck Organization Development wird in diesem Bericht, der 1959 über die Esso-Programme von Kolb, Shepard, Blake u. a. verfasst wurde, öfters erwähnt.
25 Teilweise beschrieben in Marrow: The Practical Theorist, Kapitel 19, und A Quarter Century of Social Research, Institute for Social Research, 1971.
26 Floyd C. Mann: Studying and Creating Change, in: Warren Bennis, Kenneth Benne und Robert Chin: The Planning of Change, New York 1961, S. 605–613 (deutsch: Änderung des Sozialverhaltens, Stuttgart 1975). Ein weiteres frühes Projekt, das einige Methoden von OE aufwies, aber jahrelang nicht veröffentlicht wurde, ist das „Tremont Hotel Project". Vgl. William Foote Whyte und Edith Lentz Hamilton: Action Research for Management, Homewood Ill. 1965, S. 1–282.
27 Mann: Studying and Creating Change, S. 609.
28 Howard Baumgartel: Using Employee Questionnaire Results for Improving Organizations: The Survey „Feedback" Experiment. Kansas Business Review, 12, December 1959, S. 2–6.
29 Eine ausgezeichnete Biographie Kurt Lewins findet sich in Morrow: The Practical Theorist, Teile I–III. Dieses Buch beschreibt viele Ereignisse, die in der Geschichte der OE von Bedeutung sind. Beispielsweise erwähnt Marrow ein Treffen, das Rensis Likert 1944 ermöglichte, bei dem Douglas McGregor und Kurt Lewin die Einrichtung eines Group Dynamic Center am M. I. T. erörterten (S. 164).
30 Vgl. Sheldon A. Davis: An Organic Problem-Solving Method of Organizational Change, Journal of Applied Behavioral Science 3, November, 1967, S. 3–21. Vgl. auch die Fallstudie der TRW Systems Group in: Gene Dalton, Paul Lawrence und Larry Greiner: Organizational Change and Development, Homewood Ill. 1970, S. 104–153.
31 Vgl. die Diskussion des „locality development" von Jack Ruthman: Three Models of Community Organization Practice, in: Fred M. Cox (Hrsg.): Strategies of Community Organization: A Book of Readings, Itasca Ill. 1970, S. 20–36.
32 Aus der Korrespondenz mit H. Shepard. Von 1967 an war Herbert Shepard mit der Anwendung von OE auf Gemeindeprobleme in Middletown, Connecticut, beschäftigt.
33 Vgl. Scott Myers: Overcoming Union Opposition to Job Enrichment, Harvard Business Review, Mai–Juni, 49, 1971, 37–49; und Robert Blake, Herbert Shepard und Jane Mouton: Managing Intergroup Conflict in Industry, Houston 1964, S. 122–138.

34 Forrest R. Belcher: A Report on ASTD's 1970 Accomplishments, Training and Development Journal, 25, März 1971, S. 9.

35 Das Programm des Konventes von 1965 umfasste folgende Themen: Strategies for Organization Improvement: Research and Consultation, Managerial Grid Organization Development, und: The Impact of Laboratory Training in a Research and Development Environment. American Psychologist, 26, Juli 1965, S. 549, 262, 565.

## II Theorie und Praxis der Organisationsentwicklung

1 Alle drei Elemente stellen Aktionen oder Interventionen auf das System dar und fallen unter eine Kategorie der Aktion. Diagnostische Tätigkeiten haben beispielsweise einen starken Handlungscharakter in bezug auf eine Organisation. Wir haben hier die drei Elemente lediglich aus analytischen Gründen getrennt.

2 Richard Beckhard: Organization Development: Strategies and Models, Reading Mass. 1969, S. 26 (deutsch: Organisationsentwicklung. Strategien und Modelle, Baden-Baden und Bad Homburg 1972). Beckhards Begriffe „Subsystem" und „Subunit" decken sich mit unserem Gebrauch der Begriffe in Kapitel II/4. Allerdings entwickeln wir dort ein zusätzliches Begriffsschema, das es erlaubt, die Organisation unter einem Aspekt von solchen „Subsystemen" zu sehen, die sich in allen organisatorischen Untereinheiten finden lassen, nämlich: Zielsystem, Technologie, Aufgabe, Struktur, Beziehungen und System/Umwelt-Beziehungen.

3 In einer Planungskonferenz können die Schritte 1 und 2 auch in der ersten Sitzung durchgeführt werden, wobei diese Sitzung mit einer „Hausaufgabe" für jedes Mitglied abschliessen würde, um die nötige Information für die nächste Sitzung zu beschaffen. In einer 2. Sitzung würde dann Schritt 3 abgeschlossen werden. Diese zeitliche Trennung ist nicht so künstlich, wie oben beschrieben, sondern dient eher einer Effektivitätssteigerung des 3. Schrittes.

4 Wendell French: The Personnel Management Process, 2. Auflage, Boston 1970, S. 33.

5 W. G. Bennis, E. H. Schein, D. E. Berlew und F. I. Steele: Interpersonal Dynamics, Homewood Ill. 1964, S. 2–3.

6 Robert K. Merton und Daniel Lerner: Social Scientists and Research Policy, in: W. G. Bennis, K. D. Benne und R. Chin, The Planning of Change, New York 1961, S. 53–69.

7 Ernest Greenwood: The Practice of Science and the Science of Practice, in: Bennis, Benne und Chin, The Planning of Change, S. 78.

8 Ebenda, S. 79.

9 Vgl. die Bibliographie am Schluss dieses Kapitels.

10 Vgl. R. Chin und K. D. Benne: Strategien zur Veränderung sozialer Systeme, in: Bennis, Benne und Chin: Änderung des Sozialverhaltens, Stuttgart 1975, S. 43–78.

11 Ebenda, S. 46.

12 Vgl. die Diskussion in Chin und Benne, ebenda S. 57 ff.

13 W. W. Burke und H. A. Hornstein (Hrsg.): The Social Technology of Organization Development, Fairfax Va. 1972.
14 Warren Bennis, Organization Development: Its Nature, Origins and Prospects, Reading Mass. 1969, S. 15 (deutsch: Organisationsentwicklung. Ihr Wesen, ihr Ursprung, ihre Aussichten, Baden-Baden und Bad Homburg 1972).
15 Ebenda, S. 2.
16 Robert Chin: System- und Entwicklungsmodelle. Ihr Nutzen für den Praktiker, in: Bennis, Benne und Chin: Änderung des Sozialverhaltens, Stuttgart 1975, S. 238–259.
17 Kurt Lewin, Field Theory in Social Science, New York 1951.
18 R. R. Blake und J. S. Mouton: Building a Dynamic Corporation through Grid Organization Development, Reading Mass. 1969, S. vi (deutsch: Aufbau dynamischer Gesellschaften durch die Gitter-Methode der Organisationsentwicklung, Baden-Baden und Bad Homburg, in Vorbereitung).
19 Richard Beckhard, Organization Development: Strategies and Models, Reading Mass. 1969, S. 35.
20 Blake und Mouton: Building a Dynamic Corporation, S. 16.
21 Harold Koontz und Cyril O'Donnell: Principles of Management, 4. Auflage, New York 1968, S. 81.
22 Fremont E. Kast und James E. Rosenzweig: Organization and Management, New York 1970, S. 439.
23 Blake und Mouton: Building a Dynamic Corporation, S. 16.
24 Vgl. beispielsweise Douglas McGregor: The Professional Manager, New York 1967; Rensis Likert: The Human Organization: Its Management and Value, New York 1967 (deutsch: die integrierte Führungs- und Organisationsstruktur. Frankfurt a. M. 1975).; Chris Argyris: Integrating the Individual and the Organization, New York 1964; Edgar H. Schein und Warren G. Bennis: Personal and Organizational Change through Group Methods, New York 1965; Abraham Maslow: Motivation and Personality, 2. Auflage, New York 1970; Frederick Herzberg: Work and the Nature of Man, Cleveland 1966. Die Diskussion wurde auch beeinflusst durch: Some Assumptions about Change in Organizations, in: Program for Specialists in Organization Training and Development, 1967, und durch Mitarbeiter, die an diesem Programm teilnahmen.
25 Robert Tannenbaum und Sheldon Davis: Values, Man and Organizations, Industrial Management Review, 10, Winter 1969, S. 68–70.
26 Vgl. Gordon W. Allport: Becoming, New Haven Conn. 1955.
27 Als grundlegendes Werk, das aus diesen Studien hervorgegangen ist, siehe F. J. Roethlisberger und William J. Dickson: Management and the Worker, Cambridge Mass. 1956.
28 Vgl. Rensis Likert: New Patterns of Management, New York 1961, S. 113. (Deutsch: Neue Ansätze der Unternehmungsführung, Bern und Stuttgart 1972.)
29 Diese Abbildung ist entnommen aus: Rensis Likert: New Patterns of Management, New York 1961, S. 133.

30 Robert L. Kahn u. a. haben ein Modell,, eines übergreifenden Rollensets" beschrieben, das davon ausgeht, dass Menschen, die bestimmte Rollen ausüben mit anderen – Untergebenen, Vorgesetzten, Kollegen und auch mit Externen – in Beziehung bzw. Interdependenz stehen. Diese anderen Menschen stellen ein „Rollenset" dar. Ein Rollekonflikt liegt dann vor, wenn die Menschen innerhalb des Rollensets unterschiedliche Erwartungen von einem Rolleninhaber haben, bzw. liesse sich dann von Rollenambiguität sprechen, wenn diejenigen, die ein Rollenset ausmachen, ihre Erwartungen dem Rolleninhaber nicht mitteilen. Eine zusammenfassende Darstellung dieses Modells findet sich bei Edgar H. Schein: Organizational Psychology, Englewood Cliffs N. J. 1965, S. 94–95. Das ursprüngliche Modell ist beschrieben in Robert L. Kahn u. a.: Organizational Stress: Studies in Role Conflict and Ambiguity, New York 1964.

31 Teile dieses Abschnittes stammen aus Wendell French: The Personnel Management Process, 2. Auflage, Boston 1970, Kapitel 28, und Wendell French: Organization Development Objectives, Assumptions and Strategies, California Management Review, 12, Winter 1969, S. 23–34.

32 Bennis sieht drei Hauptansätze des Organisationswandels. Die Wissenschaftler, die sich dieser Ansätze bedienen, bemühen sich intensiv um eine Anwendung sozialwissenschaftlichen Wissens zur Verbesserung sozialer Systeme. Sie betonen sowohl den Handlungs- wie auch den Forschungscharakter und stimmen darin überein, dass verbesserte interpersonale und Gruppenbeziehungen letztlich zu einer qualitativen Veränderung von Organisationen führen. Vgl. Warren G. Bennis: A New Role for the Behavioral Sciences: Effecting Organizational Change. Administrative Science Quarterly, 8, September 1963, S. 157–158.

33 Eine Diskussion der Probleme in der sozialwissenschaftlichen Forschung findet sich bei Chris Argyris: Creating Effective Relationships in Organizations, in: Richard N. Adams und Jack J. Preiss (Hrsg.): Human Organization Research, Homewood Ill. 1960, S. 109–123.

34 Vgl. A. D. Hall und R. E. Fagen: Definition of a System, General Systems. Yearbook of the Society for the Advancement of General Systems Theory, 1, 1956, S. 18–28.

35 Ebenda, S. 1–10.

36 Vgl. R. A. Johnson, F. E. Kast und J. E. Rosenzweig: The Theory and Management of Systems, New York 1963, S. 4–6, 91, 92.

37 Diese Ansicht beruht auf den von Leavitt und Seiler beschriebenen Modellen. Leavitt sieht industrielle Organisationen als komplexe Systeme mit vier miteinander verbundenen Hauptvariablen: Aufgabe, Struktur, Technologie und Mensch. Seiler versteht Organisationen als soziotechnische Systeme, die aus vier Hauptvariablen bestehen: menschliche, technologische, organisatorische und soziale Variable. Vgl. Harold J. Leavitt: Applied Organizational Change in Industry; Structural, Technological and Humanistic Approaches, in: James G. March: Handbook of Organizations, Skokie Ill. 1965, S. 1144–1145, und John A. Seiler: Systems Analysis in Organizatio-

nal Behavior, Homewood Ill. 1967, S. 23–29. Vgl. auch E. L. Trist u. a.: Organizational Choice, London 1963. Katz und Kahn sprechen von technischen, instandhaltenden, unterstützenden, institutionellen, anpassenden und leitenden Subsystemen. Daniel Katz und Robert L. Kahn: The Social Psychology of Organization, New York 1966, S. 456.

38 Genauer gesagt kann man Ziele auch im Sinne eines abnehmenden Aktionsgrades sehen, d. h. Endziele, strategische, taktische und Programmziele.

39 O'Connell bestreitet mit Recht die Ansicht, dass es einen idealen Weg der Verbesserung von Organisationen gibt. Er betont, dass der Berater seine Rolle und die Interventionsstrategie „aufgrund der im Klientensystem bestehenden Bedingungen" wählen sollte. Jeremiah J. O'Connell: Managing Organizational Innovation, Homewood Ill. 1968, S. 10–11.

40 Der Berater kann zwar einer Organisation dabei helfen, technologische Entscheidungen vorzubereiten und zu treffen, aber er wird es vermeiden, konkrete technologische Empfehlungen zu machen. Allerdings kann er vorschlagen, zusätzliche Alternativen zu erwägen, wenn er sich in dem betreffenden Problembereich auskennt. Eine Falle für den OE-Berater liegt darin, sich vom Klienten in die Rolle des Fachmannes drängen zu lassen, der die Probleme *für* die Organisation lösen soll; andernfalls verliert der OE-Berater nur allzuschnell an Einfluss. Wir werden dieses Thema in Kapitel III/2 weiter behandeln.

41 Richard Beckhard: Organization Development: Strategies and Models, Reading Mass. 1969, S. 28.

42 Stephen M. Corey: Action Research to Improve School Practices, New York 1953, S. 6.

43 Ebenda, S. 141.

44 William F. Whyte und Edith L. Hamilton: Action Research for Management, Homewood Ill. 1964 S. 1–2.

45 Wendell French: Organization Development Objectives, Assumptions, and Strategies, California Management Review, 12, Winter 1969, S. 23–34.

46 Ebenda, S. 26.

47 Herbert A. Shepard: An Action Research Model, in: An Action Research Program for Organization Improvement, Ann Arbor 1960, S. 33–34.

48 Abbildung 10 stammt aus Herbert A. Shepard, ebenda S. 33.

49 Ebenda, S. 34.

50 John Dewey: How We Think, New York 1933.

51 Wir beziehen uns hier auf Fred N. Kerlinger: Foundations of Behavioral Research, New York 1964, S. 13–17 (deutsch: Grundlagen der Sozialwissenschaften, Band 1, Weinheim und Basel 1975).

52 Corey: Action Research to Improve School Practices, S. 40–41.

53 Ronald G. Havelock: Planning for Innovation through Dissemination and Utilization of Knowledge, Ann Arbor 1969, S. 9–33.

54 Ebenda.

55 So legen vor allem die Werke von Collier, Corey und Lippitt – auf die wir zum Teil noch später eingehen werden – besonderen Nachdruck auf die Zusammenarbeit aller, die an einem derartigen Projekt beteiligt sind.

56 John Collier: United States Indian Administration as a Laboratory of Ethnic Relations, Social Research, 12, Mai 1945, S. 275–276.

57 Für die Bedeutung von Kurt Lewin siehe die folgenden Arbeiten: Kurt Lewin: Action Research and Minority Problems, Journal of Social Issues, 2, No. 4, 1946, S. 34–46; Die Lösung sozialer Konflikte, 3. Auflage, Bad Nauheim 1968; Ronald Lippitt: Training in Community Relations, New York 1951; Ronald Lippitt und Marion Radke: New Trends in the Investigation of Prejudice, Annals of the American Academy of Political and Social Science, 244, März 1946, S. 167–176; Lester Coch und J. R. P. French Jr.: Overcoming Resistance to Change, Human Relations, 1, 1948, S. 512–532.

58 Lewin: Action Research and Minority Problems, S. 35.

59 Lippitt: Training in Community Relations, S. ix.

60 Whyte und Hamilton: Action Research for Management; Elliot Jaques: The Changing Culture of a Factory, New York 1952; Cyril Sofer: The Organization from Within, Chicago 1962; Floyd Mann: Studying and Creating Change: A Means to Understanding Social Organization, in: C. M. Arensberg u. a. (Hrsg.): Research in Industrial Human Relations, New York 1957; S. E. Seashore und D. G. Bowers: Changing the Structure and Functioning of an Organization, Ann Arbor 1963. Herbert A. Shepard und Raymond A. Katzell in dem oben bereits erwähnten Buch: An Action Research Program for Organization Improvement. Nancy Morse und E. Reimer: The Experimental Change of a Major Organizational Variable, Journal of Abnormal and Social Psychology, 52, Januar 1956, S. 120–129. Matthew Miles, Harvey Hornstein, Daniel Callahan, Paula Calder und R. Steven Schiavo: Feedback von Befragungsergebnissen: Theorie und Bewertung, in: Warren Bennis, Kenneth Benne und Robert Chin: Änderung des Sozialverhaltens, Stuttgart 1975, S. 374–389.

61 Lewin: Action Research and Minority Problems, S. 34–46.

62 Raymond Katzell; Action Research Activities at One Refinery, in: An Action Research Program for Organization Improvement, S. 37–47.

63 Isadore Chein, Stuart Cook und John Harding: The Field of Action Research, American Psychologist, 3, Februar 1948, S. 43–50.

64 Ebenda, S. 48.

65 W. W. Burke und H. A. Hornstein (Hrsg.): Introduction, in: The Social Technology of Organization Development, Fairfax Va. 1972, S. 1.

66 Richard Beckhard: Die Konfrontationssitzung, in: Bennis, Benne, Chin: Änderung des Sozialverhaltens, Stuttgart 1975, S. 402–412.

67 R. W. White: Motivation Reconsidered: The Concept of Competence, Psychological Review, 66, 1959, S. 297–334.

68 D. C. McClelland, J. W Atkinson, R. A. Clark und E. L. Lowell: The Achievement Motive, New York 1953.

69 In Anlehnung an: Warren Bennis: Organization Development: Its Nature, Origins, and Prospects, Reading Mass. 1969, S. 37–49.

70 E. H. Schein: Process Consultation, Reading Mass. 1969, S. 9.

71 Siehe R. R. Blake und J. S. Mouton, Building a Dynamic Corporation through Organization Development, Reading Mass. 1969, als eine ausführliche Beschreibung der Grid-Organisationsentwicklung.

72 Siehe R. W. Walton, Interpersonal Peacemaking: Confrontation and Third-Party Consultation, Reading Mass. 1969, S. I (deutsch: Zwischenmenschliche Befriedigung, Baden-Baden und Bad Homburg, in Vorbereitung), als eine ausführliche Darstellung dieser speziellen Interventionstechnik.

73 George C. Homans: The Human Group, New York 1950.

74 G. Murphy: The Freeing of Intelligence, Psychological Bulletin, 42, 1945, S. 1–19.

75 Als ausführliche Beschreibung von Interventionen siehe J. K. Fordyce und R. Weil: Managing with People: A Manager's Handbook of Organization Development Methods, Reading Mass. 1971. Ferner siehe Richard Beckhard: Organization Development; Strategies and Models, Reading Mass. 1969, und W. W. Burke und H. A. Hornstein: The Social Technology of Organization Development, Washington D. C. 1971.

76 Die folgende Darstellung basiert auf I. Dayal und J. M. Thomas: Operation KPE: Developing a New Organization, The Journal of Applied Behavioral Science, 4, No. 4, 1968, S. 473–506.

77 Ebenda, S. 488.

78 Empirische Belege finden sich bei: M. Sherif und Carolyn Sherif: Groups in Harmony and Tension, New York 1953, und R. R Blake und Jane S. Mouton: Conformity, Resistance, and Conversion, in: I. A Berg und B. M. Bass (Hrsg.): Conformity and Deviation, New York 1961. Eine kurze Zusammenfassung dieses Themas findet sich in E. H Schein: Organizational Psychology, 2. Auflage, Englewood Cliffs N. J. 1970, Kapitel 5.

79 Schein: Organizational Psychology, Kapitel 5.

80 R. R. Blake, H. A. Shepard und J. S. Mouton: Managing Intergroup Conflict in Industry Houston Tex. 1965.

81 Diese Darstellung basiert auf R Beckhard. Organization Development: Strategies and Models, Reading Mass. 1969, S. 33–35.

82 Vgl. dazu J. K. Fordyce und R. Weil: Managing with People, Reading Mass. 1971, S. 124–130.

83 Ausführlicher siehe ebenda, S. 101–105. Unseres Wissens wurde diese Technik von OE-Praktikern bei TRW-Systems entwickelt.

84 Richard Beckhard: Die Konfrontationssitzung in: Benne, Bennis und Chin: Änderung des Sozialverhaltens, Stuttgart 1975, S. 402–412.

85 Ebenda, S. 403 ff.

86 In Anlehnung an R. Beckhard: The Confrontation Meeting, Harvard Business Review, 45, März/April 1967, S. 154.

87 Ebenda, S. 154.

88 Ebenda, S. 153.

89 Floyd C. Mann: Studying and Creating Change in: Bennis, Benne und Chin: The Planning of Change, New York 1961, S. 605–613.

90 Ebenda, S. 609.
91 Ebenda, S. 611.
92 Ebenda.
93 Howard Baumgartel: Using Employee Questionnaire Results for Improving Organizations, Kansas Business Review 12, Dezember 1959, S. 6.
94 R. R. Blake und J. S Mouton: Building a Dynamic Corporation through Grid Organization Development, Reading Mass. 1969.
95 R. R. Blake und J. S. Mouton: The Managerial Grid, Houston Tex. 1964. (Deutsch: Verhaltenspsychologie im Betrieb. Das Verhaltensgitter. Düsseldorf 1968.)
96 Blake und Mouton: Building a Dynamic Corporation through Grid Organization Development, S. 61.
97 Ebenda, S. 63.
98 In Anlehnung an Blake und Mouton, ebenda S. 76–109.
99 R. R. Blake, J. S. Mouton, L. B. Barnes und L. E. Greiner: Breakthrough in Organization Development, Harvard Business Review, 42, November/Dezember 1964, S. 133–155.
100 In Anlehnung an E. H. Schein: Process Consultation: Its Role in Organization Development, Reading Mass. 1969.
101 Ebenda, S. 135.
102 Ebenda, S. 13.
103 Ebenda, S. 102–103.
104 Ebenda, S. 103.
105 Ebenda, S. 116.
106 Ebenda.
107 R. E. Walton: Interpersonal Peacemaking: Confrontations and Third Party Consultation, Reading Mass. 1969.
108 Ebenda, S. 71.
109 Ebenda, S. 73.
110 Dieser Aufstellung liegt Waltons Aufstellung (ebenda, S. 94) zugrunde; vgl. auch Walton, ebenda, S. 94–115.
111 K. D. Benne, L. P. Bradford und R. Lippitt: Die Laboratoriumsmethode, in: L. P. Bradford, J. R. Gibb und K. D Benne: Gruppentraining, T-Gruppentheorie und Laboratoriumsmethode, Stuttgart 1972, S. 36 ff.
112 In Anlehnung an J. K. Fordyce und R. Weil: Managing with People, Reading Mass. 1971, S. 109–113.
113 Solche Lebensgestaltungsübungen werden bei den Programmen des NTL-Instituts zur Ausbildung von OE-Praktikern benutzt.
114 In Anlehnung an Fordyce und Weil: Managing with People, S. 131–133.
115 Ebenda, S. 131.
116 Larry E. Greiner: Patterns of Organization Change, Harvard Business Review, 45, Mai/Juni 1967, S. 119–130.
117 Ebenda, S. 122.
118 Warren Bennis: Organization Development: Its Nature, Origins, and Prospects, Reading Mass. 1969, S. 57.
119 Ebenda, S. 47.

120 Greiner: Patterns of Organization Change, S. 25.
121 Vgl. Sheldon A. Davis: An Organic Problem-Solving Method of Organization Change, Journal of Applied Behavioral Science, 3, 1967, S. 3–21. Vgl. auch: TRW Systems Group, in: Gene Dalton, Paul Lawrence und Larry Greiner (Hrsg.): Organizational Change and Development, Homewood Ill. 1970, S. 126–131, und Harold M. F. Rush: Behavioral Science Concepts and Management Application, Studies in Personnel Policy, Nr. 216, New York 1969, S. 157–171.
122 Rensis Likert: The Human Organization: Its Management and Value, New York 1967, S. 197–211.
123 Ebenda, S. 76.
124 Ebenda, S. 29–40. Vgl. auch Alfred J. Marrow, David G. Bowers und Stanley E. Seashore: Management by Participation, New York 1967.

## III Zentrale Aspekte und Probleme

1 Abbildung 16 wurde übernommen von M. Scott Myers: Every Employee a Manager, California Management Review, 10, Frühling 1968, S. 9–20.
2 Vgl. auch Harold M. F. Rush: Behavioral Science Concepts and Management Application, New York 1969, S. 147–148. In dieser Firma wurde ein umfangreiches Grid-OE-Programm durchgeführt, dem ein Programm der Arbeitsbereicherung vorausging; beide Programme bei Texas Instruments waren eng miteinander verknüpft. Vgl. ebenda S. 146.
3 William Paul, Keith Robertson und Frederick Herzberg: Job Enrichment Pays Off, Harvard Business Review, 47, März/April 1969, S. 75.
4 Carl R. Gomersall und M. Scott Myers: Breakthrough in On-the-Job Training, Harvard Business Review, 94, Juli/August 1966, S. 62–72.
5 Zum Assessment Center siehe ausführlicher: William C. Byhan: Assessment Centers for Spotting Future Managers, Harvard Business Review, 48, Juli/August 1970, S. 150–160, und Richard S. Campbell und Douglas W. Bray: Assessment Centers: An Aid in Management Selection, Personnel Administration, 30, März/April 1967, S. 7–13.
6 Harry Levinson: Management by Whose Objectives? Harvard Business Review, 48, Juli/August 1970, S. 125–134.
7 H. H. Meyer, E. Kay und J. R. P. French Jr.: Split Roles in Performance Appraisal, Harvard Business Review, 43, Januar/Februar 1965, S. 123–239.
8 Wendell French: The Personnel Management Process, 2. Auflage, Boston 1970, S. 143.
9 Edgar H. Schein: Process Consultation: Its Role in Organization Development, Reading Mass. 1969, S. 82.
10 Ebenda, S. 120.
11 Ebenda, S. 82.

12 Unsere Darstellung und Abbildung 17 basieren auf der Arbeit von Roger Harrison: Choosing the Depth of Organizational Intervention, Journal of Applied Behavioral Science, 6, 1970, S. 181–202.

13 Ebenda, S. 201.

14 Ebenda, S. 198–199.

15 Ebenda, S. 202.

16 Als ausführlichere Darstellung zur Beraterrolle vgl. Charles K. Ferguson: Concerning the Nature of Human Systems and the Consultant's Role, Journal of Applied Behavioral Science, 4, April/Juni 1968, S. 179–193.

17 Chris Argyris: Intervention Theory and Method: A Behavioral Science View, Reading Mass. 1970, S. 16–19.

18 Tom Burns und G. M. Stalker: The Management of Innovation, London 1961, S. 119–125.

19 Ebenda, S. 119.

20 Ebenda, S. 119–120. In mancher Beziehung kann die mechanistische Form der Organisation mit der von Weber beschriebenen „bürokratischen" Organisation verglichen werden. Zu den Merkmalen der bürokratischen Form gehören nach Weber beispielsweise eine klar umrissene Stellenhierarchie, eine Betonung unpersönlicher Regeln und eine Verwaltung, die einer eng umgrenzten Disziplin und Kontrolle unterliegt. Max Weber: The Theory of Social and Economic Organization, New York 1957, S. 333–334. (Deutsch: Wirtschaft und Gesellschaft. Grundriss der verstehenden Soziologie, Tübingen 1972.) Vgl. auch William G. Scott: Organization Theory: A Behavioral Analysis for Management, Homewood Ill. 1967, Kapitel 12.

21 Burns und Stalker: The Management of Innovation, S. 119–125. Bennis verwendet den Begriff „adaptiv" zur Beschreibung eines ähnlichen Organisationstyps, vgl. Bennis: Organizations of the Future, Personnel Administration, 30, September/Oktober 1967, S. 6–19.

22 Burns und Stalker: The Management of Innovation, S. 122.

23 Ebenda, S. 121.

24 Likert unterscheidet zwei Organisationsmuster, je nachdem ob sie auf individuellen Einzelbeziehungen oder auf Gruppen basieren, die mit unseren beiden Führungsstilen vergleichbar sind. Vgl. Rensis Likert: New Patterns of Leadership, New York 1961, S. 106–110.

25 Joan Woodward: Industrial Organization: Theory and Practice, London 1965, S. 71. Eine Erklärung für die Neigung zur organischen Form bei prozessorientierten Firmen sehen wir darin, dass die Maschinen die meiste Routinearbeit tun, während die Mitarbeiter sich grösstenteils mit der Planung, Forschung und Überwachung beschäftigen.

26 Paul R. Lawrence und Jay W. Lorsch: Organization and Environment: Managing Differentiation and Integration, Boston 1967, S. 32.

27 John J. Morse und Jay W. Lorsch: Beyond Theory Y, Harvard Business Review, 48, Mai/Juni 1970, S. 61–68.

28 Ebenda, S. 66.

29 Robert Tannenbaum und Warren Schmidt beschreiben eine Reihe von Bedingungen des Führungsstils in ihrer Arbeit: How to Choose a Leadership Pattern, Harvard Business Review, 36, März/April 1958, S. 95–101. Vgl. auch Fred Fiedler: Contingency Model of Leadership Effectiveness, New York 1967.

30 Von den acht Sozialwissenschaftlern, die von industriellen Managern am häufigsten als jene erwähnt werden, die einen persönlichen Einfluss auf sie ausgeübt haben, haben sich mindestens sechs mit OE-Aktivitäten beschäftigt: In der Reihenfolge ihrer Nennung sind dies: Douglas McGregor, Frederick Herzberg, Rensis Likert, Chris Argyris, Abraham Maslow, Robert Blake und/oder Jane Mouton und Warren Bennis. McGregor, Likert, Argyris, Blake und Mouton, und Bennis waren OE-Berater und haben in ihren Schriften und Vorlesungen ausführlich darüber gearbeitet. Vgl. Harold M. F. Rush: Behavioral Science Concepts and Management Application, New York 1969, S. 9–10.

31 The American Heritage Dictionary of the English Language, Boston 1969, S. 470.

32 Zitiert in W. G. Bennis: Organization Development: Its Nature, Origins, and Prospects, Reading, Mass. 1969, S. 78–79.

33 W. W. Burke: Organization Development: Here to Stay? Manuskript der Annual Convention of the Academy of Management, August 1971, Atlanta Ga, S. 13.

34 Ausführlicher vgl. Bennis: Organization Development, S. 77–79.

35 Vgl. R. E. Walton: Interpersonal Peacemaking, Confrontations and Third Party Consultation, Reading Mass. 1969.

36 Richard Beckhard: Organization Development: Strategies and Models, Reading Mass. 1969, S. 116.

37 R. R. Blake und J. S. Mouton: OD – FAD or Fundamental, Training and Development. Journal, 24, Januar 1970, S. 9–16.

38 Bennis: Organization Development, S. 82.

# Personenregister